VARIATIONS
SUR LE PARADOXE - I

PARADOXES
DANS L'ECOLE DE PALO ALTO
ET LES *CAHIERS* DE VALERY

Du même auteur chez le même éditeur :

Le statut du paradoxe chez Paul Valéry, 2005.

www.librairieharmattan.com
diffusion.harmattan@wanadoo.fr
harmattan1@wanadoo.fr

© L'Harmattan, 2007
ISBN : 978-2-296-02540-0
EAN : 9782296025400

Edmundo Morim de Carvalho

VARIATIONS SUR LE PARADOXE - I

PARADOXES DANS L'ECOLE DE PALO ALTO ET LES *CAHIERS* DE VALERY

L'Harmattan
5-7, rue de l'École-Polytechnique ; 75005 Paris
FRANCE

L'Harmattan Hongrie	Espace L'Harmattan Kinshasa	L'Harmattan Italia	L'Harmattan Burkina Faso
Könyvesbolt	Fac..des Sc. Sociales, Pol. et	Via Degli Artisti, 15	1200 logements villa 96
Kossuth L. u. 14-16	Adm. ; BP243, KIN XI	10124 Torino	12B2260
1053 Budapest	Université de Kinshasa – RDC	ITALIE	Ouagadougou 12

Epistémologie et Philosophie des Sciences
Collection dirigée par Angèle Kremer-Marietti

La collection *Épistémologie et Philosophie des Sciences* réunit les ouvrages se donnant pour tâche de clarifier les concepts et les théories scientifiques, et offrant le travail de préciser la signification des termes scientifiques utilisés par les chercheurs dans le cadre des connaissances qui sont les leurs, et tels que "force", "vitesse", "accélération", "particule", "onde", etc.

Elle incorpore alors certains énoncés au bénéfice d'une réflexion capable de répondre, pour tout *système scientifique*, aux questions qui se posent dans leur contexte conceptuel-historique, de façon à déterminer ce qu'est théoriquement et pratiquement la *recherche scientifique considérée*.

1) Quelles sont les *procédures*, les conditions théoriques et pratiques des théories invoquées, débouchant sur des résultats ?

2) Quel est, pour le système considéré, le *statut cognitif* des principes, lois et théories, assurant la validité des concepts ?

Déjà parus

Joseph-François KREMER, *Les formes symboliques de la musique*, 2006.
Francis BACON, *De la justice universelle,* 2006.
Léna SOLER (dir.), *Philosophie de la physique,* 2006.
Robert PALEM, *Organodynamisme et neurocognitivisme*, 2006.
Christian MAGNAN, *La science pervertie*, 2005.
Christian MAGNAN, *La nature sans foi ni loi*, 2005.
Lucien-Samir OULAHBIB, *Méthode d'évaluation du développement humain*, 2005.
Zeïneb Ben Saïd CHERNI, *Auguste Comte, postérité épistémologique et ralliement des nations*, 2005.
Pierre JORAY (dir.), *La quantification dans la logique moderne,* 2005.
Adrian BEJAN, Sylvie LORENTE, *La loi constructale*, 2005.
Pierre-André HUGLO, *Sartre : Questions de méthode*, 2005.
Angèle KREMER-MARIETTI, *Epistémologiques, philosophiques, anthropologiques*, 2005.
Edmundo MORIM DE CARVALHO, *Le statut du paradoxe chez Paul Valéry*, 2005.

Variations autour du paradoxe comme autant de déclinaisons de l'Absolu — "cybernétique", esthétique, logique, psychologique, philosophique et théologique ! Variations autour d'un "minimum-maximum", d'un "rien-tout", d'un "fini-sans fin", d'un "changement-permanence". Le paradoxe oscille entre le tout et le rien en transformant parfois le territoire intermédiaire dans une terre de personne (et de tout le monde), une terre maudite et dérisoire, peuplée d'êtres-artefacts, de menteurs sans visage et de poètes ambigus. Apogée de la dénégation entre la litote et l'hyperbole, entre l'ambivalence et la "fin" de l'ambivalence, entre l'asymptote et la coïncidence, entre la contradiction et l'absence de contradiction, entre la totalité et le chaos, entre le fini et l'infini — ne rien affirmer pour tout dire, n'être rien pour convoiter l'être et le tout au-delà du fini, se réduire à un point mininum pour se situer le plus proche possible de la Limite maximale.

Le paradoxe est le principal artisan de tout effort tendu vers un dépassement des apories liées à la finitude. La pensée se découvre immortelle, en réfléchissant sur la mort, perpétuelle, en assumant la succession irréversible et réversible de ses opérations — originaire, en contournant tout commencement, finale, en suspendant toute fin, — ou non-contradictoire, en se voulant asservie au principe d'identité, — ou unie, tout en poursuivant le démêlage du pluriel, du fini, du discontinu, de l'ambivalent, du dispersé, leur contention dans son cadre apaisé, limpide, dépassant toujours ses limites. Le paradoxe est l'aveu d'une ambivalence qui doit cesser séance tenante, d'une contradiction qui s'évanouit à partir du moment où les contraires sont rapprochés. Selon les différents enjeux auxquels il est confronté, le paradoxe est chargé de rendre l'incompatible compatible ou le compatible incompatible : soit il durcit les extrêmes au sein d'une opposition devenue absolue : l'ambivalence éventuelle y est figée, rendue statique ; soit il les rend parfaitement réversibles et symétriques au sein d'une opposition qui s'abolit d'elle-même : l'ambivalence y est portée à son maximum d'instabilité, en une sorte de perpetuum mobile, rendant impossible tout arrêt à l'un des extrêmes (Vous serez jamais "dedans", car à peine, vous pensez l'être, vous êtes déjà "dehors"...).

On peut donner du paradoxe une lecture quantitative et qualitative. *Au point de vue qualitatif*, le paradoxe renvoie à une totalité parfaitement homogène et pure, d'où l'on chassé un certain nombre d'"éléments" (corps, sentiment, désir, mort, etc.) et au sein de laquelle on assiste impuissant à leur "retour", transformant ainsi le pur en impur, l'homogène en disparate, le continu en discontinu, l'identique en différent. Le paradoxe illustre ici le jeu de la puissance et de l'impuissance : il est l'aveu caché d'une défaite. Il défait la clôture protectrice et signale une contradiction insoutenable. Dans ce cas-là, il apparaît comme l'affirmation d'une totalité *impossible*. Les apories de la totalité concernent spécialement le tout des touts — la totalité universelle dont le centre est circonférence et la circonférence introuvable. *Au point de vue quantitatif*, le paradoxe condense un jeu d'inversions proportionnelles et de croissances parallèles : "plus il y a de *x*, moins il y a de *x*" ("plus cela est présent, moins tel est le cas"), ou "plus il y a de *x*, plus il y a de *non-x*" ("plus cela change, plus cela reste identique"). Le paradoxe vise un renversement et une transformation de pôles radicalement antagonistes : du Non-être en Être, de l'Instant en Éternité, du Pluriel en Un, etc., souvent à partir d'une identité des "contraires" ou des "opposés" qui les associe en vue d'abolir tout antagonisme. Par-delà la pure réversibilité des positions ("A" se retrouvant dans "B" et "B" dans "A"), du négatif et de l'affirmatif ("A" est "Non-A" et "Non-A" est "A"), des contraires ("A" est "Anti-A" et "Anti-A" est "A"), le paradoxe vise le neutre. Il doit transformer la Vie en Mort et la Mort en commencement d'une vie sans aucune comparaison possible avec la vie terrestre, laquelle est devenue entre-temps l'équivalent d'une mort obtuse et irrécupérable puisque sans retour.

Le paradoxe est l'avant-scène, le prélude, le lieu de passage vers ce qui ne comporte pas de contradictions — lieu hors lieu, temps sans plis, sujet transcendé, aboli et renaissant sous les auspices du concept. Le paradoxe est le point de rencontre des extrêmes en vue d'une ascèse vers une instance hors-mélange et au-delà de toute contradiction. Cependant, celle-ci risque d'être engloutie par le gouffre d'où on essayait de l'extraire... L'Être, au-delà de l'être et du non-être, ne peut être qu'un pur rien. L'envol est une chute. La pureté de l'Être n'est acquise que par un "vidange" total qui le transforme en un pur statisme et inaltérabilité, en un point sans consistance réelle. En se rejoignant, les extrêmes provoquent une dissolution du "lieu" où ils sont assemblés, ce qui est le prélude à l'affirmation d'un autre "lieu" où ils ne pourront jamais être réunis, et ils s'effacent alors devant la souveraineté de l'Un hors-conflits, impassible, inaltérable, non-engendré. S'il y a un usage "identitaire" du principe de contradiction, il y a aussi un usage contradictoire du principe d'identité : celui-ci est faillible dans le domaine terrestre, car des mouvements en sens contraire y déchirent tout être, et absolument certain dans le domaine céleste ou supra-temporel, car l'Être surmonte l'épreuve du contradictoire. Le paradoxe joue la contradiction contre l'identité (dans le cas des identités finies et provisoires) et l'identité contre la contradiction (dans le cas de l'Identité absolue, radicalement singulière et totalement fermée à tout changement). Mais là encore, le paradoxe est censé s'évanouir puisque le type des identités mises en corrélation sont estimés incommensurables. Néanmoins, il suffit de mettre ceci en doute pour que la ronde recommence...

Dans sa lutte contre le temps, le paradoxe transforme le successif en simultané, le linéaire en circulaire, la fin en commencement, l'avant en après. Il vise à lier dans le "à la fois", qui s'offre d'un seul coup ou en une seule fois, la première et la dernière fois. Nous n'allons pas cesser de retrouver l'enjeu du cercle, du temps et du paradoxe, étroitement liés dans l'énonciation d'une raison victorieuse des aléas historiques, lesquels correspondraient à sa défaite, ou dans celle du divin enveloppant les multiples scènes du fini. Toutefois, en introduisant le trouble dans une totalité acquise, en avouant une ambivalence ou une dualité là où devait régner une identité sans partage, le paradoxe peut jouer un rôle "subversif" et "contestataire", tout à fait "positif", malgré son apparente négativité, dans l'appréhension des problèmes, des enjeux et des situations. La lecture du paradoxe ne peut être ainsi que "plurielle" : il y a là un paradoxe du paradoxe, puisque s'il est souvent une manière de "tourner en rond", il peut en être aussi l'"empêcheur"... Le rôle du paradoxe nous semble, d'une manière générale, "négatif" quand il essaie d'en finir avec le contradictoire (par une identité de contraires) et "positif" (quand il défait l'absoluité universelle du principe d'identité, en y faisant jouer même fugacement une ambivalence, un écart, une différence). Notre thèse générale est la suivante : le paradoxe est, dans son effort d'abolir le contradictoire, est une manière qui échoue — son annulation est une reconduction ; sa "victoire" une "défaite". La question du langage demeurera, pour ainsi dire, en première ligne de nos variations, et nous nous efforcerons, dans la mesure de nos moyens, de différencier le paradoxe des figures les plus proches (la contradiction, l'oxymore, etc.). Nous allons faire des lectures patientes et minutieuses, en avançant pour ainsi dire pas à pas pour éclairer ces divers enjeux, et au cours desquelles nous ferons appel à tout un réseau de citations ordonné par notre "regard" critique. Nous n'ignorons pas que nos considérations ci-dessus ont une portée très générale — nous allons essayer de leur donner dans la suite de notre travail un aspect plus abordable, en les situant dans un contexte théorique précis. Elles seront alors peut-être, nous l'espérons, moins obscures.

Dans ce livre, nous allons multiplier les tentatives pour essayer de cerner l'enjeu paradoxal, et il prolonge l'entreprise que nous avons commencée avec "*Le statut du paradoxe chez Paul Valéry*". Cette "variation", sur l'école de Palo Alto, expose déjà la plupart des carrefours auxquels nous tenons : ceux de la langue et de la logique, des rapports du savoir avec le réel non-conceptuel, de la question du sujet théorique, de l'amplitude à accorder au "vrai", etc. Le premier accent, reconnaissable d'une stratégie paradoxale, est celui du "cercle". Au niveau symbolique et depuis Parménide, le cercle n'a ni fin ni commencement et se trouve affranchi de tout passé et de toute dimension temporelle (sauf celle d'un éternel présent opératoire). Notre regard portera, dans un premier temps, sur le caractère scientifique du système mis en jeu par l'École de Palo Alto. Ce type de système, en prise avec le problème du changement, constitue en tant que tel un mécanisme qui conditionne et qui apprivoise le changement pour que "*plus cela change, plus cela demeure identique*". Il y a ainsi un *paradoxe du système*, lui-même en rapport avec le *paradoxe de la "norme"*, celle-ci devant régir l'ensemble de toutes les situations, positions, actes, événements, etc., sans jamais pouvoir être corrigée, renversée ou changée par ceux qu'elle concerne. La norme est invariante, totale, nécessaire et universelle, signe et emblème du caractère scientifique du système. Mais, elle sera impuissante à atteindre la réalité spécifique ou particulière qu'elle doit en principe cerner (celle de la *famille*) puisqu'elle se fonde sur l'effacement et l'exclusion de celle-ci. La "norme" désigne une extériorité devenue impossible ou "redondante", étant donné le caractère autosuffisant du système. Il est logique qu'on finisse par reconnaître la norme comme un pur artefact théorique, ce qui porte, par conséquent, le paradoxe à son comble. Le dénominateur commun de ces conceptions est le paradoxe de la double contrainte ou *double bind*. Dans la stratégie de Palo Alto, nous découvrirons aussi un *"paradoxe du silence"*, lequel est produit par l'a priori initial que tout sert à communiquer. Il s'agit encore une fois de la projection absolutiste d'un "axiome" (la stratégie y est la même que dans le cas de la norme) qui fait fi du réel et qui le transforme en un appendice de la théorie "observatrice". On y supprime toute résistance "non-conceptuelle". Nous aborderons les rapports du paradoxe au langage (comment le situer dans un cadre formel), du paradoxe à la "maladie" (lorsqu'il est offert comme un élément thérapeutique) et du paradoxe au savoir (en posant la question du sujet de la connaissance). Le *paradoxe du savoir* est fondé sur la négation du "sujet" sous la pression d'une objectivation radicale, sans laquelle il ne pourrait revendiquer une position privilégiée face à l'ensemble des discours concurrents. Ce dernier point sera soulevé au cours d'une analyse de certains aphorismes du "Tractatus" de Wittgenstein, qui servent de conclusion au livre-manifeste de l'école de Palo Alto et qui concernent les rapports du sujet théorique à un monde-tout dont il constitue la limite supérieure. Ce "jeu de la limite" trouvera, par la suite, d'autres scènes, d'autres joueurs et paris. Dans notre deuxième partie, nous revenons à ce que nous n'allons pas cesser de revenir : les *Cahiers* de Valéry. Nous emprunterons trois voies en rapport avec l'École de Palo Alto, bien que les réponses valéryennes s'éloignent très vite des points de rencontre esquissés autour donc du *"soyez spontanés"*, du *"soyez libres"*, ou du *"désobéissez"*, avant d'achever notre parcours ici par une plongée dans la conception même de Cahier (*perpétuel*) en tant qu'écriture. Et nous espérons par la suite poursuivre les variations dans d'autres horizons théoriques : d'abord, le *paradoxe du (ou sur) le comédien*, ensuite, le *paradoxe du menteur*, toujours avec un retour aux *Cahiers* valéryens, point de convergence de nos analyses.

PREMIÈRE PARTIE

LE PARADOXE DANS L'ÉCOLE DE PALO ALTO

LES CERCLES DU PARADOXE :

LANGAGE, LOGIQUE ET RÉALITÉ
DANS LES ÉCRITS
DE L'ÉCOLE DE PALO ALTO

LE TOUT ET LES DIFFÉRENCES
DANS LE CERCLE FAMILIAL :

LE PARADOXE DE LA NORME

Le paradoxe est une possibilité à la fois affirmée et niée, court-circuitée dans un cercle de langage, un arrachement en forme de fuite à une contradiction parfois douloureuse, c'est-à-dire une fuite orchestrée "par" le langage. Il n'est pas la solution d'un conflit mais sa reconduction perpétuelle sur une scène devenue presque déserte — stratégie du vide pour le vide —, uniquement habitée par des signes qu'on joue les uns contre les autres, pour rendre la "réalité" en quelque sorte impuissante. Il abolit les possibles en les cumulant et signale une contradiction pratique en la conjurant. Le paradoxe est l'affirmation d'un "pouvoir" ou d'une "puissance", potentiellement niée par l'"autre" (matière, temps, espace, etc.), essayant de survivre à sa négation éventuelle. Il est alors le stratagème du dernier recours face à une alternative qu'on appréhende selon un mode catastrophique et qu'on désire contourner. Le paradoxe essaie de produire une solution définitive là où il n'y en a pas, de figer le changement en une permanence, d'abolir le conflit en l'avouant d'une manière telle qu'il doit s'effacer *subito presto*. Symétrie parfaite des positions, complémentarité totale des termes, égalité absolue des instances ou rigidité des niveaux, le paradoxe conceptuel "affole" la relation pour abolir les différences que la relation met en contact. Celle-ci oppresse les termes qu'elle lie, rapproche les niveaux jusqu'à ce qu'ils n'en fassent qu'un, renverse spéculairement les positions. Nous allons étudier cette stratégie dans la théorie du "*double bind*", mise en avant par les membres l'École de Palo Alto. Centrée sur la famille envisagée comme le tout relationnel, on y développe une causalité circulaire — par laquelle le système régit ses composants jusqu'à leur dénier toute spécificité — annulant toute interaction réelle et dissymétrique en produisant une indifférenciation à laquelle la théorie n'est pas étrangère.

Dans une stratégie promouvant le couplage absolu des opposés, en escamotant la différence qui sépare le *dire* du *faire*, il est, somme toute, "logique" que la réponse se transmue immédiatement en question, l'affirmation en négation, l'ordre en désobéissance, le mensonge en vérité, la loi en chaos, la cause en effet. Elle est le transport de la stratégie paradoxale du niveau du *dire* au niveau du *faire*. Si des causes différentes, ou non, produisent des résultats similaires, l'élément porteur de la causalité sera neutralisé. Le *primat de la relation*, statique à force d'être vertigineuse, suppose l'intégration des différences individuelles dans un tout où, si elles ne s'abolissent pas, elles perdent néanmoins tout dynamisme propre. Primat de la relation égale primat du système concerné, envisagé comme une totalité hermétique. En fonction de cette logique, l'individu disparaît dans l'instance logiquement supérieure et indivisible : « la définition du soi, de la relation et de l'autre forme un tout indivisible » (*Sur l'Interaction*, Palo Alto 1965-1974, *Une nouvelle approche thérapeutique*, P. Watzlawick et J.H. Weakland, Paris, éd. du Seuil, 1981, p. 31, note 1). La relation autorise la fusion de soi et de l'autre autour du dénominateur commun dont elle est porteuse. L'individu est transformé en une monade vide et sclérosée ; il est juste la "variable" d'une fonction de type mathématique dans un système axiomatique (*Une Logique de la com-*

munication, P. Watzlawick, J. Helmick-Beavin, D. Jackson, Paris, éd. du Seuil, 1972, p. 69). Le parti pris de la relation domine l'enjeu, et c'est elle, promue au rang de cause première du processus, qui exige pour les besoins de l'étude, la mise à l'écart des différences spécifiques déclassées et ignorées : « Si donc nous voulons faire porter notre étude avant tout sur la relation, nous ne pouvons pas nous fonder sur des catégories individuelles » (*Sur l'Interaction*, p. 42). S'il est probablement vrai que toute analyse ne peut pas procéder autrement, car une catégorie n'est pas quelque chose d'individuel, le savoir joue, toutefois, un mauvais jeu quand il se réclame de ce qui est au fond sa stratégie constitutive pour présupposer, ou déclarer, que ce qui lui échappe est inévitablement "accidentel", "partiel" ou "inférieur". La différence externe est alors un produit, un reste, une secondarité, devant être toujours maintenue à ce rang pour que le savoir puisse se trouver, en fait, à l'abri de la moindre contestation.

La *circularité* imprime son sceau à la différence dont elle va, pour ainsi dire, se nourrir et la rejettera si elle s'avoue non-circulaire. La circularité mène à l'invariance et l'invariance confirme la circularité, signe de fermeture du processus analysé. Le sort de la différence va être de permettre une relance perpétuelle de la machine circulaire : « [...] les différences sont beaucoup moins importantes par leur spécificité que par la circularité de leur évolution et de leur maintien » (*ibid.*, p. 44). Lorsque la circularité l'emporte sur la différence, l'"évolution" de celle-ci est condamnée à revenir à son point de départ, à perpétuer le même, à n'être que ce qu'elle a été. Le devenir est un revenir complètement élucidé. Rien ne change quand *cela* change. La différence n'est aperçu qu'à partir du système et, hors de lui, elle s'étiole et sombre, d'une certaine manière, dans le manque de pertinence, la passivité et le non-sens. La spécificité interne, dans ses rapports avec la spécificité externe, est fondamentalement exclusive. Cette tactique se manifeste clairement quand on lie l'émergence du sens à celle d'un modèle théorique universel et scientifique : « La recherche d'un modèle est le fondement de toute investigation scientifique. Là où il y a modèle, il y a sens. Cette maxime épistémologique est valable aussi pour l'étude de l'interaction humaine » (*Une Logique de la communication*, p. 31). Nous sommes en présence d'une stratégie de type scientiste : la "science", appréhendée comme exclusive à l'égard d'une toute autre démarche, fait le vide autour d'elle. Hors du modèle, le sens s'absente, les différences s'évanouissent et le "réel" cesse d'être. En sauvant le sens, le modèle remet le monde à l'endroit et le sauve de l'insignifiance ou de l'indigence qui le menaçait à l'orée du concept.

L'énoncé, l'individu et la famille elle-même sont happés par le modèle théorique privilégiant le tout, l'ordre, la continuité et la permanence. 1) *L'énoncé* — Les fonctions de la communication ne sont pas définies par les énoncés appréhendés en eux-mêmes, mais par leurs relations inter-énonciatives. Un énoncé donné n'est qu'un maillon d'une chaîne ; en tant que tel, il est presque sans valeur. Le "sens" — non-tributaire d'un modèle circulaire interactif et « notion essentielle à l'expérience subjective de la communication avec autrui »— est « indécidable » (*ibid.*, p. 40), car il renvoie aux positions singulières et dissymétriques des différents acteurs de la communication : il rompt l'enchaînement, accentue le désordre, favorise l'illusion, bouleverse le "système". Il y a ainsi un *bon* et un *mauvais* sens, selon qu'on le rattache sans problèmes au modèle scientifique, ou selon qu'on le considère comme une émanation tout à fait externe et dangereuse pour le champ du savoir. En outre, on trouve une série d'énoncés isolés dans le réseau théorique des citations, renforçant l'effet et le potentiel de savoir, laquelle contredit le postulat de ne pas arracher un énoncé à son contexte inter-énonciatif, et, pour nous, le fait que ces énoncés soient d'ordre théorique et non pas "thérapeutique" ne change rien à l'affaire ! 2) *L'individu et la famille* — Dans la famille, fonctionnant comme une machine cybernétique, l'interaction collective transcende les particularités de ses membres et s'impose à tous comme la vraie matrice et le vrai agent de la communication : « L'analyse d'une famille n'est pas la somme des analyses de chacun de ses membres. Il y a des caractéristiques propres au système, c'est-à-dire des modèles d'interaction qui transcendent les particularités de chacun des membres [...] » (*ibid.*, p. 137). L'*individu* n'est pris en compte que par la conformité, ou non, de son comportement au système en place, et il est saisi au niveau d'un échange où il figure comme un pion sans consistance ni autonomie : « [...] au lieu de s'appesantir sur les motivations des individus en jeu, on peut, à un autre niveau, décrire le système comme *viable*, l'accent mis sur les individus ne cherchant à

montrer que la conformité de leur comportement avec ce système »
(*ibid.*, p. 157). Le « concept de totalité désigne cette imbrication des
maillons de la triade stimulus-réponse-renforcement [...] » (*ibid.*). Son
comportement verbal et non-verbal prend uniquement une certaine
valeur dans le contexte de l'interaction familiale systématique. Les
acteurs peuvent être différents, le spectacle demeurera toujours le
même. Tout appartient au même genre et tout se reproduit à l'infini :
une forme unique subsume une pluralité sans fin de "contenus"
hétéroclites.

    Le particulier — tel individu ou telle famille — doit faire face
à une transcendance qui le nie, à une totalité où il doit s'intégrer sous
peine d'exclusion. Le système *n'est ainsi jamais mis à l'épreuve*
puisqu'on cherche d'avance la conformité (comportementale) de
l'individu au "système" (à la famille en tant que système de base et au
savoir qui l'accompagne en tant que système du système), et non
l'éventuel désajustement de celui-ci à l'égard de la réalité qu'il essaie
de décrypter. L'exemple le plus consistant, fourni par les auteurs, est
celui d'une pièce théâtrale ("Qui a peur de Virginia Woolf ? ") à la
structure fortement bipolaire (nouée autour de deux couples de
personnages), ce qui accentue bien entendu le caractère délirant du
système lorsqu'il prétend être le centre et l'apogée du réel (familial).
Les autres exemples cités relèvent d'une vision sténographique où les
protagonistes, au bord de l'anonymat, ne sont que des "prétextes" ou
des "sigles" théoriques ("X", "Y", "M", F", Th.", le "mari", la "fem-
me", le "psychiatre", le "visiteur", la "hôtesse", etc.). La stratégie qui
dénie à tel énoncé une portée spécifique et interdit des emplois isolés
est tout à fait similaire à celle qui s'applique à l'individu, et cela
entraîne des conséquences théoriques. Entre les deux textes-manifestes
: *Une logique de la communication* et *Sur l'interaction*, on peut
discerner une différence que nous n'allons pas prendre en compte : le
premier ne comporte pas de signatures individuelles internes aux
différentes parties du discours, à l'opposé du second. Nous allons dans
la suite de notre texte être fidèles au premier a priori choisi par les
auteurs, c'est-à-dire les prendre pour un "*auteur*" *unique*. Une sorte
d'individu-colonie, tel certain type de méduses[i] L'aspect totalisant et
totalitaire de la démarche est donc respecté par les auteurs en ce qui
concerne le statut de leur énonciation théorique : il s'agit d'une

énonciation de groupe. Mais, à la limite, le groupe se rature en tant que tel pour être le voix impersonnelle et uniforme de la "science".

Dans la scène paradoxale, on n'a affaire qu'à des problèmes de "comportement" : de stimuli, de réponses, et de leur enchaînement respectif. Les « hypothèses intrapsychiques » sont « rejetées » (*ibid.*, p. 39). L'*intrapsychique* est incommensurable avec l'ordre quantitatif de la science : sujet égale solipsisme, autisme, solitude, antirelationnisme, monadologie. D'où le repli vers le "*comportemental*", vers une appréhension externe dont on peut clairement exposer ou chiffrer les données. On ne s'intéresse qu'à l'entrée et à la sortie de l'information, seule façon de mesurer ce qui se passe à l'intérieur du "trou noir" (la psyché, etc.). Malgré la dénégation dont une telle opération peut être accompagnée, les sujets-patients sont des automates de la mécanique interactive et paradoxale. La « pragmatique de la communication » s'intéresse aux « effets quant au comportement » (*ibid.*, p. 16) — selon deux principes : « tout comportement a la valeur d'un message » (*ibid.*, p. 46) et le « comportement n'a pas de contraire » (*ibid.*, p. 45), c'est-à-dire qu'« il n'y a pas de non-comportement ». De la même manière qu'on ne peut pas communiquer, « on ne peut pas *ne pas* avoir de comportement » (*ibid.*, p. 46). Or, dire que le comportement n'a pas de contraire élimine toute possibilité de changement au niveau comportemental, et formuler que tout comportement équivaut à un message, c'est rendre le verbal homogène au non-verbal et postuler une univocité dangereuse (*un comportement renvoie peut-être à une pluralité de "messages"...*).

La famille, en tant que système "*homéostatique*" ou "*thermostatique*" (pourvu d'autorégulation) développe une causalité circulaire concernant tous les "éléments" en interaction. Les "différences individuelles" sont les "produits du processus d'élaboration de la relation" et non pas la « cause première des phénomènes relationnels » (*Sur l'interaction*, p. 44). La relation prime sur le "rôle", isolant l'individu, et sur l'intrapsychique, hors de toute mesure scientifique ou comportementale. L'accent mis sur la relation est exclusif d'un accent qui porterait sur les individus. Dans la famille formelle, intronisée par ce modèle, il n'existera pas de singularités marquantes, car elles s'y dissolvent grâce au pouvoir acquis par la relation : « Dans une famille, le comportement de chacun des membres est lié au comportement de tous les autres membres et en dépend » (*Une logique de la communication*, p. 136). D'une part, la *complémentarité* est la neutralisation des différences résultant de leurs positions fixes, inversées les unes par rapport aux autres, sur une échelle quantitative à une égale distance d'un point central et idéal de mesure, c'est-à-dire que la complémentarité correspond, tôt ou tard, à leur immobilisation dans une "relation en miroir" ; d'autre part, la symétrie qui en dérive est déjà le signe avant-coureur d'une abolition de ces mêmes différences, après qu'on a annulé leur inversion spéculaire et qu'on a découvert leur identité profonde. La famille, totalement indéterminée, matrice en faveur de laquelle joue le mécanisme interactif, détient ainsi le "sens" qu'elle confisque à ses membres.

Tout ce dispositif demeure suspendu au caractère central de la *norme*. Sans cette dernière, l'activité de mesure scientifique ne pourrait certainement pas porter ses fruits et appréhender les valeurs chaotiques qui se déroberaient alors à toute prise : « la norme est un cadre ou une base qui rend possible la mesure du comportement familial, lequel varie plus ou moins par rapport à elle » (*Sur l'interaction*, p. 35). La norme s'identifie avec la famille en tant que totalité défiant la durée : elle est la famille-tout, essayant de subsister invariante, quelles que soient les valeurs diverses et les changements qui y ont cours. La norme familiale est la famille elle-même en tant que pure idéalité : la norme coïncide avec cette pure abstraction qu'est la famille "thermostatique". Cette stratégie avoue son caractère mécanique lorsqu'elle se sert de la métaphore du "thermostat" pour indiquer la valeur normative du "système" familial. Le *thermostat* est le symbole majeur — avec l'ordinateur — de cette tactique subordonnant la faille à la norme régulatrice : il incarne le "mécanisme homéostatique" dont la famille est le parfait exemple social et affectif : « on peut considérer les mécanismes homéostatiques comme des comportements délimitant les fluctuations d'autres comportements et les contenant dans le registre où la norme est pertinente. Ici encore, l'analogie avec le thermostat est utile [...] » (*ibid.*, p. 37). L'analogie mécaniste[ii] se combine avec un "*logicisme*" pour produire tous ses effets : la réalité est logiquement hiérarchisée dans un classement logico-référentiel, comportant des niveaux "supérieurs" (ceux du tout, de norme et de la loi) et "inférieurs" (ceux des parties, des fluctuations et du désordre), et elle s'épuise au bout de cette opération.

En outre, on produit une dissociation très problématique entre la "*norme*" (singulière et collective) et les "*valeurs*" (plurielles et particulières), elle-même articulée à une autre dissociation, toute aussi problématique, en "*forme*" et en "*contenu*". Si la valeur est "individuelle" quant à la forme et "impersonnelle" quant au contenu, la norme est "interpersonnelle" sous les deux aspects (*ibid.*, p. 39). La norme est la règle constitutive du fonctionnement familial, irréductible à toute velléité individuelle ; elle est l'interpersonnalité pure où les personnes ne jouent qu'un rôle d'"exemple", de "catégorie secondaire" ou d'"élément conceptuel"... Placée à un niveau logique supérieur à celui de ses membres, la famille est la détentrice de la norme (sous-jacente et révélée par le thérapeute) régissant les comportements des uns et des autres, sans pouvoir être créditée en tant que telle d'aucune valeur. La famille ne sécrète pas des "valeurs" qui lui sont fournies par ses éléments. En tant que tout, elle monopolise la "norme" et laisse les "valeurs" à ses parties : « plusieurs membres de la famille (pris individuellement) peuvent accorder de la valeur à quelque chose, mais une famille *considérée comme un tout* ne le peut. Même si tous les membres d'une famille se rallient à une certaine valeur, il n'en résultera qu'une collection d'individus.[...] » (*ibid.*, 39). En principe, la valeur est donc individuelle et impuissante à changer le niveau supérieur (de la norme où la famille s'appréhende comme une « unité » « supra-individuelle » (*ibid.*, p. 27)). Cependant, c'est cela même qui va se produire : la valeur ne se limitera pas à être la gardienne ou l'émissaire de la norme.

À peine définie, d'une part, comme impersonnelle et individuelle et, d'autre part, comme un concept de provenance "sociologique", la *valeur* chevauche le territoire de la norme "interpersonnelle", au-delà de tout désir ou de la volonté transformatrice de chacun. Les valeurs soutiennent et imposent, malgré tout, des normes : « les valeurs montent pour ainsi dire la garde à l'intérieur de la famille et servent de moyens tactiques interpersonnels pour soutenir ou pour imposer une norme » (*ibid.*, p. 39). La valeur finit par déteindre sur la norme, et l'individuel va se glisser dans une enceinte d'où il venait d'être neutralisé ou chassé. Bien que la valeur soit, par avance, récupérée en tant que "mécanisme homéostatique", visant à préserver l'identité et la permanence de la cellule familiale, elle défait potentiellement l'opposition dont elle est tributaire. La valeur, c'est-à-dire l'historique, le "désirant", le conflictuel, le social, etc., introduit le "démon" ou le "loup" dans la bergerie rationnelle, logique et scientifique. Il y a un *paradoxe de la norme*. Elle est, à la fois, quelque chose de tout à fait singulier (chaque famille a "sa" norme) et quelque chose de tout à fait général (toutes les familles sont régies par les mêmes lois). D'abord, on évacue ce qui pourrait la rendre "unique" ou "différenciée", et, en refoulant l'individuel, le social, l'économique, par exemple, l'unité familiale devient une sorte d'unité anémiée, incolore et inodore.

Si la norme « est un cadre ou une base qui rend possible la mesure du comportement familial » (*ibid.*, p. 35), elle est introduite de l'extérieur, dans la clôture familiale, par l'agent théorique. La famille n'existe qu'en tant que "tout" que par une *décision théorique préalable*, la définissant comme un "tout" (logique) ou un « système", (cybernétique) et considérant que "le tout est plus que la somme des parties, et c'est ce tout qui nous intéresse» (*ibid.*, p. 27)). La famille est ce tout statique et circulaire, thermostatique, qu'on offre comme la base théorique fondamentale pour l'appréhension des différents "éléments" qu'elle contient et "couve" ; «[...] le modèle de la famille considérée comme un système homéostatique, régi par des règles» (*ibid.*, p. 45). Or la règle est explicitement supposée être, dans une citation donnée par les auteurs, un «format de régularité imposé par le chercheur à un processus complexe» (*ibid.*, p. 35). On peut, par conséquent, s'interroger sur le statut de cette imposition, c'est-à-dire si elle ne se traduit pas par une perte irrémédiable de la complexité du processus, et si celle-ci ne se trouve pas, dès son apparition, en porte-à-faux à l'égard de la "redondance" ou de la confirmation qu'elle recherche dans la réalité externe. En fait, *l'hypothèse de la circularité* rend indiscernable le processus et son appréhension : il n'y a plus de différences entre le conceptuel et le non-conceptuel. La boucle paradoxale s'affranchit de toute fin et commencement, de toute contrainte et de toute limite, aussi bien au niveau temporel qu'au niveau spatial. Elle ne comporte qu'une face indéfiniment extensible.

Le "gain" théorique obtenu, par l'accentuation de la norme face aux valeurs multiples et divergentes, c'est de poser une invariance, d'introduire une nécessité dans un processus qui lui semblait rebelle, d'appréhender la causalité (circulaire), de constituer la totalité, de formuler la supériorité logique (ou le niveau logique supérieur de fonctionnement), de parler, en somme, le langage de la "science", sans aucune possibilité de contestation. Mais, la principale caractéristique du *paradoxe de la norme*, c'est qu'elle est aussi déclarée inexistante. Si la "norme" est le *prin*cipe interne de fonctionnement, aussi bien idéal-logique que pratique-comportemental, une certaine normalité s'en dégage tout de suite, avec toutes les conséquences envisageables. Toutefois, le "système" familial est fondé sur une norme comportementale dont on ignore, pour ainsi dire, le lieu et l'heure : «Après avoir étudié la famille pendant de nombreuses années, j'estime pouvoir avancer qu'il n'existe pas de familles normales, pas plus qu'il n'existe d'individus normaux» (*ibid.*, p. 222) ; «il n'existe aucun critère de la «normalité» ou de la «bonne santé» psychologiques» (*ibid.*, p. 217). La fin apparente de la norme coïncide avec le retour apparent du sujet (je"), comme nous l'avons déjà remarqué pour ce texte. Si la norme est inexorable, au-delà de tout effort individuel pour la changer, c'est ainsi parce qu'on ne peut point changer ce qui ne figure nulle part...

De quel type de norme s'agit-il ? La seule norme est celle de la "conservation de soi" collective ou de la préservation de la famille en tant que telle. La famille peut-elle se transformer, ou plutôt, en se transformant ne demeurera-t-elle pas toujours "invariante" ? Toutes les initiatives (ou "ponctuations" de la chaîne absolument interactive) sont déjà comprises dans le cadre du système ; il n'y a pas d'initiative asystématique mais, à peine, une initiative structurée. Toute divergence, si elle existe, sera essentiellement interne. Le système apparaîtra incapable de changement sans une secousse externe, mais celle-ci n'a aucun pouvoir de le "secouer". Les conditions antérieures et individuelles indiquent pourtant une faille dans la logique du système familial. La famille doit demeurer invariante, malgré toutes les fluctuations survenant à l'intérieur et tous les désordres agissant à l'extérieur. Étant donné que la norme est définie en termes de comportement, la déviance, par rapport à elle, ne peut être que celle d'un comportement dérangeant. Le *changement perturbateur*, ou le comportement déviant par rapport à la norme familiale, équivaut à l'introduction du "social" qui avait été refoulé ou secondarisé : le « comportement perturbé, déviant ou difficile d'un individu (comme le comportement en général) est essentiellement un phénomène social, qui se produit comme un aspect du système, reflétant un mauvais fonctionnement à l'intérieur de ce système, et mieux traité par une modification appropriée de ce système » (*ibid.*, p. 361). Le changement est révélateur d'un mauvais fonctionnement du système nécessitant d'un replâtrage qui ne le remette pas en question. Par la circularité et la rétroactivité, le système ne tolère pas la dissidence anti-norme, en n'acceptant que les changements qui ne bouleversent nullement la pertinence de la norme. De toute façon, celle-ci ne peut être changée puisqu'elle se dérobe au "faire" des participants, et elle ne peut pas non plus être modifiée parce qu'elle n'existe nulle part. Le système doit "évoluer" (le moins possible !) pour pouvoir intégrer le comportement déviant et le transformer en non-déviant. Le conflit, refoulé vers la marge, est, pour ainsi dire, la pelletée de charbon nécessaire au bon fonctionnement d'une vieille locomotive. On ne tolère que les fluctuations, pas les ruptures. Le système se modifie pour se maintenir tel quel, en chassant tout désordre qui se produirait à ses frontières.

Le *système logico-cybernétique* contrôle ses "déviations". Il fait fi de la « diversité naturelle des hommes » (P. Watzlawick, J. Weakland, R. Fisch, *Changements,* Paradoxes et psychothérapie, éd. du Seuil, 1975, p. 79), car "toute manifestation d'individualité et de créativité" y est proscrite, si on n'oublie pas que toute trace d'individualité succombe devant le double jeu de la norme comportementale et de la relation logique. Tout changement anti-norme ne peut s'y manifester que comme pathologique ou paradoxal (en n'étant pas conforme, en dernier ressort, à la "théorie des types logiques"). Or, sans la déviation et l'anomalie, le "système" sombre dans une invariance fragile et stérile, comme on le reconnaît dans un texte ultérieur : « Dans les systèmes complexes, le changement et l'évolution sont le produit de facteurs qui semblent d'abord constituer des déviations ou des anomalies pathologiques : mais, en fait, sans elles, le système s'enliserait dans une immuable stérilité » (*L'invention de la réalité*, Contributions au constructivisme, éd. du Seuil, 1988, p. 263, dirigé par Paul Watzlawick, et nous ne prenons en compte dans ce texte que ses propres interventions). Le "système", fondé sur la relation et la norme, le tout et le cercle, est le pendant "occidental" des systèmes politiques totalitaires, dont les auteurs ne cessent de souligner les aspects paradoxaux. Nous pensons ici surtout à une double citation d'un texte de Kœstler (*Le zéro et l'infini*) figurant dans *Une logique de la communication* (p. 202) et revenant en partie dans *L'invention de la réalité* (p. 249) avec d'autres textes cités, parmi lesquels *1984* d'Orwell. Les auteurs de l'École de Palo Alto accentuent tout particulièrement la "*demande de spontanéité*" (du type "*soyez spontané*", dont nous parlerons plus loin), c'est-à-dire la négation paradoxale de tout choix véritable dans un contexte paradoxal, puisqu'il est impossible *a priori* de s'y soustraire, quelle que soit la branche de l'alternative choisie. Or les passages, cités par les auteurs, soulignent l'indissociabilité paradoxale des opposés — de la vérité et du mensonge, de l'amour et de la haine, de la liberté et de l'oppression, de la révolte et de la soumission — devenant strictement identiques, dans le cadre d'une pratique cernée par une position légiférante, asservie à l'énonciation d'une Loi absolue, dont la caractéristique est d'impliquer, dès le départ, une négation du "libre arbitre" de l'individu, à la fois sollicité et interdit. Ce deuxième aspect est presque passé en silence sous la pression de la lecture du "spontanéisme" paradoxal. Cette neutralisation prend, selon nous, sa source dans la "logique" mise en avant par l'École de Palo Alto elle-même — elle développe la même négation potentielle de l'"individu", la même obsession du "tout", la même "circularité" paradoxale, la même nécessité objective, mais pour d'autres raisons que celle d'asseoir la prééminence d'un État universel. En d'autres termes, nous retrouvons chez eux le même clivage "science/idéologie" que dans les cas a priori dénoncés. Nous ne quittons donc pas le territoire de l'"*hypothèse auto-validante*" — celle de la norme qui ne s'offre pas comme une *hypothèse* sujette à controverse, mais comme un principe scientifique indubitable, clôturant toute discussion —, laquelle retrouve partout des signes de sa nécessité et est inhérente, d'après Paul Watzlawick, aux travestissements "idéologiques". Ce type d'hypothèse demeure toujours valable ou opérationnel, quelles qu'en soient les négations externes, grâce à un travail de super-correction. La réfutation renforce et augmente, d'ailleurs, la crédibilité de l'hypothèse" au lieu de la réfuter et de la "diminuer" : il s'agit de « déformer la réalité pour la plier à notre solution plutôt que de sacrifier la solution » (Paul Watzlawick, *La réalité de la réalité*, éd. du Seuil, 1978, p. 61). L'hypothèse auto-validante renvoie au cercle épistémologique du savoir. En effet, on peut se demander si l'auto-validation de la théorie ne vient pas de l'a priori que « c'est la théorie qui détermine ce que nous pouvons observer » (*Sur l'interaction*, p. 17), et, de cette façon, ce que "nous" pouvons observer ne peut être que conforme à ce qu'elle a déterminé. Le paradoxe de l'hypothèse auto-validante, c'est qu'elle parle le langage de la nécessité : elle ne se donne jamais comme *hypothèse*. Le paradoxe transforme la *résistance* du réel, devant son jeu incandescent, en un point nul. Dans l'échiquier paradoxal, non seulement toutes les cases et toutes les pièces se valent, mais aussi il n'y a plus de différence entre l'échiquier et la table où il est posé. Tout fait partie d'un jeu devenu sans frontières.

L'opposition entre la *causalité linéaire*, monadique, unidirectionnelle, énergétique, finaliste, et la *causalité circulaire*, interactive, rétroactive, informationnelle, équifinaliste, se déroule toujours dans un cadre causal[iii]. Il se produit même, au cours de ce déplacement, un renforcement causal : on supplée aux manques et aux désordres de la causalité linéaire et du processus individuel par la causalité circulaire et le processus collectif interactionnel. Sans un point de vue ordonné, le monde apparaîtrait imprévisible, discontinu, terrifiant et menaçant, une sorte de cauchemar psychotique. Il faut ainsi "ponctuer" les séquences et imposer un ordre, de préférence scientifique, aux événements décryptés. Il y a un rejet de tout indéterminisme et de tout hasard vers l'extérieur du modèle[iv]. La famille, dotée d'une norme coiffant tout un ensemble de valeurs, ne peut qu'être cohérente, scientifiquement organisée ; elle est un dispositif anti-hasard. En tout cas, l'"unité familiale supra-individuelle" correspond à l'émergence de la totalité et, synonyme de nécessité établie, elle est évidemment exclusive du "hasard". « La famille possède son organisation. Aucune famille qui reste unie ne peut fonder le comportement de ses membres sur le hasard [...] » (*ibid.*, p. 269). Avec les labels de totalité, de nécessité, de supériorité, de circularité, la boucle du savoir semble être définitivement en place pour pouvoir poursuivre une expansion infinie. La famille est irradiante, mimétique, rendant la "partie" homogène au "tout" social. Le "rapport conjugal" se change en "rapport extra-conjugal". On passe très rapidement de la famille à la société, à l'État, à la planète. La famille est, dans ce cas, une prémisse vertigineuse, spéculaire, produisant des doubles théoriques à l'infini. Elle exploite une caractéristique systématique et devient une sorte d'emblème théorique universel — l'*autorégulation* et l'*homéostasie* s'échappent du domaine familial, où on les avait transportés par analogie, pour dominer l'ensemble des systèmes recensés auxquels on dénie précisément la complexité qu'on leur reconnaît : « les systèmes complexes — par exemple, les sociétés humaines — sont homéostatiques, c'est-à-dire capables d'autorégulation. Autrement dit, les déviations de la norme engendrant elles-mêmes la correction ou le redressement des conditions qui mettent le système en danger [...] » (*L'invention de la réalité*, p. 263). Le caractère prudent des lignes ci-dessous cache mal la prétention du modèle offert d'être, dès le point de départ, une "science des relations humaines" dotée de *lois* — « à supposer que l'idée d'une coalition entre les membres d'une famille permet de dégager des modèles de coalition valables pour tout groupe social continu et que les modèles de la relation conjugale pourraient être pertinents pour les relations internationales. Autrement dit, nous commençons de chercher à dégager des lois [...] » (*ibid.*, p. 65). L'homéostasie[v] familiale, c'est-à-dire le principe de constance qui régit la famille et ordonne les pratiques, n'est pas prise en défaut en changeant de "cercle" de savoir, ou, en d'autres termes, l'autorégulation se maintient par-delà les niveaux, les champs pratiques et théoriques. Elle est une super-constance dans l'univers des constances.

La revendication du label scientifique est confirmée par le parrainage recherché du côté de la cybernétique, de la thermodynamique (seconde loi) et de la logique. La "théorie de la famille", exposée par l'École de Palo Alto, constitue un changement de paradigme au sens de Kuhn (*Sur l'interaction*, p. 21), une révolution copernicienne ou un renversement héliocentrique (*ibid.*, p. 213). De même, l'opération "méta", produite lors de la séparation rigoureuse des niveaux logiques, et du passage d'un niveau donné à un niveau supérieur procédant à un éclaircissement total de l'enjeu en question, équivaut à un "saut quantique", auquel on mêle un zeste de Zen (*Changements*, p. 112). La chasse au paradoxe ne rend donc pas forcément modeste... De la querelle de ménage à la course aux armements, le même crescendo se poursuivra inébranlablement, et si la première peut finir par une intervention des voisins ou de la police secours, mettant fin à la suite de coups et de mots échangés, la deuxième va pas tarder à faire sentir ses effets, sans l'aide d'aucun secours possible ! Prémisse bien envahissante, la famille se retrouve ainsi partout. Le déplacement de l'attention théorique de la partie vers le tout, de l'élément vers le réseau interactif, est encore signalé comme un "renversement copernicien" : le soleil-système familial occupe la place jadis détenue par la terre-individu (*Sur l'interaction*, voir p. 64, surtout note 1), et il est supposé en finir avec le "narcissisme" théorique et non-théorique.

À la fois, soleil éclairant ses planètes plongées dans l'obscurité, thermostat corrigeant les variations soudaines introduites par les individualités en jeu, loi qui se dérobe à l'anarchie fomentée par des éléments isolés, la famille et la science s'épaulent l'une l'autre. Il va de soi que si on reconnaît, en outre, que la « normalité n'est qu'un mythe » (*ibid.*, p. 224), si on souligne que les cadres de référence doivent être limités et qu'ils ne sont pas donnés une fois pour toutes, c'est-à-dire qu'on est conscient de leur fragilité et de leur pluralité, si on affirme que les différences hétérogènes ne sont nullement "inférieures" mais "autres" (puisque en leur maintenant un statut d'infériorité congénitale au nom de la Science et de la Loi, on abîme immanquablement leur aspect différentiel), si on suppose tout cela, l'édifice théorique proposé ne peut pas demeurer entier... Le premier paradoxe en jeu dans cette stratégie, c'est que la famille, lieu de la suprême détermination, apparaît totalement indéterminée. À côté d'elle, même le thermostat a une "réalité" qu'elle n'a point. En vidant tous ses éléments de toute spécificité, elle se vide aussi en même temps. La croyance à la toute-puissance du concept — rendant irréel le réel — est, pour nous, le principal responsable de cette dérive formelle. Nous allons essayer de la démonter en considérant que l'accentuation majeure d'une telle stratégie se situe au niveau du concept de "système"[vi].

SYSTÈME OUVERT ET SYSTÈME CLOS :

LE PARADOXE DU SYSTÈME

La réflexion sur la famille en tant que système s'effectue dans le cadre d'une opposition entre *système ouvert* et *système clos* et de leur dépendance ou indépendance par rapport aux "conditions initiales", c'est-à-dire les circonstances diverses (historiques, économiques, culturelles), le caractère et le nombre des individualités en jeu, etc. Il y a *deux types de systèmes ouverts* dans la logique de la communication. I) Celui qui procède à un échange dynamique interactif (de chaleur, d'information, etc.) avec le milieu environnant. La relation d'un organisme avec le milieu naturel est complexe et obscure, souvent soumise à des erreurs ou à des flottements de décodage, mais l'organisme, en poursuivant son programme homéostatique, ne laissera rien au "hasard". II) Celui qui maintient invariablement sa stabilité malgré la fluctuation des conditions initiales (*Une logique de la communication*, p. 129) : il s'affranchit de leur tutelle, à l'intérieur de certaines limites, par l'organisation systématique, par le mécanisme rétroactif, par l'« équifinalité », etc. Il s'agit alors d'un « système circulaire » (*ibid.*, p. 127), autorégulé, aux paramètres et à l'échelle de fonctionnement strictement codifiés, sur lesquels le temps [vii] et le milieu n'ont pas de prise.

L'enjeu principal oppose une *détermination par les conditions initiales* dans le cadre d'un dispositif irréversible et une détermination par le système dans le cadre d'un dispositif tout à fait réversible : « L'état final d'un système clos est entièrement déterminé par les conditions initiales dont on peut dire qu'elles sont la meilleure «explication» du système ; par contre, les caractéristiques d'un système ouvert sont telles qu'elles peuvent fonctionner jusqu'au cas-limite d'une indépendance totale à l'égard des conditions initiales : le système est ainsi à lui-même sa meilleure explication » (*ibid.*, p. 129). Dans un *système clos*, dépendant de ses conditions initiales, "A" donnera toujours "B". Dès lors, si les conditions initiales changeaient, on devrait avoir un résultat différent. Or, en postulant encore qu'un système clos n'est possible d'aucun apport nouveau, parce qu'il se dérobe à tout échange, on doit toujours avoir "A" comme point de départ du processus si on souhaite avoir par la suite "B", c'est-à-dire la même origine et la même fin, bien que ces deux moments ne se confondent nullement, parce qu'entre eux se glisse l'impact d'un changement irréductible. Il s'agit, dans ce cas, d'un processus hermétique et irréversible, à orientation univoque et pourvu invariablement d'une fin déterminée. Le système *clos* reste ici dépendant de ses conditions initiales, ou soumis, malgré tout, à une certaine "ouverture", car il n'est pas sûr qu'on puisse avoir "A" à tous les coups comme condition initiale. Il suffirait d'une légère variation de "A" pour que la configuration ultérieure ne soit peut-être plus tout à fait la même.

Par contre, dans un *système "ouvert"*, indépendant des conditions initiales, "B" peut être atteint quelles que soient les valeurs introduites au moment de sa mise en branle. En outre, si on considère qu'un système "ouvert" est tel parce qu'il est impliqué dans un processus d'échange (*ibid.*, p. 121), on aura du mal à expliquer cette invariance se produisant à chaque fois. Tout d'abord, si un système "ouvert" est absolument indépendant de ses conditions initiales, il ne peut pas être... "ouvert". En deuxième lieu, si les éléments internes sont *déterminés* par les paramètres avec lesquels se confond le système, celui-ci subsiste invariable. Dans un système dit "ouvert", indépendant des conditions initiales, celles-ci seront potentiellement identiques, et même lorsqu'elles seraient différentes, le système les transformerait pour les mettre en accord avec les conditions initiales qu'il tolère. En effet, au cas où le système ouvert serait "dépendant" dans une certaine mesure des conditions initiales, en acceptant a priori des variations comprises à l'intérieur d'une fourchette précise et en excluant celles qui sont irréductiblement non-conformes, tout type de changement doit néanmoins être conforme aux normes spécifiques stipulées — les valeurs originaires sont immédiatement prises en charge par les paramètres du système et en dérivent donc en dernier ressort. Autrement dit, lorsque le système "manipule" ainsi ses conditions initiales, il comportera aussi une invariance finale, un point fixe d'équilibre, et il sera éminemment "circulaire". Il y a, selon nous, une *contradiction* quand on postule qu'un système "ouvert" est un système totalement réversible ou parfaitement circulaire. L'indépendance acquise par le système, dans le but de sauvegarder son invariance et sa stabilité face à une pluralité qui s'avoue menaçante, n'est acquise qu'au prix d'un *hermétisme*. C'est alors que la structure apparaît comme déterminante et le système comme sa meilleure explication ("c'est la structure qui est déterminante" (*ibid.*, p. 127)). La stricte limitation des conditions initiales révèle, à la fois, la capacité et l'incapacité du système en ce qui concerne les données externes ; plus cette limitation sera quantitativement restreinte et qualitativement confinée à un certain type de conditions initiales, plus aussi la portée de ce système sera limitée.

On peut circonscrire le dilemme théorique en deux strates antagonistes : 1) toutes les familles sont régies par une même structure logique. Le système est universel et la structure absolument déterminante ; 2) toutes les familles se différencient en fonction de circonstances diverses, parmi lesquelles il faut compter les particularités individuelles. Les "conditions initiales" jouent ici un rôle, et une famille donnée ne ressemblera pas forcément à une autre. Mais se pose alors la question de la validité du système universel univoque. Si le modèle universel prenait en compte son hypothèse antithétique, il imploserait. Les conditions initiales sont si diverses qu'elles rendraient suspecte et impossible son univocité. Puisque aucun modèle de ce type ne pourrait les prendre entièrement en compte, et s'il doit subsister comme tel, pour qu'on puisse parler toujours au nom d'une totalité universelle, objective et scientifique, la solution la plus "économique" passe par leur dévaluation et leur mise à l'écart définitives. Le modèle rature son hypothèse antithétique pour apparaître, à l'égard des modèles concurrents, comme le seul modèle qui soit tout à fait adéquat aux "données" expérimentales. Il se réclamera non seulement du principe que la théorie précède l'"observation" mais aussi du fait que celle-ci ne peut en aucun cas contrarier la logique mise en place.

Les *conditions initiales*[viii] sont : a) *soit exclues* — par la détermination structurale en vertu de laquelle le système figure comme sa propre explication. Quoi qu'il arrive, les paramètres essentiels l'emportent sur les variations accidentelles, comme la nécessité sur le hasard, ou le tout sur la partie, ou l'unité sur le multiple. Le modèle ne peut être ce qu'il est censé être que s'il implique une totale dépendance des conditions initiales à son égard ; b) *soit subordonnées* — elles n'expliquent rien, sauf des variations ponctuelles et locales. Le modèle les prendra uniquement en charge lorsqu'un écart important pourrait se creuser entre lui et la réalité pratique externe — leur introduction dans le système correspond, en quelque sorte, à une modification "ad hoc". Dans les deux cas, les conditions initiales sont impuissantes — ce qui est le but recherché — devant la "logique du tout". Les conditions initiales ne peuvent avoir d'autre rôle assigné par le système que celui de leur exclusion ou de leur subordination. Si elles étaient réellement agissantes, le système ne pourrait garantir son universalité absolue, et il se déséquilibrerait, s'ouvrirait, d'une manière telle que deux états successifs du système ne pourraient être rigoureusement identiques. Un système réellement ouvert serait déséquilibré et non-stable, au moins en partie. La tactique, prônée par les auteurs, devrait éviter, d'après leurs vœux, le choix entre une *totale dépendance* et une *totale indépendance* à l'égard des conditions initiales : « En l'état actuel de nos connaissances, ceci ne revient pas à une dichotomie, où l'on devrait faire un choix entre une totale dépendance et une totale indépendance à l'égard des conditions initiales » (*ibid.*, p. 161, note 1). Le "principe de base" stipule que les « paramètres du système peuvent l'emporter sur les conditions initiales » (*ibid.*, p. 127), parce que la structure est déterminante, et cela laisse supposer que les conditions initiales l'emportent aussi parfois, car des variations se manifesteront "dans" le système. Or, comme nous l'avons indiqué ci-dessus, dans le premier cas, celui du système circulaire, les paramètres l'emportent forcément, et ils excluent toute variation introduite de l'extérieur lorsqu'elle déborde l'amplitude choisie. Dans le deuxième cas, la variation pourrait faire éventuellement exploser la fiction de la famille comme système totalisant et circulaire. La seule manière de maintenir le primat des paramètres formels, et du système lui-même, c'est de contenir les variations dans des limites codifiées par le système. Mais dans ce cas, les conditions initiales, d'une manière générale, ne peuvent jamais l'emporter, et les variations qu'elles engendrent ne suscitent aucun changement dans le système concerné, paisiblement dominé par le principe de constance.

Premier cas (celui de l'*exclusion*) : le changement est aboli quand le paramètre intra-systématique l'emporte absolument sur les conditions initiales (constance absolue). L'indépendance radicale, à l'égard des conditions initiales, est ici une condition sine qua non. D'où une absence de changement, révélée par l'accent, mis avec insistance, sur la circularité du système. Les mêmes conséquences ont des origines différentes — ce qui entraîne une disparition des notions de cause et d'effet, et permet que les modifications internes n'altèrent pas l'ordre du tout. Le système "ouvert" bouleverse la causalité en développant essentiellement une "équifinalité" : «Si l'équifinalité du comportement des systèmes ouverts est fondée sur leur indépendance à l'égard des conditions initiales, non seulement des conditions initiales différentes peuvent produire le même résultat final, mais des effets différents peuvent avoir les mêmes «causes» (*ibid.*, p. 127). Cette stratégie considère que les concepts de *cause* et d'*effet* «sont inapplicables en raison de la circularité de l'interaction en cours» (*ibid.*, p. 94). L'*interaction* dissout, à la limite, les éléments qu'elle lie en les transformant en des pures marques formelles. Elle a besoin d'eux comme des supports qui doivent être neutralisés ou effacés pour qu'elle puisse devenir totalement réciproque. Dans le système circulaire, les paramètres priment parce que la force du système est déjà présente à sa source : «Dans un système circulaire, sources de ses propres modifications, les «conséquences» [...] ne sont pas tant déterminées par les conditions initiales que par la structure du processus lui-même, ou par les paramètres du système» (*ibid.*, p. 127). On peut, d'ailleurs, se poser la question dans quelle mesure un "processus" quelconque pourrait s'y manifester : si le système est sa source, il est aussi le législateur de sa fin, et de l'une à l'autre, le "même" règne infailliblement. Il y a une stabilité fondamentale éliminant tout conflit. Ce type de système n'est susceptible d'aucune différenciation réelle entre deux bornes temporelles.

Deuxième cas (celui de la *subordination*) : le changement est toléré quand les paramètres "laissent" parfois les conditions initiales l'emporter (constance à l'intérieur de certaines limites bien définies). L'indépendance du système, à l'égard de *toutes* les conditions initiales, apparaît alors comme un "cas-limite", et elle est, dans ce cas, inversement proportionnelle à l'"ouverture" définie pour et par le système. Moins il y a d'ouverture, plus l'indépendance paraît croître. Toutefois, même dans le cadre d'une ouverture précise (prise en charge de tel type de phénomènes à l'intérieur de certains seuils quantitatifs, etc.), on ne peut point dire que l'indépendance soit menacée, étant donné que c'est le système qui régit les conditions d'acceptabilité des données externes. Dans cette dernière éventualité, un dispositif interne essaiera de compenser le léger "désordre" situé à la "sortie" ou à l'"entrée" du système. Lorsque le système est "stable", et que les variations acceptées ne dépassent pas certaines limites, le mécanisme de la «*rétroaction négative*» va permettre de neutraliser les perturbations introduites pour que le tout demeure invariablement le même. Et ainsi le changement sera-t-il immanquablement "externe", car le système n'est passible d'aucun changement.

Le «principe homéostatique», ou de constance, travaille à l'intérieur et à l'extérieur du système : par refoulement externe et par correction interne : «1) *L'homéostasie comme fin*, ou état, plus précisément l'existence d'une certaine constance en dépit des changements (externes) ; 2) *L'homéostasie comme moyen*, c'est-à-dire les mécanismes de rétroaction négative qui servent à atténuer les répercussions d'un changement» (*ibid.*, p. 144). Ce n'est pas pour rien qu'on s'attache à l'aspect négatif de la rétroaction : «Dans ce livre, nous parlerons plus souvent de rétroaction négative puisqu'elle caractérise l'homéostasie (ou état stable) et qu'elle joue donc un rôle important dans la réalisation et le maintien de relations stables. Par contre, la rétroaction positive conduit au changement [...]» (*ibid.*, p. 25). La stabilité est nécessaire à la définition d'un tout non-conflictuel, cohérent et scientifique, et à sa perpétuation "dans le temps" par un effacement originel de celui-ci. Par la suite, la famille est insérée dans ce canevas préétabli — il y a une "homéostasie familiale" (*ibid.*, p. 135), d'où ce principe général : «Voir dans la famille un système régi par des règles concorde avec la définition d'un système comme "stable eu égard à certaines de ses variables, si ces variables tendent à demeurer dans des limites précises"» (*ibid.*). Puisque des transformations ou des ruptures adviennent iconoclastement, il s'agit de "travailler" la transformation pour qu'elle provoque le moins de dégâts possible, ou d'"entourer" la rupture d'un certain type de mesures, pour procéder comme si elle n'existait point. Le système subsiste structurellement invariable tout en changeant : c'est ce qu'on pourrait appeler le *"paradoxe du système"*.

Quelle que soit la suite de changements[ix], et le laps de temps écoulé, les lois qui la régissent sont rigoureusement identiques, car elles ne dépendent d'aucun "passé" ni aucun "présent". L'*évacuation du passé* correspond à un *"blanchissement" du présent*, et le présent de l'opérateur se dissout dans l'éternel présent du système et de la loi. Le paradoxe du système permet une neutralisation radicale du facteur "temps" : il s'agit de rechercher et de «rendre compte à la fois de ce qui se perpétue et de ce qui se modifie dans un système ; autrement dit, dans quelle mesure un système peut s'expliquer par un ensemble de lois qui ne dépend pas du passé» (*ibid.*, p. 160/1). Ce qui se modifie n'est qu'une variante de ce qui se perpétue, étant donné la continuité et la circularité de l'interaction, de l'information et de la communication. Les "paramètres" survient aux ruptures et aux catastrophes, et leur inaltérabilité est signe d'une permanence "cybernétique"... La *disparition de la dimension temporelle* est, bien entendu, liée au caractère circulaire du système : «Si pour des chaînes causales linéaires et progressives, parler de commencement et de fin a un sens, ces termes pour des systèmes à rétroaction sont dénués de sens. Un cercle n'a ni commencement ni fin» (*ibid.*, p. 41). Le paradoxe apparaît ici exemplairement sous une forme circulaire — il s'affranchit de tout "ici-maintenant" en le déclarant théoriquement irrecevable. La «rétroaction négative» joue un rôle majeur dans cette tactique dissolvante. Les "éléments" qui introduisent les variations, tenus en tant que tels pour quantité et qualité négligeables, ne possèdent aucune initiative, et les variations sont à peine nécessaires pour expliquer — de manière contradictoire, eu égard au récurage initial — les permutations constatées du système lui-même ou de ses états successifs. Dans une logique qui essaie par tous les moyens de réduire le changement et qui privilégie la permanence, le changement tient du miracle et laisserait le théoricien au bord extrême de la perplexité si celle-ci possédait des "bords"...

Dans la logique de la communication, le "sort" de la modification externe, pouvant mettre en danger la spécificité du système, est dicté par les paramètres de celui-ci entre un seuil d'exclusion et un seuil de subordination. L'impact des conditions initiales sur le système est ainsi contenu, jugulé, programmé par le système lui-même. Or si, en regardant de l'intérieur du système vers l'"ex-térieur", on peut dire que des conditions initiales, différentes de celles figurant dans la matrice du système, jouent un rôle nul, en déplaçant le point d'appui de l'observateur fictif, de l'extérieur vers l'intérieur du système, il restera à traiter du problème de la modification interne. En principe, quelles que soient les transformations opérées par les "éléments", le "tout" doit demeurer invariant, puisqu'ils appartiennent à des niveaux logiques différents. Comme nous l'avons vu, aucun membre familial n'a le pouvoir^x de changer la "norme" qui régit tous les membres, et même s'il fédérait ses efforts à ceux d'autres membres, le caractère absolu de la norme s'opposerait au caractère permissif ou à la dérive des valeurs. Le "système ouvert" est, sous cet aspect, inébranlablement fermé. Il apparaît comme un îlot de stabilité dans une mer perpétuellement désordonnée. Néanmoins, après cette clôture, le système devient pleinement circulaire, et c'est ici qu'une distorsion va se manifester. La *modification de l'un des éléments* entraîne obligatoirement celle du tout : «Les liens qui unissent les éléments d'un système sont si étroits qu'une modification de l'un de ses éléments entraînera une modification de tous les autres, et du système entier» (*ibid.*, p. 123). Il suffit qu'un élément change pour que le tout se modifie lui aussi. Le *changement* est *total* et la répercussion fulminante. On comprend ainsi mieux pourquoi faut-il qu'il y ait un cadrage rigoureux des conditions initiales — en effet, il suffit qu'elles "atteignent" un élément donné pour qu'il porte la modification jusqu'au cœur du système (ce qui révèle une énorme fragilité de ce dernier). Si l'un des éléments du système, en se modifiant, entraîne une modification de tous les autres, il y aura aussi un effet "en retour" sur l'élément porteur de la modification initiale, lequel répercutera encore une fois la modification qu'il a déclenchée dans une première phase et qu'il a subie dans une deuxième. Le système ne peut avoir ici aucune stabilité (et les "éléments" non plus), et il est synonyme d'un tourbillon infini et de mouvement perpétuel. On peut retrouver ce stratagème dans la lecture de la mimésis, produite par René Girard, lorsqu'elle se reproduit vertigineusement dans la cité, après en avoir imprégné n'importe lequel des maillons citadins.

Nous avons donc deux visions de système face au changement interne et externe : 1) *un système partiellement ouvert*, programmant son angle d'ouverture, et gouvernant les changements externes qu'il tolère d'après un principe rétroactif négatif (supposant une vision statique ou "thermostatique" du changement) ; 2) *un système totalement clos*, fondé sur une circularité souveraine (supposant une vision anti-changement ou une vision catastrophique du changement). Mais, dans cette dernière option, l'interaction infinie, après avoir dissous les spécificités des éléments, finit par se retourner contre le système lui-même. Aucun frein interne ne s'oppose au *développement circulaire de l'interaction*, pour la simple raison que les agents familiaux ont été reconvertis en éléments, leur interactivité en système, leurs actions en calculs logiques univoques. La famille, *visitée* par la cybernétique, est une pure monstruosité. Il faut que cela change pour que rien ne change — la norme devant rester toujours intacte. La lecture cybernétique de la famille, en tant que système circulaire, homéostatique, rétroactivement négatif, où ses membres ne figurent que comme éléments d'un jeu logique, vise une évacuation radicale de ces conditions initiales qui, lorsqu'elles agissent d'elles-mêmes, abolissent le "système", le "savoir" et la "structure". Le système doit être "clos" (ou uniformément synchronique) pour s'affranchir du désordre externe, synonyme de "maladie" ou de "déraison", comme nous le verrons plus loin. La logique de la communication est hantée par ce "non-sens" qui s'installe durablement à la frontière externe du système ou du modèle. L'effort, effectué pour réduire au silence ou se subordonner les conditions initiales, est l'exemple même d'une théorie se prétendant "scientifique" et n'acceptant le moindre grain de désordre dans son anti-clepsydre.

LE RÉEL ET LE LANGAGE :

DEUX TYPES DE LANGAGE, LA RELATION ET LE CONTENU, LE PARADOXE DU SILENCE.

Dans le rapport que le système établit avec ses conditions initiales, nous nous sommes rendus compte que le réel extra-théorique coïncide avec une pluralité menaçante par sa mobilité, et qu'il s'agit de réduire à la plus simple expression (domination objective des paramètres systématiques et stricte limitation des conditions initiales). Toute la réalité semble venir se fondre dans le système circulaire, après la neutralisation des conditions initiales. Quand il n'est pas une limite indéterminée, le réel hors-système s'adjuge un rôle de perturbateur et de contrebandier. Dans la vie quotidienne, le "contenu" brouille lui-même l'appréhension de la relation formelle et occulte, par des brisures apparentes et multiples, la réelle unité et continuité de la chaîne homéostatique. La vie réelle brise, d'une certaine façon, le système ou le modèle ; par opposition à la continuité, à la totalité, au caractère circulaire, de celui-ci, elle implique la discontinuité, la brisure du cercle et la perte de la totalité. La *vie réelle* signifie la pluralité comme menace d'explosion, comme coexistence de plans séparés et comme occultation de l'ordre effectif. La pratique ordinaire est inconséquente, ambivalente, plurielle, contradictoire, inachevée et fragmentaire. D'autre part, la réalité non-conceptuelle se trouvera, tôt ou tard, frappée d'un certain signe d'inexistence et de secondarité épistémologique : la théorie se placera au commencement des commencements. Le savoir produit un modèle séparé, purifié de tous les miasmes qui pourraient être introduits par la diversité chaotique, et il est porteur d'une norme garantissant une permanence et énonçant une loi universelle à partir d'une totalité pleinement achevée. Pur produit du langage, se réclamant d'une scientificité indubitable, ce système fait lui-même une place particulière au langage, et nous allons focaliser maintenant notre attention sur ce point.

Si la "vie réelle" où prime le *plan du "contenu"*, car la relation est obligée de transiter par ce dernier, et le modèle formel où domine le *plan de la "relation"*, véhiculée par le "contenu", sont reconnus indépendants, la première abolit pourtant cette indépendance. La relation s'y manifeste "dans" et "par" le contenu, et un quiproquo risque de s'installer durablement : «les modèles de la relation existent indépendamment du contenu, même si dans la vie réelle, ils sont toujours manifestés par et à travers le contenu. Quand on ne prête attention qu'au contenu de ce que les individus se communiquent, il est vrai que, bien souvent, il semble n'y avoir guère de continuité dans leur interaction.[...]» (*ibid.*, p. 153). La vie réelle manifeste, en outre, une autre caractéristique que l'abolition de l'"indépendance" : elle renverse, de manière implicite, le primat théorique que l'on reconnaît à la relation sur le contenu. La vie réelle est créditée d'un "paradoxe" qui est en fait inhérent à la théorie (l'indépendance de la relation et du contenu y coexiste avec leur dépendance), et en somme, la "réalité" cache le "réel". L'*ambiguïté théorique de la relation* réside dans le fait qu'elle est interne et externe (au langage), forme et acte, signe et comportement. La *relation* est, en même temps, tout à fait formelle (la relation en tant que structure liant les divers éléments du "contenu" communicatif et langagier) et tout à fait non-formelle (la relation en tant que lien comportemental, reliant les différents intervenants de la cellule familiale). «Tout message (segment de communication) porte à la fois sur le contenu (compte rendu) et sur la relation (ordre) ; le premier niveau rend compte de la transmission d'une information sur des faits, des opinions, des sentiments, des expériences, etc. ; le second définit la nature de la relation entre les informateurs» (*Sur l'interaction*, p. 30). La relation est l'ordre externe qui régente les agents familiaux et l'ordre interne qui se soumet les signes (du langage ordinaire) en assurant la suprématie du métalangage.

En tant que premier principe de la logique de la communication, la *relation* englobe le contenu dont elle constitue la "métacommunication" (*Une logique de la communication*, p. 52). Deuxièmement, le champ communicationnel comprend deux types majeurs : la *communication "analogique"* et la *communication "digitale"*. La première est non-verbale et infra-verbale (gestuelle, mimique, rythmique, intonative, vocalisante, etc.) ; la deuxième est verbale et abstraite (*ibid.*, p. 60). Troisièmement, la relation passe vraisemblablement, d'après les auteurs, d'une manière préférentielle par le canal analogique, lié aux périodes archaïques de l'évolution, tandis que le contenu emprunte la voie digitale, beaucoup plus récente et civilisée (*ibid.*). Quatrièmement, le langage digital possède une "syntaxe logique" mais il ne possède pas une sémantique ajustée à la *nature* de la relation, à l'envers du langage analogique où la situation s'inverse, car si la sémantique y est tout à fait pleine, une syntaxe rigoureuse y fait cruellement défaut : «Le langage digital possède une syntaxe logique très complexe et très commode, mais manque d'une sémantique appropriée à la relation. Par contre, le langage analogique possède bien la sémantique, mais non la syntaxe appropriée à une définition non-équivoque de la nature des relations» (*ibid.*, p. 65). Or, la principale caractéristique du *langage digital*, par opposition au *langage analogique*, c'est qu'il permet une *activité de métalangage* en comprenant tout un ensemble d'opérateurs univoques (si... alors, ne... pas, marques temporelles, etc.). Toutefois, dans ce dispositif, le *langage "ordinaire" ou "naturel"* fait presque bande à part : il se caractérise par un "défaut" — «il n'existe pas de métalangue réservée uniquement à la communication sur la communication» (*ibid.*, p. 237) — puisqu'on y communique à la fois dans la langue-objet et la métalangue, d'où il résulte les problèmes paradoxaux dont s'occupe la logique de la communication.

Plusieurs questions peuvent être posées : comment le "langage analogique" peut-il être sémantique sans posséder une syntaxe performante, si la relation englobe d'une manière générale le contenu ? Et si le "langage digital" se limite au contenu, comment pourra-t-il manquer d'une sémantique conforme à la "nature" de la relation ? D'où aussi une série de discordances par rapport à l'affirmation que, dans la vie réelle, le "contenu" langagier occulte la "relation" ou le modèle relationnel — le langage ordinaire, domaine préférentiel du "contenu", rate en partie la relation, alors que seul un langage de type digital contient des "opérateurs" métalangagiers nécessaires au traitement de la relation. Quant au langage de type analogique, domaine préférentiel de la relation, il rate en partie le "contenu", alors que la relation englobe encore et toujours le contenu, et qu'il est dépourvu de "métalangage" ou de "syntaxe logique". Une autre question peut être encore posée : le langage analogique — par exemple, un cri ou une larme — est-il réellement un "langage" ? Théorisé d'après une confrontation avec le langage dit naturel, le langage analogique est un langage "métaphorique" dont on oublie le statut métaphorique. On effectue ainsi une double naturalisation du langage — du langage naturel, on passe au langage de la nature. Nous pouvons résumer les opérations problématiques sous-jacentes à ces interrogations : 1) une *coupure radicale* entre la sémantique et la syntaxe, et une *coupure problématique* entre le contenu et la relation ; 2) une *confusion signe/signal*, dérivée d'une extension universelle du langage : tout est langage, en fonction de l'a priori que tout sert à communiquer.

Tout est déjà joué quand on nous précise, au départ, que *tout communique* même si rien ne communique, c'est-à-dire même lorsqu'on refuserait de le faire : le refuge dans le silence est encore une façon de parler, et on parle d'autant plus qu'on le fait d'autant moins. C'est, au niveau du langage, le premier paradoxe dont on peut faire dériver tous les autres. Le silence étant interprété toujours comme une parole, et jamais comme un silence, la théorie univocise son point de départ (*pas de silence*), écarte tout conflit et supprime l'alternative (*tout est langage*). Ce paradoxe initial rendra inévitablement paradoxale la scène étudiée. Nous pouvons ajouter que toute théorie qui supprime le silence développe une perspective totalitaire. Le caractère totalitaire de la communication paradoxale est révélé par la place réservée, en son sein, à l'éventuel "opposant". Il est impossible de se soustraire au "jeu" cybernétique (ou révolutionnaire) sans retomber sans les poubelles de la raison, comme ailleurs dans celles de l'histoire. Étant donné que tout communique — «*On ne peut pas* ne pas *communiquer*» (*ibid.*, p. 48)[xi]—, il ne sert à rien de s'opposer à la communication et au jeu relationnel. Toute négation y est un "déni" qui relance la "donne". Par exemple, dire qu'on ne dit rien, c'est toujours dire quelque chose. «Activité ou inactivité, parole ou silence, tout a valeur de message» (*ibid.*, p. 46). Dès lors, le schizophrène affronte l'a priori fondamental de la logique de la communication[xii] : il doit dénier qu'il communique et dénier que son déni soit un effet communicatif. Il est sommé de sortir de sa retraite et d'entrer définitivement dans la scène de la communication où il vient de frapper, timidement, à la porte. La "schizophrénie" est la seule réaction possible dans un contexte où la communication est devenue impossible (*ibid.*, p. 42).

Se retirer du jeu, ou bloquer la transmission communicative, équivaut à une position autiste. Le jeu ne peut qu'être obligatoirement joué : celui qui le refuse, sans vouloir se situer à un niveau métacommunicatif, se trouvera confronté à la folie ou à la déchéance rationnelle. La *sortie-par-le-bas* est impossible — le refus ou le retrait sont des voies à l'horizon fermé. La seule issue, à l'intrication paradoxale, est celle d'une *sortie-par-le-haut*, grâce à l'émergence d'un niveau métacommunicatif, où la logique démêle les éléments et les classes, les niveaux inférieurs et supérieurs, les variables et les fonctions. «Le monde où nous vivons est certes loin d'être un monde logique, et tous, nous avons été pris dans des doubles contraintes mais pour la plupart d'entre nous, nous réussissons à préserver notre santé mentale» (*ibid.*, p. 214). Or il y a là une sorte de "miracle", car la logique en jeu — par ses concepts : circularité, totalité, rétroaction, etc.— ne laisse au "monde non-logique" qu'un statut de refuge impossible (à trouver). Autrement dit, la solution à la "logique" paradoxale est encore une solution "logique", par la différenciation de deux niveaux : le "communicatif" et le "métacommunicatif". Remarquons que la logique produit un partage entre l'inférieur et le supérieur où elle s'auto-attribue le niveau supérieur (de clairvoyance et de santé mentale). Le choix fondamental est le suivant : *ou la logique ou la schizophrénie*.

Le *langage ordinaire* amalgame langage-objet et métalangage, classe et membres, niveaux supérieur et inférieur de l'information. En tant que "contenu", le langage doit s'évanouir dans un rôle d'intermédiaire informatif et transporter, sans trop de fantaisies, l'en deçà (la vie réelle) dans l'au-delà (la relation ou l'ordre). Le langage "naturel" est placé sous le signe d'une coexistence malheureuse — logique et non-logique s'interpénètrent et sont presque indissociables —, car il rend possibles non seulement les transferts illicites d'un plan à l'autre mais il bouleverse, par-dessus le marché, les séparations théoriques instituées. Nature et raison, discontinuité et continuité, santé mentale et maladie, se confondent en dernier ressort. Il s'oppose, par son existence même, à l'affirmation selon laquelle le modèle "de la" relation, pur produit du métalangage, est indépendant du contenu ; en outre, en lui, si on veut atteindre la relation, il faudra passer en premier lieu "par" le contenu, tandis que, dans un vrai ordre, la situation serait radicalement opposée. Si la vie réelle invertit l'ordre, c'est parce que le langage naturel défait déjà l'ordre en faisant coexister le "supérieur" et l'"inférieur". On peut dire que le *monde non-logique* commence donc avec le langage "naturel". Celui-ci est le point de contact du monde non-logique avec le monde logique. La *double situation du langage* correspond déjà une "double contrainte" : les paradoxes ultérieurs ne seront que la résurgence et la spécification de ce paradoxe initial. Le langage ordinaire peut être tout ce qu'on veut, sauf "scientifique" ; sa position, à la confluence d'axes divergents, signifie une éventuelle paralysie et piège pour l'esprit logicien. L'ambivalence apparaît comme une tare pour le regard épris d'univocité. Il sera nécessaire de "dépasser" le langage vers un sommet logique pour abolir le flou et le contradictoire inhérents à la "base". Le langage ordinaire, complice de la vie réelle, brouille et efface la frontière interne "relation / contenu" qu'on a eu tant de mal à édifier et travaille en sens inverse des forces logiciennes, c'est-à-dire de celles qui doivent préserver la "santé mentale".

Du paradoxe à ce qui va être sa solution, on ne fait pourtant qu'échanger d'"infini" — un "mauvais" contre un "bon" infini. La solution formulée pour les paradoxes en tant que cercles vicieux, antinomiques, développant une régression infinie, est représentée par une progression infinie. La différenciation des niveaux (en éléments, en classes, en classe de classes, etc.) et du langage (en langage-objet et en métalangage, accompagnée d'une suite de métalangages de puissance de plus en plus élevée) est, a priori, sans fin. Il est étrange que l'opposition, souvent manifestée à l'égard de la régression, disparaisse en ce qui concerne la progression. Car la progression infinie est l'image inversée du paradoxe en tant que régression infinie — si elle démêle et différencie formellement ce que le paradoxe mêle et identifie, car elle hiérarchise ce que le paradoxe met sur un même plan, si elle rend explicite ce que le paradoxe occulte, en redressant en quelque sorte les définitions, on ne voit pas très bien où le processus ascendant pourrait s'arrêter.

La solution la plus économique pour résoudre les paradoxes n'est pas tant de postuler une infinité de niveaux (un nombre limité suffit, deux peut-être, dans la plupart des cas) que d'assurer la prise en charge du paradoxe par une *logique du fini* (éliminant les paradoxes dont l'élément paradoxal — comme le Menteur ou le Barbier — ne possède aucune réalité), car le paradoxe n'est souvent qu'une impasse définitionnelle ou conceptuelle. Un piège tendu au concept par le concept, illustrant et exploitant certaines possibilités du langage ordinaire (on peut y dire beaucoup de choses, c'est-à-dire créer des "créatures" dépourvues de toute assise phénoménale : le "menteur" appartient au monde des "licornes" sur lesquelles se concentrent habituellement le feu des batteries logiciennes). Le paradoxe est le passage ou la transmutation du fini en infini. Au départ, le paradoxe s'offre comme le lieu de l'*infini*, plutôt que le lieu de l'*indéfini*. En tant qu'*infini*, le paradoxe est une sorte de mouvement perpétuel et ou de fuite spiralée ; par contre, en tant que *indéfini*, il ne serait que ressassement et mouvement sur place (du type "rotatif", autour d'un axe central inchangeable et inamovible). Il faut donc revenir au fini et au défini (se donner des repères, redéfinir les positions, les éléments, etc.) pour désamorcer la ruse paradoxale (où tous les repères fusionnent et les définitions sont incomplètes).

LES TROIS TYPES DE PARADOXES : SÉMANTIQUE, SYNTAXIQUE ET PRAGMATIQUE

Dans le classement des paradoxes, proposé par la logique de la communication, on différencie trois types majeurs : paradoxes logiques-mathématiques (antinomies), définitions paradoxales (antinomies sémantiques) et paradoxes pragmatiques (injonctions et prévisions paradoxales), conformément à la tripartition "syntaxe logique-sémantique-pragmatique" (*Une logique de la communication*, p. 190). Dans ce classement, la syntaxe est appréhendée sous un angle purement logique : il n'y a de syntaxe que logique, tandis que la langue "naturelle" y surgit sous les auspices de la sémantique : c'est en elle que se manifestent les antinomies sémantiques. Cette coupure radicale entre la *syntaxe* et la *sémantique*, que nous avons déjà critiquée sous un autre angle, engendre une contradiction lorsqu'on s'aperçoit que le deuxième groupe, constitué par des "*définitions*" paradoxales, est celui des impasses "sémantiques". Le rôle de la définition, ou plutôt de l'axe syntagmatique, est alors entièrement passé sous silence. Le premier exemple de ce groupe (*ibid.*, p. 193) est : "*je mens*", dit le menteur, poussé au-devant la scène par ceux qui ne mentent jamais..., et il est univoque de prétendre que l'antinomie soit ici uniquement sémantique. L'écart entre le premier groupe et le deuxième est celui d'un langage (formel) parfait à un langage (pratique) imparfait : «[...] la source du mal se trouve dans des inconséquences du langage, et non pas dans la logique» (*ibid.*). Source potentielle du mal, provoquée par la coexistence des niveaux communicatif et métacommunicatif, le *langage ordinaire* est le principal fauteur de troubles. Plutôt que la coexistence "infernale" de la langue-objet et de la métalangue au sein du "langage naturel", devenu une sorte de bouc émissaire, ce qu'il faut incriminer ici, selon nous, c'est la stratégie absolutisante développée à la fois aux dépens de la "réalité" même du langage et de la réalité externe à ce dernier.

La *logique* n'est opérationnelle et spéculativement productive, que si elle fait abstraction de tous ses rapports à une quelconque réalité extra-théorique, et ses opérations ne peuvent pas prétendre, dès lors, épuiser et coïncider avec la totalité du réel. Mais, dès le moment où elle prétend avoir absolument pignon sur rue et oublie ses a priori initiaux, elle entrera potentiellement en conflit avec la réalité non-conceptuelle. Ce type d'opération est effectué, par exemple, lorsqu'on offre le principe de non-contradiction comme le nec plus ultra de la réalité. La logique, dans son application universelle à une réalité externe stricte, est alors tel un éléphant dans un magasin de porcelaine. Elle trahira la complexité du réel et imputera son "mal à l'aise", résultant de sa raideur, au langage "vulgaire", "naturel" ou "quotidien", lequel est pourtant plus apte qu'elle, drapée de son absolutisme formel, à capter les ambivalences, la relativité, la finitude et la pluralité externes. Si cela échoue, c'est donc toujours la "faute de l'*autre*". Elle reproche, en somme, au langage ordinaire de ne pas être ce qu'elle prétend incarner — il n'est ni univoque, ni pur, ni nécessaire, ni total, ni absolument universel, etc. Ce rôle de bouc émissaire, accordé au langage ordinaire, est une pièce indispensable du jeu qu'elle codifie.

Le paradoxe est la conséquence d'une formulation linguistique incomplète ou incorrecte. Par exemple, dans "Chicago est trisyllabique", on a volontairement effacé la partie correspondant à "le signe" ou "le mot" dans cet énoncé. On attribue au langage ce qui est du ressort du sujet de l'énonciation. D'autre part, on ne peut pas dire non plus que le paradoxe soit «une contradiction logique venant au terme d'une déduction cohérente à partir de prémisses correctes» (*ibid.*, p. 231). Dans ce cas, il ne pourrait y avoir de contradiction : si les prémisses sont correctes et la déduction qui s'ensuit aussi, la conclusion sera inévitablement correcte et cohérente. Le *paradoxe* est une déduction cohérente, se traduisant par un résultat incohérent, à partir de "*prémisses incorrectes*" parce qu'amputées d'un élément primordial à la bonne compréhension de la phrase et de la situation. Le paradoxe ne propose pas de cadre de référence là où il en aurait fallu un (l'interlocuteur ne peut sortir du cadre de référence en jeu dans le paradoxe parce que ce dernier n'en comporte aucun) ou il amalgame deux cadres de référence différenciés en un seul cadre (il oublie leur différence et considère que cet "oubli" a force de loi).

Le paradoxe est le résultat de l'attribution, non pas d'une qualité, etc., qu'on pourrait choisir parmi un ensemble donné, mais de la qualité censée être absolument contraire (""x" est "anti-x") dans une alternative en quelque sorte purifiée par l'accent extrémiste qu'on y place. Nous purifions ici nous-mêmes le problème paradoxal pour essayer de le démarquer de la contradiction [xiii], car le paradoxe est la résultante d'un jeu énonciatif. Le paradoxe est, d'une manière générale, *une* proposition (ou énoncé) antithétique, sans qu'on fasse, d'emblée, appel à une négation portant sur l'élément verbal (et qu'on extrait d'un réseau plus complexe de dissociations et de recombinaisons théoriques). La contradiction théorique est un rapport d'exclusion entre deux propositions antithétiques ("*x*" est *a*" et "*x* n'est pas *a*"), où l'accent porte sur la partie verbale du syntagme verbal. Le paradoxe est un rapport d'intégration d'un terme dans ce qui est censé être son opposé direct, où l'accent se situe dans la partie nominale du syntagme verbal : "*x* est <u>anti-x</u>". Entre, d'une part, "le chat est sur la table" et "le chat n'est pas sur la table" et, d'autre part, par exemple, "le subjectivisme est un objectivisme" (ou le contraire, ce double renvoi je l'ai appelé ailleurs une "double intégration"), il s'agit à chaque fois de dire "A" et "non-A", sauf que, dans le dernier cas, le même énoncé combine, d'une manière assez rusée, l'affirmation d'un concept et sa négation implicite, au lieu de se dédoubler potentiellement en deux énoncés antagonistes. Le paradoxe (orienté vers le pôle sémantique mais avec une incidence syntagmatique) et la contradiction (orientée vers le pôle syntagmatique mais avec une incidence sémantique) sont, d'après leur lecture classique, une mauvaise rencontre de propositions et de concepts, et le premier pourrait être considéré comme une "contradiction condensée". On pourrait différencier, en outre, le paradoxe ("*x est anti-x*") de l'"oxymore" ("*x anti-x*" : la fameuse "clarté obscure", ou l'"obscurité lumineuse") en soulignant que, dans le premier cas, son impact est mi-sémantique mi-syntagmatique, d'où souvent une portée théorique, et, dans le deuxième cas, purement sémantique, avec une incidence pratique en tant qu'expression d'une ambiguïté existentielle (face à un "continu").

PARADOXE ET PRAGMATIQUE : LE RAPPORT "THÉORIE/PRATIQUE"

Le troisième groupe de paradoxes — celui des paradoxes pragmatiques — semble exclure que les deux premiers groupes aient quelque chose à voir avec la pratique. Or, on peut estimer que tous les groupes ont une portée pratique, sauf que celle-ci peut être directe (dans le face-à-face avec un interlocuteur) ou indirecte (dans le "face-à-face" que la théorie entretient avec le non-théorique). Le cloisonnement théorique proposé s'ordonne selon trois axes — ceux de la Logique, de la Langue et de la Pratique — qui restent étrangement "indifférents" les uns aux autres. Dans ce classement, on dira donc que "ce qui est classé" classe à son tour le classeur, en laissant apercevoir sous la manière de classer les enjeux sous-jacents. Le classement offert a ainsi des incidences pratiques et les écarts définitionnels qu'il opère devraient en subir les conséquences ; or, il n'en est rien. De même que l'écart "syntaxe/sémantique", l'écart "théorie/pratique" est hermétique et montre autant qu'il cache. Plus on s'oriente du sommet conceptuel vers la base pratique, plus le degré de perfection rationnelle semble s'amenuiser.

Le paradoxe est le moyen d'avouer une contradiction externe, pratique, réelle, en la rendant stérile, c'est-à-dire en la transformant en une impasse à tous les points de vue. Là où ce type de contradiction pourrait être productive, mobile et ambivalente, en désignant un processus temporel entre deux pôles antagonistes, le paradoxe se caractérise par la répétition, l'atemporalité et l'uniformité. Partons d'un exemple cité : "je mange ou je ne mange pas mon gâteau" — si je le mangeais, je le regretterais de l'avoir mangé, et si je ne le mangeais pas, je regretterais de ne pas l'avoir mangé. Quel que soit le choix effectué, il subira l'impact dérivé de la possibilité éliminée au moment du passage à l'acte. Le problème prend une forme circulaire en vue de cerner l'éventuel conflit et le désamorcer : le "cercle" mis en œuvre efface la singularité des acteurs et des positions qu'ils assument, les neutralise au sein d'une interaction absolue. Le paradoxe équivaut à une exclusion formelle de la contradiction non-formelle, existentielle, tandis que celle-ci signifie, potentiellement dans cette stratégie, le mal, la perte de la raison et l'aveu de la finitude.

Le paradoxe vise une tension-zéro entre les opposés et correspond ainsi à un écart conflictuel annulé. On pourrait dire que les auteurs de l'École de Palo Alto y trouvent leur compte, dans une société où il faut toujours gommer les *vraies* spécificités qui ne sont pas prises en compte dans l'*aura* médiatique, en fonction des divers horizons historiques. Si le jeu des contraires est vu comme "paradoxal", c'est parce qu'on doit en finir, à tous les niveaux. La suppression des conflits au niveau théorique est, en quelque sorte, le prélude à leur suppression dans la pratique. La lecture des contraires, proposée par la logique de la communication, confirme le statisme inhérent à sa stratégie. La complémentarité, principal soutien de l'interaction circulaire, est le maître-nom à ce niveau. Dans *Logique de la communication*, on peut estimer qu'il y a deux types de complémentarité : une *complé-*

mentarité additive (devant sauvegarder les différences) où les "complémentaires" se complètent l'un l'autre dans un tout qui les dépasse : celui-ci subsume les différences et les neutralise, et ce type de complémentarité s'achève en une relation symétrique ou "en miroir" ; et une *complémentarité exclusive* où les complémentaires se vident l'un l'autre dans une double négation. Est-ce que la complémentarité suffit à épuiser le problème des polarités ? La complémentarité effacerait-elle toute incompatibilité mutuelle ? Ou, dans un couple de contraires, le "couple" prime-t-il sur les "contraires" ? Dans une lecture, ayant recours à une interdépendance maximale, le couple se révèle, en dernier ressort, neutre et statique (""A"-"non-A" = 0"). Le point final de l'opposition, après la conversion totale des éléments, c'est la figure du "zéro" ou du "rien". Cette stratégie repose sur l'assimilation de la scène conceptuelle au système arithmétique. Les deux contraires correspondent à deux chiffres inversement opposés sur une échelle de valeurs numérique. La tactique du "résultat nul" est solidaire d'une lecture catastrophique de la contradiction pratique. Il faut que celle-ci s'efface pour que l'ordre et la raison théoriques imposent la marque de leur supériorité. La *contradiction pratique* est lue comme un paradoxe où les deux termes, inscrits en deux propositions divergentes, s'annulent l'un par l'autre. Si le résultat est "nul", l'ambivalence disparaît elle aussi. Toutefois, la scène paradoxale, cogitée par l'équipe de Palo Alto, est traversée de conflits et de rapports de force. Il n'y cesse d'être question d'obéissance et de désobéissance, de soumission "volontaire" ou "involontaire" au maître d'un enjeu spécifique, d'injonctions, de serments, de contraintes (à une ou deux dimensions), etc. Le paradoxe parle le langage de la maîtrise. Il est l'aveu et la dissimulation de la contrainte (mise en place par le savoir à l'égard du "réel" : patients, familles, agents de la communication).

Quand on oppose la contradiction et le paradoxe dans le cadre du troisième groupe : celui des *injonctions paradoxales*, en supposant que la première laisse, pour ainsi dire, une porte ouverte à un choix pragmatique (on prend l'une des branches de l'alternative) et que le deuxième l'interdit, il y est alors essentiellement question de "choix logiques" alors qu'on se réfère à des "choix" qui sont loin d'être tels dans la vie quotidienne : « [...] face à une injonction contradictoire, le choix est logiquement possible. Par contre, l'injonction paradoxale *barre la possibilité même d'un choix,* rien n'est possible, et une suite alternée infinie est alors déclenchée » (*ibid.*, p. 218). Le dilemme paradoxal est « pathogène » (*ibid.*, p. 217) : le choix entre deux voies divergentes est impossible, car elles se recroisent et mènent l'une à l'autre, après un certain détour ou boucle, et cela indéfiniment. Par contre, devant la contradiction, on peut toujours choisir l'une des branches et abandonner l'autre à son sort : il n'y a pas là de formation d'un cercle vicieux. « Même les contradictions que nous impose la vie quotidienne ne sont pas pathogènes » (*ibid.*). Les contradictions logiques ou énonciatives ont toujours une solution, même si celle-ci n'embrasse que la moitié des choix duels proposés. Dans cette lecture, la contradiction est appréhendée sous un mode essentiellement logique et langagier (ou "A" ou "non-A"). Les choix logiques, et non pas existentiels, sont agencés de telle manière que les contraires ne puissent coexister dans la "vie réelle". La coexistence des opposés, ou celle d'éléments conflictuels sans aucune possibilité de leur dépassement, serait synonyme de paradoxe, et donc de maladie. La contradiction pratique est suivie d'un acte de séparation des opposés, d'une disjonction fonctionnant comme une solution de l'alternative.

En fait, on ne peut pas opposer le paradoxe à la contradiction comme l'absence à la présence d'un dénouement. Ils ont, tous les deux, leur "solution" — celle du paradoxe assurant la prééminence du métalangage. Or, toutes les contradictions pratiques ou existentielles ne sont pas du type "manger ou ne pas manger son gâteau", car d'autres peuvent ne pas en recevoir une solution aussi simple ou évidente. Par exemple, la contradiction éventuelle entre le sujet et l'objet théorique lorsqu'ils coïncident dans certains types d'analyses, ce que les auteurs nomment le « paradoxe fondamental de l'existence de l'homme » (*ibid.*, p. 274). Néanmoins, dans le paradoxe, le gâteau ne peut pas être mangé, ni ne pas l'être. Mais si on arrive à une telle situation, c'est parce qu'il s'agit avant tout d'un *gâteau de mots* ; on ne peut point manger l'absence de gâteau, de la même manière qu'il est difficile sentir l'absence de tous les bouquets. Le paradoxe se superpose à la contradiction pratique, potentielle ou effective, et la transforme en une contradiction formelle ou logique. Il change la tension pratique, porteuse éventuelle d'un certain dynamisme, en un tiraillement formel statique.

Dans le cas des paradoxes pratiques, essentiellement les injonctions paradoxales, on signale la différence entre la contradiction et le paradoxe en utilisant deux cas signalétiques appartenant au code de la route (*ibid.*, p. 226). Si, sur un même poteau, on trouvait deux pancartes, l'une autorisant le stationnement et l'autre l'interdisant, cette situation serait "contradictoire". Par contre, si on apercevait une pancarte signalant qu'on ne la prenne pas en compte, signifiant en quelque sorte "ignorez-moi", la situation serait "paradoxale", motivée par une "double contrainte". La pancarte étant synonyme de Loi, c'est-à-dire se traduisant mécaniquement par une obligation nécessairement contractée par tout sujet, elle ne permet pas qu'on lui désobéisse, et elle ordonne précisément une telle conduite. En fait, ce type de pancarte n'engendre aucun conflit, aucun dilemme insurmontable, dans la pratique ou le comportement réels, sauf dans un regard logicien. Il y a ici, au lieu d'un paradoxe pratique, plutôt une incohérence du système concerné — le paradoxe ne relève pas de la "pragmatique" du conducteur mais de celle du code dans son application au réel. Un tel paradoxe n'a aucune incidence majeure dans la pratique, on passe outre sans problème : l'estimer comme le type même du paradoxe pragmatique, c'est tout simplement faire subir une distorsion (théorique) à la "réalité". Le conflit pratique ne peut advenir que du non-respect des consignes affichées. Lorsque celles-ci sont contradictoires, il peut effectivement exister une "situation paradoxale" ou un "paradoxe pratique". Si un conducteur stationne en un endroit donné en se référant à une pancarte qui l'autorise à le faire et si un agent l'interpelle pour lui appliquer une contravention en ne regardant que la pancarte interdisant tout stationnement, tout juste située au-dessous sur le même poteau, il en adviendra une situation paradoxale. En fonction de deux cadres de référence divergents, les intervenants ne jugent pas de la même façon la même situation réelle. Au point de départ de leur raisonnement, ils la maltraitent et l'amputent de l'une de ses dimensions dans un acte de mauvaise foi réciproque, de la même manière qu'on néglige de "compléter" discursivement une définition initiale. Soulignons que la contradiction pratique avantage un tant soit peu le contrevenant et ne peut devenir paradoxale que si on part du principe que tous les agents de la circulation sont de parfaits abrutis. Une loi de ce type devant être claire et univoque, et puisqu'elle ne l'est point, elle s'annule, et on peut procéder comme si elle n'existait pas dans les conditions référées. N'importe qui peut arriver à cette conclusion s'il est suffisamment "cohérent", même un agent de la circulation... Dans ce cas, il n'y aura pas de conséquences paradoxales et pratiques d'une contradiction dérivée de l'application non-univoque, incohérente, d'un système censé être univoque : le paradoxe apparaît alors pour disparaître.

Le paradoxe — impasse où *il n'y a pas de choix possible* car l'impasse se reforme sans cesse — advient parce qu'on présuppose qu'on doit "y entrer" pour pouvoir ensuite "en sortir", avec l'aide, en principe, d'un allié externe, si on veut procéder à un changement qui abolira le dilemme. D'une part, « aucun changement ne peut se faire de l'*intérieur*" ; d'autre part, le changement "ne peut se produire qu'*en sortant* de ce modèle » (*ibid.*, p. 235). Or, on peut très bien ne pas avoir besoin d'en sortir parce qu'on n'y est pas "entré"... Au lieu de se retirer du jeu, on ne joue pas du tout. L'injonction paradoxale ne peut pas éliminer la possibilité qu'on a de rester indifférent au choix proposé. Par rapport à la contradiction, le paradoxe est un choix logique impossible et, si on le transpose tel quel dans un cadre qui n'est pas à proprement parler "logique", il suffira de refuser la logique en jeu en reconnaissant l'écart qui la sépare du réel. Toutefois, le modèle ne comporte pas de réelle extériorité, de manière qu'on ne peut point le quitter. C'est de la "mauvaise logique" — celle qui prend la réalité comme si elle était formée en tant que telle d'un "sujet-verbe-complément" ou d'une "variable-fonction-système" — que de supposer qu'on est enfermé dans un cadre hermétiquement clos pour une suite infinie de coups stériles et "infernaux".

Si le paradoxe est envisagé comme une "expérience de pensée", où celle-ci éprouverait conflictuellement ses limites, ces dernières sont "arrangées" pour que la pensée ne s'en reconnaisse point. Le paradoxe est alors l'expérience de l'absence de limites de la pensée. Il n'est possible que si on présuppose qu'un menteur ment à tous les coups, d'après le primat accordé à la définition absolue sur une réalité qui est loin d'être telle. Si on amalgame les deux niveaux, en considérant la réalité externe comme une simple émanation de la logique, il n'y aura pas d'issue possible parce que l'écart aura été effacé. Théoriquement, le paradoxe rend la réalité paradoxale quand on abolit la différence qui sépare la *théorie de la non-théorie*. On ramène la réalité d'office à l'intérieur d'un piège tendu par le langage logiciste pour produire, par contraste avec une "ombre" infernale, la "clarté" d'une vision "supérieure". Le jeu relationnel, grâce à une interdépendance totale comme nous l'avons vu dans l'analyse de la "théorie de la famille", dissout la particularité des "éléments" sur lesquels il repose d'une manière telle qu'on peut dire qu'il est un jeu impossible ou un "jeu théorique". Il est alors un jeu sans fin ni commencement. On part aussi bien d'une croyance dans une réalité hermétiquement unifiée que d'une croyance dans une identité totale entre le dire et l'être. L'impasse conceptuelle est alors, mécaniquement, une impasse pratique, se produisant dans la réalité "externe" à la sphère conceptuelle, devenue entre-temps homogène par rapport au plan de la pensée et du concept. Le paradoxe serait comme un effort pour remplir le vide par le vide, de solutionner une énigme par une autre énigme, ou de tuer quelqu'un qui a déjà été assassiné dans l'espoir de le faire ressusciter. Il implique un redoublement par lequel on essaie de chatouiller non pas la jambe qui vous démange mais le concept de chatouillement lui-même, et on prend bien sûr cette opération pour le moyen le plus radical d'en finir avec la démangeaison irritante. Le paradoxe est le refus d'une pensée transitive, à la faveur d'une auto-implication spéculaire — on pense à la pensée de penser qu'on ne pense pas (on ne peut pas dire qu'on ne pense pas car, en le disant, on pense encore) ; on détient un savoir identique à un non-savoir même si, effectivement, on ne sait *rien* (on ne peut ne pas savoir puisque, en l'affirmant, on sait toujours qu'on ne sait pas).

Dans ce type de stratégie, l'œil ne devrait pas voir tant qu'il ne se voit pas. S'il est défini comme l'organe de la vision, comment peut-il voir *vraiment* s'il ne se voit pas, ou comment peut-il ne pas commencer par se voir s'il fait office de voir ? Ce type de raisonnement est, bien entendu, très tordu, mais ni plus ni moins que dans la plupart des paradoxes. Il arrive alors à l'œil (du théoricien) la même chose qu'à ceux qui, pour postuler, l'impossibilité du mouvement, *se déplaçaient* pour aller chercher de quoi écrire la phrase concernée : l'œil voit (s'il peut voir) malgré tout ce qu'on peut en dire, car la série du "voir" n'est pas identique à la série du "dire". Le concept oublie le réel en le rendant identique à soi. Supposons que l'œil, qui voit sans pouvoir se voir, se regarde dans un miroir. Il voit et se voit en train de se voir. L'œil, devant une surface réfléchissante, paraît acquérir le statut absolu qu'il n'avait pas auparavant ; le cercle imparfait semble maintenant achevé et il annule toute distance entre l'œil et le miroir, entre l'œil et lui-même. Est-il pourtant réellement absolu ? L'œil ne serait absolu que s'il coïncidait parfaitement avec lui-même — il se verrait instantanément en train de voir et ne verrait que lui — en effaçant toute distance réelle. Or, dans le miroir, il y a une distance opérationnelle.

Le paradoxe, synonyme d'absolutisation des concepts et de déni du réel, consiste précisément dans l'effacement de la "distance". Tous les paradoxes la suppriment à leur façon : la théorie "oublie" la pratique. Si le menteur ment, il ne ment pas à propos de quelque chose dont il a affirmé "x" ou "z" — il ment absolument ; si on prend "*soyez spontané*" pour un paradoxe pratique, alors qu'on n'a pourtant effectué qu'une affirmation générale, en oubliant les circonstances où elle a pu être proférée, on considère ainsi la "spontanéité" comme une entité en soi, parfaitement mesurable et invariable, qui existe telle quelle dans la réalité depuis toujours. Il ne vient jamais à l'esprit des auteurs, qui se complaisent dans cette confusion savante, que la "*spontanéité*" puisse être tributaire de la conception que les interlocuteurs se font de la "naturalité" des rapports sociaux-humains, de la manière dont ils se situent l'un par rapport à l'autre (âge, différences de classe, etc.) et du cadre même où ils se rencontrent. "Soyez spontané" pourrait être l'équivalent de "faites comme moi, mettez vos pieds sur le bureau". Dans tous les cas, la distance "abolie", entre la théorie et la pratique, permet à l'œil de se voir en train de voir, au mensonge d'être en soi et à la spontanéité d'être éternelle. Si, dans la pratique, le paradoxe disparaît si facilement, et si, dans la théorie, on le maintient contre vents et marées, cela veut dire que la théorie fait peu de cas de la "pratique" (ou de la réalité externe).

Pour revenir à l'œil, si nous lui appliquons la stratégie méta-communicative fondée sur une différenciation logique, nous arrivons à une autre impasse. Dans un livre ultérieur à *Une Logique de la communication*, on fait effectivement référence à un précepte d'un maître zen où la vie est définie comme « l'œil qui voit mais ne peut pas se voir » (*Changements*, p. 44, note 1). L'œil qui voit sans pouvoir se voir est passible de deux lectures opposées : l'une finitiste, l'autre infinitiste ; il peut être aussi bien la marque d'un aveu de finitude que le point de départ d'un dédoublement de la vision, et nous reviendrons ailleurs sur certains "paradoxes de la vision"[xiv]. On peut estimer que l'œil qui voit sans se voir, à un niveau, se verra *sans voir quoi que ce soit*, à un autre niveau. Il s'agit, dans ce dernier cas, d'un "œil de l'œil" (ou de l'"œil de l'esprit" qu'on oppose à l'"œil physique"). L'œil se situe au-delà des "touts" qu'il construit et finit par violer, en tout cas, le principe zen cité ci-dessus. Il n'est pas seulement à l'extérieur d'un "dedans" mais encore l'"au-dessus" d'une "base" qu'il a dépassée : l'opposition entre l'extérieur et l'intérieur" se dédouble d'une opposition entre le vertical et l'horizontal. Personne ne peut voir son corps parce que les yeux font partie de la totalité à percevoir. L'œil doit être placé (et se placer) à l'extérieur de ce qui est perçu (comme les membres d'une collection donnée ou les éléments d'un cadre) en tant qu'organe appartenant à un niveau logique supérieur (comme le cadre ou la classe elle-même). En effet, la *théorie des types logiques* joue déjà au niveau perceptif ou immédiatement post-perceptif : « notre expérience du monde repose sur l'ordonnance des objets de perception selon des classes » (*ibid.*, p. 120). L'œil-perception ne fait pas, à la limite, partie du corps percevant, ce "saut" correspondant à une transmutation logique. Lorsque nous sommes donc en train de regarder nos mains ou nos pieds, nous sommes en train de transgresser l'ordonnancement des classes, de violer la "logique" et de mettre en scène un paradoxe, ou d'opérer un saut libérateur par rapport à notre corps fini particulier. Ou nous prenons la *partie* pour le *tout*, en bouleversant leur rapport ; ou nous installons le *tout* à sa place souveraine, et laissons les mains juste au contact des matières...

Le paradoxe est un énoncé "*compatible-incompatible*", où les possibles s'annulent réciproquement, grâce à une double conjonction du "vrai" et du "faux", du "oui" et du "non" (parmi d'autres opposés). Tout choix est mauvais ou interdit. Dans un texte aussi ultérieur, à *Une Logique de la communication*, le rôle théorique du paradoxe est explicitement reconnu comme positif dans sa "négativité" même : il signale une impasse dans le réseau des axiomes-prémisses ou une faille dans la stratégie énonciative globale. Quelque chose ne tourne pas en rond lorsqu'on tourne ainsi... Un certain parallélisme est alors signalé entre la logique et la "paranoïa". Le "délire paranoïaque" se développe à partir d'une prémisse ou d'une « affirmation fondamentale tenue pour absolument vraie » (*L'invention de la réalité*, p. 242), pour produire ensuite tout un ensemble de déductions rigoureusement logiques, en occultant, grâce au brio manifesté, la fragilité et l'incohérence du point de départ. On oppose, à ce moment-là, la logique au réel ou le théorique au pratique : « Dans la tour d'ivoire de la logique formelle, ce défaut «technique» mène au terrible et inévitable paradoxe que des esprits pratiques contournent imperturbablement pour passer aux questions concrètes de l'ordre du jour » (*ibid.*). On reconnaît ainsi l'inexistence du Barbier villageois, qui rasait uniquement les villageois qui ne se rasent pas eux-mêmes, et que tout ce raisonnement est complice d'une prémisse initiale défectueuse, mais cela n'empêche le Menteur d'être toujours au travail (*ibid.*, voir p. 233) pour permettre la distinction logique, introduite à la suite de ce paradoxe, entre les différents "niveaux" de la communication.

Dans ce versant, le paradoxe coïncide avec les signes annonciateurs d'un possible bouleversement théorique. Il est une sorte d'élément subversif souterrain ou un « inquiétant craquement » dans la « charpente aristotélicienne » (*ibid.*, p. 270). Il prépare surtout une éventuelle relève : il sert de stratagème d'introduction à un dépassement théorique dans lequel il va disparaître. Or, ce rôle n'a cessé d'être le sien, même avant cette reconnaissance tardive d'un défaut dans les prémisses ou la théorie. Le paradoxe « apparaissant dans un monde fondé sur la logique aristotélicienne du tiers exclu » (*ibid.*, p. 273), on pourrait en déduire que le paradoxe du menteur, par exemple, est l'une des résultantes de ce principe. Cependant, le rôle du paradoxe est ambigu : il est plutôt la conséquence dérivée d'un monde conceptuel, présupposant la validité universelle de la stricte dualité "vrai ou faux" sans aucune catégorie intermédiaire, que son "au-delà". Un paradoxe — tel celui du menteur — ne s'attaque donc pas vraiment à son principe originaire — le "tiers exclu" — puisqu'il y fait appel pour se constituer. Même si le paradoxe demeure prisonnier d'une prémisse branlante, la "suite" théorique du paradoxe en a besoin (et le légitime par son emploi !) pour sa "démonstration scientifique". Donc, si le paradoxe est ambigu en tant que tel parce qu'il se limite à signaler la négativité (ou les "dégâts") du principe auquel il fait appel, le lien noué par la théorie à son égard, lorsqu'elle l'utilise pour lever définitivement toute ambiguïté, est lui aussi "ambigu". Le paradoxe est, peut-être, au fondement de la "paranoïa" quand le processus qui le revendique présuppose qu'il a complètement aboli toute distance par rapport à la réalité externe. La voie est étroite entre la "*paranoïa*" et la "*vérité*", et la tension est portée à son comble lorsque le processus de la "vérité" s'attaque à la "paranoïa" elle-même (ainsi que dans le cas du Président Schreber lu par Freud). Les mots ci-dessus, mettant en relief le caractère *ivoirien* de certains enjeux théoriques, soulignent le décalage entre le "pratique" et le "théorique". Ils sont une sorte d'aveu involontaire d'une inconséquence qui ne peut que frapper la "logique de la communication" dans son ensemble, fondée sur une logique bivalente, ou une charpente parménido-aristotélicienne, et présupposant tout écart aboli entre elle-même et la réalité non-théorique. Ils devaient poser une borne ou une limite à l'"invention de la réalité" ou à la "réalité de la réalité". Ils ne lèvent pas, en tout cas, l'hypothèque que le paradoxe encore à l'œuvre, comme nous l'avons remarqué, fait peser sur le "lieu" du vrai. Le Menteur doit continuer à mentir pour que le "vrai" puisse être enfin dit...

LES ALTERNATIVES, LE THÉRAPEUTE ET LE PATIENT

Le refus des *alternatives contradictoires* implique une mise en ordre et une purification. L'alternative est refusée plutôt parce qu'elle mêle ce qui aurait dû rester séparé que parce qu'elle signifierait un arrêt stérile, ou une rumination malheureuse, pour la conscience qui en demeurerait prisonnière. D'une manière générale, l'*alternative* est refusée si elle exprime une coexistence de deux plans au même niveau de la réalité ; par contre, elle est, dans une certaine mesure, acceptée si on pratique une disjonction radicale en étageant la réalité en deux régions absolument autonomes. Les branches de l'alternative deviennent alors indépendantes, et le fossé qu'on creuse entre elles brise l'alternative. À la suite de la disjonction radicale et de l'étagement hiérarchisé, l'ordre fait triompher l'univocité et abolit l'impasse initiale (tout en récréant peut-être une nouvelle impasse) en disjoignant les éléments hétérogènes, auparavant confondus, au sein d'un même cadre ou niveau. L'alternative initiale est une illusion et un quiproquo nécessaires à l'affirmation d'un ordonnancement ultérieur, délivrant toute la vérité qu'on peut en extraire. L'alternative est justifiée *a posteriori*, parce qu'elle posait les termes de l'énigme théorique qu'on a théoriquement résolue. Si, au cours et à la fin du processus d'élucidation, les alternatives sont refusées, ou reconnues illusoires, etc., elles se traduisent néanmoins par de nouvelles alternatives estimées fournir la clé théorique finale de l'impasse (et, peut-être, signes d'un nouveau ou futur durcissement dogmatique).

Le refus des oppositions ou des alternatives ne supprime pas l'enjeu oppositionnel ; il se déplace vers un autre lieu où de nouveaux contrastes vont être au rendez-vous du concept. L'alternative est déplacée, mais elle repose sur un choix. On peut refuser une alternative donnée, au lieu de choisir l'une de ses branches, ce qui ne veut pas dire qu'on refuse obligatoirement les deux "branches" en tant que telles. On peut nier soit l'un des termes de l'alternative soit l'alternative elle-même ; on s'engage dans le cadre de l'opposition ou, au-delà, contre l'opposition elle-même. Le refus d'une alternative est encore une alternative — de la forme : ""alternative x / refus de l'alternative", "passage à *autre chose*"". En outre, au lieu de refuser totalement une alternative, en ce qui concerne un enjeu précis, on peut aussi essayer de la récrire, si on considère que les contraires ou les opposés sont absolutisés dans un face-à-face figé. C'est-à-dire qu'on accepte les éléments d'une alternative donnée mais non pas la manière dont celle-ci est formulée — la radicalisation dogmatique — et que, par conséquent, on refuse davantage les définissants de l'élément donné que l'élément lui-même, qu'on redéfinira dans un nouveau cadre. Il faut ajouter qu'il y a des alternatives indépassables, sans au-delà "synthétique" ou "fusionnel" (par exemple, la dualité de l'onde et du corpuscule en microphysique).

Le refus d'une alternative, appréhendée sous la forme d'une antinomie radicale, marque d'une exacerbation dogmatique, peut engendrer à son tour des alternatives tout aussi abruptes que celles qui ont été refusées, étant donné leur caractère d'impasse-sans-issue. L'issue, à ce qui est sans issue, comporte alors une nouvelle division rigide, et l'alternative se reforme "ailleurs". Dans le système kantien, d'une part, la division du monde terrestre en super-monde nouménal et en monde phénoménal est censée corriger les antinomies ou les alternatives de la raison pure — exemples : causalité naturelle et "causalité libre" ; monde sans (ou avec) commencement et fin, dans le temps et l'espace ; simplicité primitive ou complexité originelle des substances naturelles ; existence ou non d'un être absolument nécessaire — et mettre fin aux transpositions réciproques et illusoires des valeurs d'un "monde au-delà du monde" sur le plan du monde sensible-matériel. La transposition n'est pas tout à fait symétrique : si l'introduction des valeurs sensibles et "conditionnées" du monde phénoménal dans le "supra-monde" nouménal pourrait se révéler catastrophique, en rabaissant l'inconditionné idéal au rang de conditionné matériel, à l'inverse, le passage opposé peut servir d'aiguillon, et il est même reconnu inévitable. Les valeurs dominantes du "supra-monde" nouménal, si elles sèment une certaine confusion dans le monde phénoménal, constituent néanmoins l'illusion nécessaire à la poursuite incessante de la "vérité mondaine" en permettant au conditionné de se surélever et de tendre vers l'inconditionné, de se rapprocher (sans qu'on l'atteigne jamais) de la pure totalité absolue et achevée. D'autre part, la coupure radicale de la conscience en deux parties tout à fait séparées — celle de l'entendement conditionné ou limité et de la raison illimitée ou inconditionnée —, qui est à la source de l'éclatement du monde en deux sphères : éthico-religieuse et physico-cosmologique, visant à préserver la "pureté" de leurs domaines respectifs présuppose donc une séparation interne dans le sujet qui réfléchit et qui agit. La séparation externe est ainsi une "réflexion" de la séparation interne. Ce ne sera pas, en tout cas, la même conscience qui connaît scientifiquement le monde et qui juge éthiquement, et ce ne sera pas non plus le "même" monde dans les deux cas. D'une part, le savoir s'abolit pour laisser la place à la foi, et toute abolition de la frontière détériore, en même temps, la pertinence de la théorie expérimentale et l'absoluité morale de l'exigence éthique. D'autre part, la séparation est battue en brèche parce que l'agent de la séparation ne peut pas être radicalement *autre*.

    Dans *Une logique de la communication*, l'alternative est rendue paralysante par la stratégie théorique dans le but de différer le moment du choix, lorsque des conflits éclatent, et surtout de proposer un choix de type supérieur. Si l'alternative pratique y est potentiellement contradictoire, elle est aussi potentiellement nulle. Qu'on choisisse l'une ou l'autre branche de l'alternative, cela revient au même quand on fait leur "somme". Si l'alternative est paradoxale, elle est impossible. On ne peut point choisir entre les deux voies divergentes puisque tout choix est un anti-choix, et vice-versa. Ces deux perspectives supposent l'interdiction ou le caractère superflu de tout choix tant qu'il n'est pas pris en compte dans et par la sphère théorique. L'impasse, ainsi délimitée, est pourtant la base d'un dépassement. En se situant à l'extérieur de la polarité en jeu, on convoite une neutralité impossible et une supériorité légiférante. L'opposition, où les forces contraires s'annulent et elle-même s'évanouit, mène à une position primordiale. Transmuer une alternative en impasse circulaire, c'est souvent le point de départ pour l'émergence d'un niveau ou d'une "synthèse" supérieure, éclaircissant tous les "nœuds" du piège. Toute opposition conflictuelle signifie, pour une conscience qui se veut universellement souveraine, un déni de la puissance recherchée : d'où le désir de s'en débarrasser une fois pour toutes. Ce type d'opération ne s'offre pas comme un choix mais comme une opération rationnelle désengagée, une loi pure d'un cogito scientifique ou métaphysique, détachée de toutes ses compromissions terrestres. L'alternative paralysante, pour la raison prétendant à l'univocité, coexiste avec un point de vue supérieur — elle mène à lui et lui se justifie par elle. Or, est-ce qu'une alternative est forcément paralysante ? De "a" à "non-a", tourne-t-on dans un cercle vicieux ? Faut-il "dépasser" l'alternative pour la neutraliser en se plaçant à un point de vue supérieur qui évitera le dilemme "thèse / antithèse", et peut-on le faire à tous les coups ? Pour nous, une alternative n'est paralysante que sous une forme paradoxale : lorsqu'une affirmation est *immédiatement* (exclusion de la durée, du temps) suivie d'une négation, ou un terme de son contraire, et lorsqu'on fait abstraction de tout contexte ou "cadre de référence". Exemple, quand on donne l'ordre de ne pas obéir, quand on exige à quelqu'un d'être absolument spontané ou menteur, quand on pense qu'on ne peut pas penser, quand on sait qu'on ne sait pas, etc.

Si le paradoxe est un cercle de langage, et si la communication pratique (dans la famille, la cité, etc.) y succombe en se fourvoyant aveuglément dans des doubles impasses paradoxales, le théoricien voit essentiellement le champ pratique analysé *à partir d'une caractéristique du champ analysant* à laquelle il donne un statut de pleine réalité[xv]. D'où la revendication omniprésente d'une science des relations humaines, c'est-à-dire de loi objective : voilà le *gain* d'une telle opération. Le paradoxe se retrouve dans la stratégie théorique parce qu'on ne cesse de le reproduire, alors qu'on s'est donné pour but de le faire cesser[xvi]. Vue sous cet angle, la sortie proposée au niveau de la métacommunication est une piètre compensation qui masque mal la prolifération "insensée" du paradoxe au niveau de la pratique communicative ordinaire. La stratégie théorique globale développe une causalité tout à faire circulaire pour le domaine de la communication, la seule sortie possible se situant au niveau métacommunicatif, privilège de l'agent du savoir.

Une série de questions peuvent être posées. Pour modifier les règles spéculaires et le système circulaire, le thérapeute se situe-t-il réellement à l'extérieur du jeu paradoxal ? Si, au miroir initial, on oppose, en quelque sorte, un anti-miroir (la "double contrainte thérapeutique"), sort-on du cadre réfléchissant parce qu'on considère que le thérapeute se place à un "niveau logiquement supérieur" ? Ou, en d'autres termes, la position du thérapeute est-elle objective parce qu'extérieure et extérieure parce que scientifique ? Sera-t-il celui qui détient l'exclusivité de fournir la "métarègle" abolissant l'impasse paradoxale, et suffit-il de prescrire le symptôme pour le neutraliser, ce qui impliquerait que la maladie fusse avant toute chose une "maladie logique" ? Le malade ne peut-il contourner le paradoxe verbal fourni par le thérapeute ? La parole rationnelle abolit-elle, d'office, le comportement symptomatique par son pouvoir supérieur d'élucidation, où elle a recours à un "contre-jeu" pour que le "jeu" s'abolisse et se déroule différemment, et supprime-t-elle aussi toute résistance ? Et le "succès" ne serait-il pas tout à fait garanti que dans le cas où le malade

LES CERCLES DU PARADOXE - PALO ALTO   61

et le thérapeute ne constitueraient qu'une seule et même personne ? En tout cas, les communications paradoxales sont considérées comme les « interventions les plus complexes et les plus efficaces » (*Une logique de la communication*, p. 245) et la « double contrainte thérapeutique oblige *toujours* [nous soulignons] le patient à sortir du cadre que lui fixe son dilemme » (*ibid.*, p. 246). Or, en mettant en scène la croyance à la toute-puissance de la logique, ne met-on pas en scène aussi les effets néfastes d'une telle tentative ?

La "double contrainte thérapeutique"[xvii] est l'image en miroir de la « double contrainte pathogène » (*ibid.*, p. 245). Tout "oui" devient un "non", tout "non" un "oui", avant qu'ils ne stabilisent, le "non" du "non" devenant un "oui". Le schème de base est ici la négation de la négation, opérant sous un mode logique. La double contrainte renforce le comportement maladif dont on s'attend à une modification positive. Pour faire disparaître le symptôme, il faut l'inoculer de nouveau au patient. « Si l'on veut influencer le comportement de quelqu'un, il n'y a essentiellement que deux manières d'y parvenir. La première consiste à persuader cette personne de se comporter autrement." La deuxième « consiste à l'inciter à se comporter comme il le fait déjà » (*ibid.*, pp. 240/1). Le deuxième aspect du totalitarisme, sous-jacent à la logique de la communication abolissant tout silence, est l'*angélisme apparent* (ou la croyance à la toute-puissance de la théorie) qui l'accompagne de bout en bout. Pour guérir (le schizo, etc.), il suffirait de dire, ou plus exactement de prescrire verbalement le paradoxe, de jouer paradoxe contre paradoxe. La double contrainte "crée" un « paradoxe, puisqu'on demande au patient de changer tout en restant inchangé » (*ibid.*, p. 245). L'injonction théorique est une cause universelle assurée du caractère tout aussi inéluctable de ses "effets" — « en se soumettant à l'injonction du thérapeute, le patient sort du cadre de son jeu sans fin [...] » (*ibid.*, p. 241) ; le patient « ne peut pas *ne pas* réagir, mais il ne peut pas non plus y réagir selon son mode habituel [...] » (*ibid.*, p. 246). La « théorie de la double contrainte n'est pas particulière à l'étiologie de la schizophrénie, mais définit plutôt une *situation pathogène universelle* [...] » (*Sur l'interaction*, p. 320). Tout y est question d'obéissance et de désobéissance (et tout se traduit en termes de comportement). La maladie est un jeu logique où les rapports entre le thérapeute et le patient sont "mécaniques", soumis à un calcul paradoxal. Si le malade refuse l'injonction paradoxale, il ne se comporte plus symptomatiquement et il est guéri ; s'il l'accepte, il rend son dilemme impossible ou sa « situation intenable » (*Une logique de la communication*, p. 245) : il veut changer et étant donné qu'on lui demande de demeurer tel quel, il sera obligé de modifier son comportement s'il désire réellement guérir, et il est ainsi acculé à ne pas respecter la "consigne", à faire le contraire de ce qu'on lui a dit de faire.

La règle de base vise à conditionner ou à influencer le patient en ne lui laissant d'avance aucune issue (sauf l'issue logique !). Dans le cadre paradoxal, "rien", ou tout élément interne, ne peut le nier. Par conséquent, le patient est enfermé dans un cadre où il révèle son impuissance à s'en échapper. Le seul agent qui surplombe le cadre est celui qui l'a posé — le théoricien ou le thérapeute. Ce dernier est ainsi le seul intervenant qui pourra le nier. Il est, à la fois, le geôlier et le libérateur. Le patient doit impérativement être "dans le jeu" d'une manière toute passive, sans pouvoir "jouer autrement", pour réagir, en dernier ressort, de la bonne façon, car il ne peut déclarer le jeu ni nul ni absurde. « La situation thérapeutique est bâtie de manière à empêcher le patient de se retirer du jeu ou de dissiper le paradoxe en le critiquant » (*ibid.*, p. 246). Le caractère pathogène du paradoxe résulte de l'extension universaliste du dilemme paradoxal — au départ, il est inhérent à l'image portée sur le schizophrène à l'"*entrée*" de la communication ; ensuite, il se détache de ce dernier pour recouvrir l'ensemble des communicateurs à l'"*issue*" de la communication. Il ne s'agit pas d'une "double" contrainte, mais d'une contrainte sans échappatoire, d'une contrainte unique (en tant que loi) et multiple (tous y participent). Le thérapeute occupe la position de la tierce personne (pacifiante) dans un couple infernal, ou du tiers élément (lumineux) dans une impasse binaire opaque. Il fournit la métarègle dénouant le cercle vicieux : « [...] le thérapeute, parce qu'il est à l'extérieur, peut apporter ce que le système lui-même ne peut engendrer : une modification de ses règles » (*ibid.*, p. 239). En fait, le thérapeute n'est pas extérieur au "système" parce que c'est lui qui a conçu une telle vision schizophrénique et communicative du "comportement". L'extériorité du thérapeute est une fiction (scientifique). Il a codifié les règles du jeu en connaissant son dénouement : le jeu sans fin n'existe qu'en fonction de la fin métacommunicative, logique, trans-systématique.

LE PARADOXE DU SAVOIR : LE SUJET, LE MONDE ET LE JEU DE LA LIMITE

Au moment final de leur analyse, les auteurs affirment qu'ils abandonnent la position scientifique et objective[xviii] qui avait été la leur jusque-là, pour une position subjective et spéculative — « nous sommes dans l'obligation de quitter le domaine de la science pour celui de la subjectivité », ou « nous nous trouvons contraints d'abandonner la position objective » (*ibid.*, p. 261). Or la "contrainte" de cette séparation pose un certain nombre de problèmes. Peut-on quitter, et y revenir, le domaine de la subjectivité (ou de l'intersubjectivité puisqu'il s'agit ici de plusieurs auteurs) sur une "simple" auto-proclamation ? Les lignes qui suivent, et d'autres, accentuent le malaise que nous y lisons — car pour les auteurs, il ne se pose même pas — et accumulent les paradoxes. En premier lieu, on nous signale que l'homme ne peut pas "transcender" les limites de son esprit, surtout quand il est son propre "objet" : « L'homme ne peut transcender les limites que lui impose son propre esprit ; sujet et objet finissent par être identiques, l'esprit s'étudie lui-même. Aussi tout énoncé concernant l'homme pris dans ses liens existentiels court le risque d'être un énoncé portant sur soi-même ; ce qui [...] engendre le paradoxe » (*ibid.*, pp. 261/2). En second lieu, et en généralisant l'impossibilité de dépasser les limites de l'esprit, on affirme l'inexistence de la réalité objective et son remplacement par l'expérience subjective : « On rencontre là un sophisme répandu qui consiste à dire, tacitement, qu'il existe une «réalité objective».[...] » (*ibid.*, p. 265, note 1) ; « [...] la réalité, c'est l'expérience subjective que nous faisons de l'existence ; la réalité est le schème que nous construisons pour désigner quelque chose qui, selon toutes probabilités, échappe totalement à une vérification humaine objective » (*ibid.*, p. 271). D'abord, si l'homme ne peut point effectuer une opération transcendante quand il se situe (ou "revient") à un *plan subjectif*, lorsqu'il adopte une *position objective*, il est censé pouvoir le faire. Avant d'aborder le domaine où la "subjectivité" devient présente, l'"esprit" occupa une position où il s'était transcendé (jusqu'à la page 261 du livre indiqué) — objectivité et transcendance y étaient complices. Toutefois, la réalité objective figure alors comme la transcendance acquise par une pensée qui ne peut point "se transcender". La science est ainsi cet effort surhumain par lequel la pensée arrive à dépasser les limites qu'elle ne peut point dépasser.

La séparation produite évite d'emblée toute introduction de la subjectivité dans le domaine de l'objectivité — l'"objet" peut, pour ainsi dire, respirer tranquille ; aucun détournement n'aura eu lieu ; les liens existentiels y sont pleinement abolis. Par contre, si l'esprit s'étudie lui-même, il arrivera très vite au point extrême de produire des "auto-énoncés". Lorsque disparaît la séparation du sujet et de l'objet de la connaissance, le paradoxe semble imminent, et peut-on vraiment s'en affranchir si la coïncidence avec soi est sa principale caractéristique. Puisque l'homme ne transcende pas ses limites, les limites qu'il trouvera, quoi qu'il fasse, seront à peine les "siennes". Le paradoxe n'est pas une possibilité parmi d'autres mais le fondement de ce type de recherche. Si l'esprit s'étudie lui-même et s'il produit un énoncé où il est son propre destinataire, il ne peut pas réellement "s'étudier". La connaissance de soi est impossible, car la méconnaissance se lie immédiatement à la connaissance, situation dont le paradoxe est la traduction conceptuelle.

D'autre part, si l'esprit s'étudie lui-même pour dégager quelque chose qui se rapporte aux autres "esprits" environnants, et s'il produit un énoncé où il n'est pas uniquement question de lui-même, il semble qu'il ait retrouvé par conséquent "un objet extérieur". C'est la position altruiste de l'alternative, mais qui n'écarte pas non plus le paradoxe — il s'étudie lui-même non pas pour s'étudier lui-même mais pour étudier, en fait, les "esprits" qui lui sont semblables. Si ce qu'il dégage possède une valeur universelle concernant le domaine des "esprits", non seulement on peut affirmer qu'il ne s'étudie point (l'esprit a priori subjectif s'objective et oublie la "subjectivité" dont il est indissociable), mais qu'il s'étudie encore lorsqu'il ne s'étudie pas (s'il produit une maxime universelle valant pour tous les "esprits", elle vaut aussi pour lui-même).

Le *paradoxe de l'esprit*, qui ne peut point transcender ses limites et qui s'étudie donc lui-même, résulte de ce que les auteurs escamotent le langage. Celui-ci rompt le cercle de la spéculation. Même si l'énoncé produit se rapporte à la subjectivité qui l'énonce, cette opération subjective s'objective dans un langage précis qu'il est impossible d'effacer. On peut bien entendu nier cette brisure et reconstituer, comme si rien ne s'était passé, le cercle pourfendu. La fusion de l'esprit avec lui-même prend son origine dans le fait que lorsque l'esprit pense, il pense "sans langage". L'énoncé, bien qu'il puisse être envisagé aussi comme la "trace" d'un monologue, s'engage sur la voie d'un "dialogue", potentiellement conflictuel, lorsqu'il est offert à l'écoute (ou à la lecture) de l'*autre*. Celui-ci restreindra ou élargira sa portée, conformément à ses dispositions critiques, laudatives, etc. Il n'est pas tout à fait exact de dire qu'il y ait, au commencement de ce processus, un paradoxe, mais plutôt une ambivalence pratique contradictoire où le partage "subjectif/objectif" demeure le lieu d'un enjeu. Une autobiographie n'est pas forcément une série de paradoxes nivelateurs, une impasse logique, une incongruité scandaleuse, et le fait qu'elle soit une œuvre de langage et une entreprise tout à fait possible, car c'est la distance signifiante qui crée cette possibilité, nous permet d'affirmer que le "paradoxe" n'est pas obligatoirement au rendez-vous dans la confrontation du sujet avec lui-même. Cela dépend autant des termes et des situations analysés que de la stratégie engagée pour essayer de cerner et lire leur éventuelle spécificité.

Le paradoxe apparaît quand l'"esprit théorique" se nie, comme dans le contexte ci-dessus, pour assumer une tâche spécifique. Si, en outre, on nie l'existence de la réalité objective, on peut ajouter qu'on ne quittera jamais la scène du "paradoxe". Comment peut-on occuper une position objective si la "réalité" coïncide pleinement avec la réalité pensée ? L'esprit est illico renvoyé à ses chères études paradoxales, à son auto-analyse, où l'on ne sait jamais si l'analysé et l'analysant peuvent se différencier par le moindre biais. Le solipsisme a ici maille liée avec le paradoxe. Celui-ci est une conséquence du solipsisme : l'esprit ne peut "transcender" ses limites et chaque effort, qu'il effectuera pour franchir la borne-limite, le renvoie de nouveau à l'endroit de sa "naissance". Paradoxe égal emmurement de l'esprit, combiné à une échappée qui finit par un retour au cachot initial. Dans un livre ultérieur à *Une Logique de la communication*, le problème est posé de manière différente. Il ne s'agit plus de nier l'existence d'une réalité objective mais d'une "réalité absolue" (*La réalité de la réalité*, p. 137, et *Changements*, p. 117). On y effectue une séparation entre deux types de réalité — une *réalité de "premier ordre"*, physique et objective, passible d'un consensus scientifique, suivant des expériences répétables et vérifiables, et une *réalité de "deuxième ordre"*, une réalité-pour-nous, celle des valeurs significatives et communicatives, subjectives et arbitraires, où il est absurde de "discuter de ce qui est «réellement» réel" (*La réalité de la réalité,* p. 138), c'est-à-dire qu'il est une illusion de penser que la "réalité" de deuxième ordre soit pleinement "réelle". La réalité y étant en quelque sorte interdite, on s'interroge comment peut-elle être même une réalité de "deuxième ordre"... Le paradoxe n'est pas ici tout à fait le même, mais il traduit encore la même aporie.

Le paradoxe naît lorsque l'"esprit" peut quitter, avec une aisance de prestidigitateur, une position objective pour une autre subjective alors que la réalité objective est censée faire défaut — ce parcours étant rendu impossible. Il naît aussi lorsque l'esprit se nie lui-même, parce qu'il est objectif et scientifique, tandis qu'on stipule qu'il ne peut point se nier. Le paradoxe naît quand on nous dit qu'il consiste en un cercle énonciatif et épistémologique — "énoncé portant sur soi" et "esprit qui s'étudie lui-même", dont la version élaborée représente un esprit qui s'auto-étudie en produisant un énoncé qui porte à la fois existentiellement sur soi et linguistiquement sur son énonciateur : le cercle énonciatif traduit le cercle existentiel et illustre la même auto-implication. L'"énoncé portant sur soi" est susceptible d'avoir deux lectures : a) il porte sur soi sans qu'on fasse référence au statut épistémologique de la réelle conscience émettrice ("je mens" semble dire le menteur, mais il n'y en a point dans l'affaire engagée) ; b) il porte sur soi en ce qu'il concerne un cercle de langage et qu'il exprime la situation générale de la conscience qui veut savoir objectivement et scientifiquement ("je mens" mis en rapport avec le fait que la conscience ne connaît de la réalité objective que son expérience subjective et que la première est un fantôme qu'elle poursuit en vain. À la source de tous les mensonges, il y a donc ce premier mensonge que la conscience se tend à elle-même : tout est "mensonge" et "vérité", et rien n'est tel, car quoiqu'on en dise, la conscience est sa propre prisonnière, ou en termes paradoxaux, uniquement la maîtresse de sa servitude).

Dans la logique de l'identité, en la poussant dans ses derniers retranchements, quand "A" est aussi "non-A" (d'une manière relative et non pas absolue, inhérente à un point de vue) et, étant donné que la vérité de "A" c'est d'être "A", "A" est, en même temps, vrai et faux. La contradiction, résultant de l'application de cette logique à une réalité indépendante des cadres logiques, suppose un absolutisme théorique dont les critères sont : 1) "A" est absolument "A" quoi qu'il en soit et quoi qu'on en dise ; 2) définir "A" par "A", c'est placer, au point de départ et à la fin du raisonnement, une tautologie radicale. La connaissance réelle de "A" n'apportera rien de nouveau : la logique stérilise potentiellement toute connaissance ; 3) à partir de la tautologie, acquise par l'absolutisation, on aboutit à une singularité totale. Seul "A" peut être "A". Il s'agit d'un enfermement monadique. Si on voulait relier "A" à tout ce qui pourrait lui être plus ou moins identique, à certains égards, le principe d'identité serait mis en déroute. Si "A" est, par exemple, une pomme (absolue), ce qu'on dira d'une autre pomme, on ne pourra pas l'appliquer à la première. En nous guidant dans le réel extra-théorique, d'après cette logique absolutisée, on aboutit à un monde radicalement séparé, totalement hermétique et universellement immobile, où tous les éléments sombrent dans un "solipsisme" et un "atomisme" paradisiaques ou infernaux, selon les perspectives développées. Le réel apparaît comme un défaut irrécupérable, une déchirure folle et un fouillis invraisemblable. La théorie, dans ses rapports à une quelconque pratique, la soumet dictatorialement à ses principes, devenus univoques, en "oubliant" tout ce qui peut la séparer de la réalité extra-théorique parce qu'elle décide, dans une auto-proclamation souveraine, sa pleine coïncidence avec cette dernière. Toute contradiction qui se manifeste dans la réalité extra-théorique sera donc, en même temps, un affront et un désaveu, et on doit la chasser, d'une manière ou d'une autre, pour que tout rentre dans l'ordre. La tactique de l'identité absolue, celle de l'enfermement radical, est aux antipodes de celle qui a recours au paradoxe interactif et relationnel de la logique de Palo Alto — la première "se raidit" jusqu'à atteindre des pures unités éternelles cachant tant bien que mal leur aspect fictif, la deuxième "s'ouvre" jusqu'au mélange total indéfini —, néanmoins elles se traduisent, malgré tout, par un même résultat : la négation de certains aspects des différences réelles, soit par une absolutisation totalement hermétique, soit une réciprocité généralisée.

Maintenant, nous allons analyser l'alliance du logicisme, croyance à la toute-puissance de la logique, et du solipsisme, ce déni de la réalité objective par lequel l'expérience s'avoue univoquement subjective. La "*Logique de la communication*" finit par une référence élogieuse aux thèses du premier Wittgenstein (*ibid.*, p. 275). Si le monde était la Totalité, pour le connaître il aurait fallu se situer à l'extérieur de la totalité, ou Au-delà du monde, ce qui est "impossible" et, en outre, lorsqu'on procède ainsi, le tout du monde cesse évidemment d'être "total", parce que cet "au-delà" potentiel du monde en fait encore partie, et à chaque fois qu'on renouvellerait ce type d'opération, la limite se déplacerait immanquablement sans qu'on puisse jamais voir la fin délimitatrice du monde. Le dilemme est le suivant : on ne peut connaître le monde comme totalité que si on transgressait sa limite, mais si on pouvait le faire, l'appréhension de la totalité mondaine s'effondrerait tout de suite : le monde est alors tout, sauf un "tout". Si le monde est un tout, on ne peut point le connaître, car en *nous* situant, nous pauvres bougres, à l'intériorité de la totalité, son extériorité nous demeurera interdite. Le monde n'est pas un tout qu'on puisse appréhender dans sa pure unité, puisque, en nous situant "dans la totalité", on ne pourra jamais connaître celle-ci en tant que telle, c'est-à-dire définir la limite supérieure sans laquelle la totalité universelle n'existe pas. Ou, d'une part, Tout mondain et Mystère ; ou, d'autre part, Absence de totalité et Connaissance.

Pourtant, les choses sont encore plus compliquées puisque les limites du monde sont aussi les limites de la logique. Quel statut peut-on accorder aux limites logiciennes ? La logique définit les conditions de possibilité et d'impossibilité qui bornent le champ multiforme et contingent de l'existence. Le "monde" s'arrête là où, en principe, la logique finit. Au-delà de la logique, il n'y a pas de monde, et il n'y a de monde que par elle. Si les limites du monde coïncident avec les limites de la logique, et si la logique ne peut "voir" l'autre côté de la limite, la limite logicienne doit s'arrêter à "ce qui est" et à "ce qui est possible" dans le domaine de l'être — elle ne "voit" donc que l'en deçà de la limite — et elle s'interdit de nier ce qui se situerait éventuellement au-delà de l'être et du non-être. Dans les limites du monde, définies par la logique, la totalité se reconstitue, et elle sera une "image logique". À l'intérieur de cette totalité théorique, logique et être se correspondent. Limiter le monde par la logique équivaut à un "non-connaître", d'une certaine façon, à un "connaître" aussi, d'une autre : 1) quelque chose échappe à tout jamais au savoir ; 2) tout savoir est limité par les limites initiales fournies par la logique. Il ne peut y avoir de limite du monde que s'il est un tout, mais étant donné que s'il était un "tout" toute connaissance serait impossible, pour que la connaissance devienne possible, il faut, d'une part, abolir l'image du tout mondain, en arrachant, en quelque sorte, au monde le pouvoir qu'il aurait de nous dicter une limite, et d'autre part, il est nécessaire de remplacer la limite réelle impossible par une limite théorique solide. Le monde peut être envisagé comme total en considérant que sa limite hypothétique coïncide avec cette limite externe de tout savoir, disponible ou futur, qu'est la logique, en tant que garant de tous les savoirs. "Ce qui est" et "ce qui peut éventuellement être" s'ordonnera en fonction des limites logiques, et le monde ne pourra être un tout (impossible) qu'au-delà de la logique elle-même.

Le paradoxe résulte de ce qu'on pose une limite supérieure qu'on nie en même temps. Cette limite correspond à la logique, à son tour happée par le tourbillon paradoxal. Si le monde est un tout, il y a un au-delà absolu du monde, impossible à définir. Ici, le monde comporte une vraie limite, bien que celle-ci se dérobe à tout dire et à toute pensée. Si le monde n'est pas un tout, il n'a rien qu'on puisse situer en dehors du monde, car ce qui y serait extérieur serait encore *du* monde. Ici, le monde ne comporte pas de limite parce que tout "au-delà" est potentiellement un "en deçà". La limite est encore une fois inconnaissable. Que le monde soit ou ne soit pas un tout, la limite disparaît soit par un recul incessamment indéfini, soit par un "saut" logiquement impensable. La frontière existe et n'existe pas, s'immobilise et se déplace jusqu'à atteindre un point insituable. La dernière limite est inconnaissable et inviolable par les moyens de la connaissance. La vraie limite supérieure serait Dieu ; toutefois, puisqu'on ne l'affirme pas, la logique est ce qui permet d'atteindre l'en deçà de la limite (elle remplit le monde) sans qu'elle puisse lorgner vers son au-delà (elle ne peut point transgresser ces limites du monde qui sont, par ailleurs, les siennes). On pose ainsi, en dernier ressort, une "limite paradoxale" où l'être équivaut immédiatement au non-être, où l'en deçà (de la limite) se désolidarise de l'au-delà, où le sens se transmue en "non-sens", où la contingence absolue coexiste avec la nécessité absolue, où l'idéalisme total s'allie à un réalisme radical, où la pensée majeure correspond à une totale non-pensée, en somme, où le rien et le tout communiquent parfaitement dans un tourbillon circulaire.

Les limites de la logique sont et ne sont pas les limites du monde. Elles ne sont pas les limites du monde, si on les appréhende du côté de ce dieu caché et presque innommé (si on fait abstraction du fragment 5.123), mais les limites de la logique se superposent à celles du monde, si on les appréhende du côté d'une condition toute terrestre. Bien qu'il soit né, le choix théorique se situe entre Dieu et la Logique : ou l'un ou l'autre, ou l'inexprimable ou l'exprimable ; le choix est proposé et refusé, d'où la ronde paradoxale. Or, en barrant ce Dieu innommé, il ne reste que la logique omniprésente, malgré l'aveu de sa défaite au sommet. En la scrutant tour à tour avec un œil divin et avec un œil terrestre, on pourra dire que si la logique coïncide totalement avec le monde, elle sera respectivement "Connaissance" et "Non-connaissance". La limite logique s'arrête aux limites du monde qu'elle ne peut point transgresser — elle remplit le monde et les limites du monde sont les siennes —, cependant, parce que le monde ne saurait avoir de limites, la logique connaît le monde tout en le méconnaissant. Elle pose une limite dont elle ne peut pas définir l'au-delà immédiat de la limite, donc elle ne peut point poser réellement une "limite". L'affirmation de la limite correspond à sa négation. La solution du problème de la limite, ce serait de déclarer qu'il n'y a pas de limites en soi, mais cette solution demeure interdite, car la logique, en convoitant de faire coïncider, de manière totale, ce qui est avec ce qui est dit, poursuit en fait une limite en soi, dernière ou indéplaçable, vraie ou au-delà de toute contingence.

Toutes ces impasses paradoxales résultent aussi du fait que le "monde" en question n'est, en fait, aucun monde. Si on s'interrogeait pour savoir de quel monde s'agit-il, il faudrait répondre par la négative

: on n'en sait rien, c'est peut-être des "spéculateurs", celui qui est partout et nulle part. Le "*Monde*" est aussi "*Non-monde*", de la même manière que la limite existe et n'existe pas, que le monde est et n'est pas le tout, que la totalité est en même temps exprimable et inexprimable, etc. Le paradoxe fait appel à trois opérations : univocité, absolutisation et déni de la réalité. Pour la logique, il n'y a qu'une seule limite possible, enfermant d'elle-même tout ce qui existe dans une totalité universelle spécifique (c'est tout... ou rien : "tous les "x" sont "a"", ou, de "tous les "x" qui existent, aucun n'est "a""). Le savoir est lié à un champ de possibles terriblement rabougri — à chaque coup, il n'y aura qu'une seule possibilité et son contraire, et la réalité doit être conforme à ce schéma. La réalité sociale, politique, économique, celle de la langue elle-même, etc., n'est pas un problème de logique pure où un énoncé singulier d'observation réfuterait, à tout jamais, un énoncé universel, c'est-à-dire où un "corbeau rose" sèmerait d'office la pagaille parmi les corbeaux noirs. Dans la réalité, il y a, en effet, plein de corbeaux *roses*, et les *seuls* qui ne les voient pas sont ceux dont la profession est de ne pas les voir... La *logique* coïncide avec l'essence du monde, dont elle dit la pure nécessité, puisqu'elle pose les limites contre lesquelles viennent se cogner le "contingent", le "vague" et l'"empirique". En définissant ce qui est logiquement possible dans le monde et les faits, elle se situe à la frontière du monde, en excluant ce qu'elle pose comme "impossible" : elle joue un rôle de douanière transcendantale, devant la seule palissade qui mène au réel en étant maîtresse des liens empiriques, et celui de gendarme originel du cosmos, en étant à la fois avant et après toute expérience et événement, car le plus abstrait et idéal est aussi le plus réel et concret.

Or, dans ce monde où la limite se dérobe sans cesse, le sujet va apparaître apparemment comme la limite salvatrice. Le sujet est, en dernier ressort, la limite du monde : le monde devient "mon" monde, mais si le monde est ainsi, "mon monde" sera l'opposé radical des "autres mondes" de tous les sujets existants. La limite salvatrice débouche, ou plutôt le jeu de la limite absolue, dans le solipsisme ou dans une issue sans issue, c'est-à-dire qu'elle ne sauve qu'en perdant ce qui doit être sauvé. La négation du monde externe, réduction du monde à "mon monde", semble trouver sa compensation dans une super-affirmation du sujet : "mon monde" fait subsister, au point de vue pratique, ce monde qui se dérobe quand on essaie de l'approcher. Mais là encore, on pourrait estimer que le sujet ne devient "supérieur" (il "se" pose comme la seule limite qui tienne) qu'en abolissant tout le reste (la seule qui tienne est une limite absolue, suspendue dans un vide inconsistant) ; il règne donc dans un royaume désert. Si le sujet est en soi la limite du monde, au-delà de cette limite, il n'y a encore "rien", tous les sujets se situant à des années-lumière les uns des autres. L'effacement des différences se traduit par l'avènement d'une différence qui est la seule différence, laquelle, en étant unique, n'est pas du tout une différence. En fait, le sujet n'existe et ne peut point exister. Deux possibilités interviennent : 1) si "mon monde" est le monde, celui-ci s'évanouit et, à la limite, "mon monde" se vide aussi entièrement. Mon "monde" n'est pas vraiment "mon" monde, car si tel était le cas, je serais hors-monde. La limite ne joue "en fait" qu'entre le monde et l'au-delà indicible du monde. 2) Si le monde est "mon monde", pour qu'il continue à l'être, il suffira de nier le sujet et déclarer irrecevable la différence "dedans/dehors". Le monde est "mon monde" en fonction du fait qu'il y a une identité entre le microcosme et le macrocosme et que le sujet disparaît au cours de cette mise en équivalence. Dans les deux cas, "mon monde" est le monde par exclusion du sujet. Le solipsisme reconvertit ainsi presque immédiatement en son contraire absolu. Le paradoxe de la "limite" se reforme et recommence sa danse folle. De même que la limite mondaine, le solipsisme est viable et n'est pas viable dans cette stratégie. Le paradoxe est lié aussi bien à l'affirmation du solipsisme qu'à sa négation dans une logique absolutisante prétendant à la totalité.

La "logique" paradoxale nie la réalité objective. Le paradoxe est la réversibilité à l'état pur — quand on semble découvrir "a", voilà que "a" se révèle "non-a". L'affirmation et la négation sont si symétriques que, de leur confrontation, il résulte un état-zéro pur, un vide indicible, et néanmoins, "dit". La seule façon de tout dire, c'est de ne rien dire, et on peut ajouter que, dans un certain sens, le paradoxe accomplit paradoxalement son "programme" — car il dit encore en disant qu'il ne dit rien, et il ne dit réellement rien... Toutes les objections que nous pourrions formuler à l'encontre de la stratégie paradoxale, lorsque nous critiquons la confusion "concept/réalité", la laisseraient certainement indifférente. Elle finirait par nous dire que la réalité est essentiellement subjective, mais si tel était le cas, le sujet demeurerait enfermé dans sa geôle intérieure, et cette affirmation aurait dû être impossible. Le dire comporte déjà sa propre négation réfutatrice. Dans l'univers absolument interactionnel, mis en avant par les apôtres de la "double contrainte", il n'y a point réellement d'interactions réellement possibles. La "monade-sujet" est une "monade familiale", mais, pour nous, le seul habitant de la famille paradoxalisée, c'est le "stratège paradoxal". Le monde est un pur paradoxe — un tout sans frontières, un tout non-tout, qui repose en dernier ressort sur un sujet absolument libre et absolument non-libre — libéré de toute entrave externe et prisonnier de l'entrave qu'il signifie par rapport à lui-même. Le paradoxisme coexiste avec le solipsisme (et l'antisolipsisme), et il est, pour nous, tout à fait significatif que les auteurs d'*Une Logique de la communication* finissent leur enquête en se référant à certains paradoxes du "Tractatus" — concernant les fragments : 5.61, 5.631, 5.632, 5.64, 5.641, L. Wittgenstein, *Tractatus logico-philosophicus*, éd. Gallimard, 1961, col. "Tel", 1986, trad. Pierre Klossowski, pp. 86/7 — que nous venons de commenter. L'enjeu de la limite, nous le reprendrons dans un autre texte non plus à partir de la logique mais de la théologie mystique qui, faisant appel à une "*coïncidence des opposés*", se propose comme le dernier des dépassements de tous les conflits et apories. Nous reviendrons plus tard à ces problèmes dans un autre cadre. Nous changeons maintenant d'univers — la scène valéryenne est beaucoup plus fluide, contrastée, que celle de Palo Alto. Nous sommes conceptuellement, pour ainsi dire, dans l'arrière-boutique de "*Une Logique de la communication*", car il y sera question de beaucoup de choses qui y sont absentes — comme l'affect, étant donné que la schizophrénie consiste en une affaire de logique ; la politique "environnante", puisqu'on s'adresse volontiers des critiques, dans les écrits de Palo Alto, aux politiques *lointaines* : celles des États totalitaires, par exclusion de ceux (ou de celui) où écrivent et enseignent les fondateurs de l'École, etc., et, en dernier ressort, le *vivre* tout simplement débarrassé des contraintes du pathologique et pris dans sa dimension tragique, conflictuelle. Valéry, s'il propose des paradoxes semblables à ceux de Palo Alto, "tutoie" les conflits. Ou plutôt c'est parce qu'il nomme et analyse certains conflits — entre théorie et pratique, langage et réalité, sentiment et représentation, etc. —, c'est donc parce qu'il ne les ignore pas que les paradoxes latents ou manifestes sont si nombreux chez lui.

DEUXIÈME PARTIE

PARADOXES AUTOUR DU "DOUBLE BIND" ET AUTRES

DANS LES "CAHIERS" DE VALÉRY

LIBERTÉ, SPONTANÉITÉ, DÉSOBÉISSANCE, ÉCRIRE

Notre plongée dans les *Cahiers* se limitera à trois axes principaux autour des paradoxes développés par la Logique de *Palo Alto* : 1) Soyez spontanés ; 2) Soyez libres ; 3) Désobéissez. Nous y joignons trois autres axes qui les entourent en quelque sorte : 1) sur les paradoxes logiques de la métaphysique et leur rapport aux sentiments ; 2) sur le paradoxe de la "recherche" dans sa filiation religieuse et platonicienne (Platon, Pascal) ; 3) sur les paradoxes de l'*écrire*. Notre "regard" est à la fois particulier et fini. Nous choisissons ainsi un certain nombre de perspectives limitées, sans l'ambition d'épuiser ici l'ensemble de ces problématiques dans les *Cahiers*. Nous nous référons à des cahiers tardifs — dans le tome XXIX de l'édition CNRS — et relativement *initiaux* — le tome IV de la même série. Les paradoxes logico-métaphysiques apparaissent dans le cadre de la *nébuleuse* "affective". L'approche de Valéry est donc très différente de celle qu'empruntent les analystes des paradoxes. Il place les "sentiments" au centre du questionnement. En fait, ceux-ci sont les "fournisseurs" en titre — et ce n'est pas toujours le cas chez Valéry — de la vision paradoxale. Ils apportent un peu de *sens* aux problèmes métaphysiques qui en ont si peu ou aucun pour lui. L'introduction du "sentiment" ou de l'"affect" amène ainsi de quoi relancer les questions, les réponses, les "horizons". Avec le sentiment, et la sensibilité, on touche le "bord", la "limite extrême" du langage et de la représentation. Le rapport de forces est net — la représentation déclare le sentiment nul ; le sentiment interroge la raison d'être de la représentation par son caractère "indicible" ou sa dérobade à la prise représentative. Il est rébellion, subversion — suscitant son refus. Valéry qui se rapproche alors de la métaphysique l'estime "nulle". Le "sentiment" est un exemple emblématique de tout ce qui échappe (matière, temps, corps, histoire, etc.) au pouvoir du concept, du langage, de la théorie. Il pose une limite à la *puissance* métaphysique, essentiellement langagière, et établit, par sa réalité énigmatique, l'*impuissance* de cette dernière.

**PARADOXES LOGIQUES
ET SENTIMENTS —**

**LA MÉTAPHYSIQUE,
LE VAGUE,
LE CONTRADICTOIRE :
OU L'INEXISTENCE DE
CERTAINS PROBLÈMES**

« Inexistence de certains problèmes — / Ces problèmes (métaph[ysiques]) sont fondés sur des paradoxes logiques — en tant que leurs énoncés. / Ils sont proposés en principe par des *sentiments*. Mais la traduction verbale n'est pas conforme. / Il n'y a pas correspondance parfaite entre le système verbal et conceptuel et ces sentiments d'autre part — / Il pourrait y avoir plusieurs traductions — » (*C*. 4, 904). Le « paradoxe logique » a une *base sentimentale*, si on quitte la sphère étroite de l'énoncé ou du concept. Il résulte d'une mauvaise traduction laissant disponible une certaine indétermination, déphasage, non-correspondance, entre le sentiment et le concept (ou la notion). La « traduction verbale » n'est qu'une traduction parmi d'autres possibles, mais elle semble déjà abriter en elle-même une pluralité menaçante et leurrante (d'où il résulte que cet ensemble de problèmes soit déclaré inexistant ; la métaphysique sombre dans propre "problème" et "langage". C'est-à-dire qu'il ne nous offre qu'une insignifiance déguisée dans son contraire. Valéry bouleverse ici l'appréhension exclusivement linguistique du paradoxe. Dans son utilisation paradoxale et logique, le langage trahit le sentiment, parce qu'il enferme le complexe dans l'univoque, et ignore cette compression. Les sentiments de divers ordres pourraient être — Valéry ne les détaille pas dans ce fragment et nous improvisons — l'inquiétude de l'homme face au devenir, à la mort, à la contingence, au fini, au multiple, au discontinu, au corps, au temps, à l'espace, etc., laquelle engendre par contraste un monde radicalement purgé de ces anomalies, troubles, béances, contradictions. L'habillage du

« paradoxe logique », c'est d'éliminer les déchets, de rendre tout (faussement) homogène, d'imposer une pureté anémique aux multiples systèmes externes.

Les paradoxes logiques de la métaphysique sont la traduction verbale de certains sentiments latents. La métaphysique est ici paradoxale, et sa charge paradoxale correspond à sa part d'"inexistence", de gratuité spéculative. Le paradoxe logique est, pour Valéry dans ce fragment, proposé par le "sentiment" — et non pas par la raison ou de la réflexion. Valéry déduit les paradoxes logiques de la sensibilité-affectivité. Il y a un certain écart entre la «traduction» conceptuelle et la part événementielle des sentiments. Le paradoxe est ici l'irruption de quelque chose qui contrarie l'ordre de la logique — l'*entrée de l'"affect"* dans le champ du concept. Le paradoxe est la conséquence de la "trahison" du "sentiment" par le langage — dans l'écart des signes devenus détachés, lointains, à l'égard de leur "référent" supposé. Cet écart s'agrandit sous le paradoxe et coïncide avec l'« inexistence de certains problèmes », car ils manquent d'arrière-fond réaliste. Le paradoxe donne un masque d'existence à l'inexistant "affectif" ; il est une conséquence et une exploitation de l'arbitraire du signe, en demeurant lié à une énonciation tronquée. Les problèmes sont-ils devenus inexistants par la force des "sentiments" ou par l'impuissance révélée des "concepts" ? Ou, en d'autres termes, l'inexistence est la conséquence du "sentiment" ou du "langage" ? Comme le langage détourne les sentiments, ceux-ci, opérant à son tour un détournement du langage, offrent un semblant d'*existence* à l'"inexistence" langagière. Si les principaux torts sont imputables au langage, le sentiment n'est pas non plus blanchi. Le sentiment peut se prévaloir d'une certaine "réalité" et "existence" — ce qui n'est pas le cas du langage, pour Valéry. Par conséquent, c'est le *sentiment* latent qui fait pression sur le langage manifeste jusqu'à ce qu'il se transforme en « paradoxe ».

Si on scrute les sentiments, chez Valéry, à leur paroxysme (cas de la mystique et de l'amour), on trouve une danse virevoltante d'états, des contradictions potentielles qui se font et se défont, des renversements dans leur contraire, d'une pensée au bord de sa limite (non-pensée). On peut rapprocher notre fragment initial d'un autre où 83 il est question des « *états singuliers* » et paroxystiques de la sensibilité, imprégnés de "contradictions" (de sensations de contradiction). « Les états singuliers — spasmes, paroxysmes, tremblements de terre et foudres de la sensibilité, points surhumains, effusions sacrées, points multiples, *sensation* de la contradiction, être et ne pas être, un et trois, moments de confusion suprême, régions de l'ineffable, sans objets, sans pensée organisée — états où le temps semble concentré, nié, cycles simplifiant le tout [...] » (*ibid.*, 434). Il s'agit de l'expérience limite de la mystique, ou religion, et de l'amour, ou de l'érotisme, caractérisée par une dimension "surhumaine" où les points multiples se reconvertissent les uns dans les autres, se renversent, se confondent ou fondent sous le feu de la fusion, entre être et non-être, dans l'absence de toute pensée organisée, par-delà tout objet. Stade du spasme, du tremblement, avant l'effusion de l'ineffable. Or, cette danse de l'"être" et du "non-être" — avec leurs mélanges : ce qui est n'est pas — concerne aussi l'*esprit* (*ibid.*, 436), sans qu'on soit obligé de le mettre en transe. Et dans les « Méthodes pour le sentiment — Tables de transformations — Contraires », on voit le même basculement : « Ce qui est n'est pas — / Ce qui n'est pas, est » (*ibid.*, 346), caractéristique de l'"état" paradoxal. Il suffit de «pousser à bout» tel sentiment (*ibid.*), d'après les méthodes qui le concernent, pour le changer dans un sentiment contraire. Le processus concerne par conséquent aussi bien le "mystique" que le "non-mystique", l'esprit dans son travail ordinaire. L'"adieu à la métaphysique" (*ibid.*, 422) risque d'être "paradoxal", puisqu'on peut le lire comme un "*me revoilà*".

SENTIMENT ET REPRÉSENTATION

Il y a des multiples relations entre le *sentiment* et la *représentation* — qui vont d'une incompatibilité, d'exclusion, à une acceptation sceptique, prudente, rusée. On fait travailler le sentiment pour ce qui le nie. L'écart supposé entre eux doit être aussi parfois relativisé. Le sentiment ne s'oppose pas tout à fait à la connaissance : il est connaissance d'un certain type, "interprétation" de certaines figures, souvenirs, sensations internes — « connaissance — sans valeur absolue — mais absolument nécessaire » (*ibid.*, 344). Le sentiment est nécessaire pour tisser des correspondances entre « milieu sensible, pensées, sensations/sensations organiques » (*ibid.*, 343). Il travaille déjà pour la représentation. Le sentiment est un différenciateur d'idées. « Sans les sentiments les idées seraient égales — » (*ibid.*, 344). Il y a des « représentations dominées par un sentiment », comme il y a des « sentiments venant des représentations » (*ibid.*). Il semble ici qu'un modus vivendi puisse être établi — mais la suite des événements fait un retour à l'antagonisme patenté. Bien que la représentation aille "chercher" le sentiment, ils sont incompatibles. « La représentation ne contient pas le sentiment — / Dans les sentiments — les choses (représentations) ne sont pas ce qu'elles sont » (*ibid.*, 343). On ne peut pas en tirer beaucoup du sentiment — il nous floue en se dérobant à toute prise conceptuelle. D'une manière générale, le « sentiment est le résultat d'une transaction qui nous échappe — Domination de l'absurde » (*ibid.*, 350). Le rapprochement esquissé entre le sentiment et la représentation est dénoncé comme un subterfuge. La représentation qui croyait avoir fait une bonne affaire, en se liant à l'émotif, à l'affectif, se retrouve, au bout d'un certain temps, avec des "guenilles", des "mystères", ou des "actions" non-négociables.

Tout d'abord, le sentiment se place à la limite du langage. Le sentiment est indicible — les « sentiments doivent être tenus pour *inexplicables*, par nature » (*ibid.*, 855). Les sentiments sont « irreprésentables par le langage » (*C*. 1, 711). Leur « analyse » est « si difficile » « à cause du physique » (*ibid.*, 855). Il y a donc, outre leur fugacité ou frénésie, une « difficulté de représenter les sentiments » (*ibid.*, 861), qui se retourne contre eux. Ils assument une révolte contre l'esprit et le pouvoir de la "représentation". « Du degré de confiance à avoir dans un sentiment. Je n'en ai aucune dans les miens — je les vois passer/je les sens — mais mon esprit les tient en suspicion » (*ibid.*, 875). L'esprit valéryen les voit passer comme si de rien n'était. Ensuite, le sentiment est une limite du "moi". Il est une imposition étrangère — il ne peut pas y avoir de "*mon sentiment*", et s'il y en a un, c'est parce que nous sommes dans une région paradoxale. « Je ne suis sûr de *mon* sentiment que dans la mesure où je le subis comme une action étrangère » (*C.* 4, 857). Le sentiment brouille le rapport à soi du moi, puisqu'il brouille le personnel et l'impersonnel, la succession et la simultanéité, le présent et le passé. Caractéristiques du sentiment, en tant que tel ou en tant qu'émotion, chez Valéry — il est « vil », « inférieur » (*C.* 15, 864), « impur » (*C.* 22, 98), « parasite des ondes nerveuses » (*C.* 26, 343), « sottise », « imbécillité », « imperfection » (*C.* 17, 724). Le sentiment est irrégulier, ambigu, troublant, excessif, individuel ou égocentrique, centripète, insignifiant, confus, trompeur, énergétiquement chargé ou défaillant (surabondance ou manque : bouillant ou froid, insensible), tendu ou source de perturbations, convulsif, déchaîné, ambivalent, incommunicable, inexplicable, hors-référence, indéterminé, instable, tyrannique (« états de contrainte » (*C.* 26, 343)), incompressible, au-delà de toute moyenne, extrême (plaisir, douleur), irréductible aux totalités et aux catégories, fini et non-fini, hors-réflexion, spontané, irrationnel, hasardeux, arbitraire, corporel, temporel.

La "présence de l'esprit" est associée au degré zéro du sentiment — à son exclusion-neutralisation. Le sentiment brouille surtout — et c'est son plus grand crime — la séparation entre le physique et le psychique. Confusion des temps, des objets, des domaines, d'impressions, de "variables", de perceptions, d'images, de sensations, par résonance, changement, multiplicité, discontinuité (impressive), impasse ou impuissance organique (on n'amène pas la sensation jusqu'au "net" ; on ne l'amortit ou on ne la compense pas). Il est "état non-séparé" — vibrant, irradiant, variant. Il est un « demi-phénomène ». « N'entre pas exactement, entièrement, aisément dans le groupe des phénomènes » (*C.* 7, 345). Il équivaut à une perte ou à une « diminution de la liberté interne » (*ibid.*, 346). L'exclusion du sentiment vise à accroître la part de liberté (de l'esprit) — mais il risque de se traduire, par un renversement inattendu, dans un esclavage encore plus accentué.

LE SENTIMENT TEL QUEL

Quelques caractéristiques supplémentaires, ou plus détaillées, du sentiment chez Valéry. Le sentiment est l'« inégalité de la sensibilité » (*C.* 4, 347) et de l'intellect. Mais il est « confusion — par essence » (*ibid.*), et indétermination « vague » (« son vague est essentiel » (*ibid.*, 349)). Le sentiment abolit la référence précise, la ponctualité : il est flottant. « Le sentiment ne se réfère pas réellement [...] à un objet déterminé [...] » (*ibid.*, 350). Le sentiment est signe d'une dépossession : il trouble la pensée, le schéma, le théorème. Il est, en outre, incommensurable. « La nature, l'essence du sentiment et de l'émotion est d'être incommensurable [...] » (*ibid.*, 349). Ce qui laisse peu de manœuvres au déploiement de la représentation — elle semble perdre à l'avance la partie. La représentation travaille en pure perte, mais cela fournit au sentiment un alibi pour l'affaire des "problèmes logiques" teintés d'inexistence. La faute revient à la représentation qui ne sait pas s'arrêter devant ce qui lui échappe. D'autre part, le sentiment ne se *dilue* pas dans l'acte ou la compréhension — comme le langage quand celui-ci est employé de manière rationnelle. Le sentiment résiste à l'effacement pragmatique, actif, utilitaire. Son "vague" le protège donc d'une "mort" ou d'un évanouissement précoce — il ne va pas "*droitement à*" ; il est ondulatoire, courbe. Alors que l'« intellect est l'état dans lequel il y a uniformité » (*ibid.*, 348). Dans le tableau qui oppose contradictoirement les caractéristiques de l'intellect et de la sensibilité, on trouve, d'un côté, le « moi » (*sensibilité*), de l'autre, « pas de moi » (*intellect*) — ou encore, et *respectivement*, « pas de notation absolue » *et* « notation essentielle » ; « multiformité » *et* « uniformité » ; « confusion essentielle » *et* « ordre » (ou « coordination », « réversibilité », « figures complètes ») ; « prendre parti » *et* « indépendance » (*ibid.*) —, et inégalité : « A < B ou A > B ») *et* égalité : (« A = B ») (*ibid.*, 351).

Le sentiment, solidaire de la sensibilité, assure l'introduction de l'*inégalité* — il est la « clé des réactions non-uniformes» (*ibid.*,

343) — dans la sphère majeure des pures égalités, des relations ordonnées, réglées, sans ambiguïté. Il est ainsi responsable du "casse" intellectif. Par opposition, la logique, comme l'algèbre, vise « pureté et ordre — séparation nette des opérations et des *substances* » (*ibid.*, 185). Par sa plurivocité, sa « multiformité », le sentiment défie l'univocité de la représentation — le « même objet donne successivement les *sentiments* les plus divers » (*ibid.*, 343). On peut d'ailleurs retrouver la métaphysique du côté du sentiment, tout opposée à la logique. Le sentiment partage, dans ce cas, avec la métaphysique la "*confusion*". La confusion lie sentiment et métaphysique, pensée et sentiment. On la découvre même associée à toute pensée. « La métaphysique est confusion — — C'est confondre images et relations, noms et êtres, oublier que tel être n'est isolable que par le discours, que le mot n'est pas suffisant à faire un individu — — — que la logique n'est vraie que des notations. Cette confusion est essentielle pour la pensée, dont elle est une sorte de définition » (*ibid.*, 389). Les "paradoxes logiques" de la métaphysique sont des opérations de désordre, de nivellement des axes et des champs, de surpuissance conférée au langage dans un cadre tumultueux. Si la confusion métaphysique habite la pensée, il est illusoire de vouloir en finir. On peut effectuer un rapprochement avec l'"état singulier" du mystique — porteur d'indifférenciations et de renversements, presque immédiats, des positions différenciés, non-commutables, qu'on détecte chez les non-mystiques. Ce genre de "maelström" touche aussi le penseur et l'homme ordinaire.

Le sentiment est, comme l'écart "vrai/faux", une faille paradoxale dans l'intellect et la logique assermentés au pur, au net, à l'uniforme. Dire que les sentiments n'ont qu'une valeur ouverte ou fermée, claire ou confuse, subjective ou objective, etc., c'est encore juger une partie de soi-même. On est — comme Épiménide — tout et partie, ensemble et élément, juge et chose jugée, distance et proximité. Les sentiments n'ont qu'une valeur «*fermée*» (*ibid.*, 927). « Ils ne valent pas plus pour s'imposer à nous. / Mais c'est encore Épiménide qui parle crétois » (*ibid.*, 927). Si les sentiments n'ont de valeur que pour nous, comment peut-on en parler et discuter, polémiquer, à leur propos, avec quelqu'un d'autre confronté au même type de dilemme ? Les sentiments ne cessent en fait de rompre la clôture qu'on a dressée pour eux. Le sentiment est du côté de ce qui trouble, comme la science est mise du côté de la netteté — « [...] *tous* les sentiments sont des mélanges, des confusions. Il n'y a pas de sentiment sans fausses attributions, sans trouble de l'uniformité des correspondances. Et toute clarté ou netteté est instable en tant que le sentiment existe » (*ibid.*, 707). Parfois, pour Valéry, il n'y a pas d'« antinomie » (*ibid.*, 720) entre le net et le confus, entre la "science" et les "sentiments", mais passage (graduelle ou non : "naturel" en tout cas) de l'un à l'autre. Il y a, dans ce cas, coexistence, glissement des "points de vue". Le confus peut même jouer le même « rôle *positif* » que le vague (*ibid.*, 725), avec lequel on peut le confondre, quand celui-ci sert d'« aliment infini à ces actions, qui, sans ce truchement, seraient cantonnées dans les sensations organiques [...] » (*ibid.*). Le vague assume une possibilité *positive* et *négative*. S'il est peut-être toléré au niveau des commencements, il est interdit au niveau des conclusions. La critique des « paradoxes logiques », dans certains de ses aspects, est elle-même paradoxale par ses infléchissements contradictoires qui ne l'empêchent pas de fonctionner et qui reviennent traverser régulièrement le monde fragmentaire des *Cahiers*.

LA MÉTAPHYSIQUE ET LA VIE :

CONFUSION, CONTRADICTION, ORDRE

« Quoi qu'on fasse », la « métaphysique » appartient au « domaine du vague » (*C.* 4, 828). Si la métaphysique est *confusion*, elle ne l'est pas, *pour nous*, d'abord parce qu'elle confond les "noms" et les "êtres", mais surtout parce qu'il faut la chasser impérativement, et qu'on la découvre, chez Valéry, inhérente à tout type de pensée en activité, et, par conséquent, impossible à congédier. Chassée par l'entrée principale, elle revient par l'escalier de service. Il y a une *confusion* en ce qui concerne le statut de la "*confusion*" (métaphysique). Car la métaphysique de type aristotélicien, aux visées scientifiques, incarne la "loi", la "formule", le "classement", d'une manière estimée par Valéry absolue par rapport aux modernes. Sa « manœuvre intérieure », « conceptuelle », « logique » (*ibid.*, 626), est donc loin d'être celle du "mélange" : elle est celle de la nécessité logique, de l'« épuisement des conséquences » entraînées par celle-ci (*ibid.*, 657), et elle se rapproche ainsi de la logique (d'ailleurs née en son sein). Mais, d'une manière générale, la métaphysique est aux antipodes de la démarche scientifique, en se limitant, pour Valéry, à des jeux conceptuels. Le métaphysicien se croit dispensé de tout retour à l'épreuve expérimentale pour tester la valeur ses affirmations et négations. « La métaphysique, c'est de croire à sa pensée », et c'est encore une « confusion » (*ibid.*, 804), à la « puissance de sa pensée » (*ibid.*, 816). « Elle oublie son objet dans l'usage excitant de son pouvoir [...] » (*ibid.*), comme la logique et la rhétorique. Pour Valéry, la métaphysique est encore trop subordonnée au monde *tel qu'il est* (aux points de vue physique et psychologique) — une « vraie métaphysique devrait se moquer de ce qui est » (*ibid.*, 703), et « il n'est de métaphysique qui ne transforme même la physique » (*ibid.*, 702). Elle côtoie le vague, l'incohérent, l'insignifiant, le conformisme (subordination à l'être immédiat, présent), la ruse (les opérations d'évitement, de déplacement, pour saboter certains "questions" ou tensions). La "métaphysique" — c'est-à-dire les discours de ce type — a une stratégie de l'"insignifiant" (et du "signifiant"), de ses accentuations entre essentialité et accidentalité, et se donne les questions et les réponses qu'elle veut bien se donner, dans la guerre des "questions" et des "réponses". La question métaphysique est illusoire, dangereuse, et la réponse superflue, trompeuse, incohérente. « Tous les "problèmes métaphysiques" sont insignifiants. Ils se défont en idées incohérentes [...] » (*ibid.*, 894). Ces problèmes sont encore « naïfs » (*ibid.*), se poursuivant indéfiniment comme de pures questions sans réponse, où la réponse relance la question dans une multiplication ou division sans bornes. Comme Zénon lorsqu'il divise le mobile, l'espace, le mouvement, le temps, en *moitiés de moitiés sans fin* (*ibid.*), dans un fractionnement à visée "négatrice" plutôt que "négative". La métaphysique est un double piège — tant du côté de la question (question souvent insoluble, redondante ou pléonastique : on s'interroge sur l'être, en oubliant qu'*on est*) que de la réponse (qui masque le vide tautologique de la question).

La vie partage chez Valéry, avec le sentiment et la métaphysique, la caractéristique de « confusion ». Et elle s'ouvre sur une scène contradictoire entre le discontinu et le continu, le désordre et l'organisation, l'unité et la pluralité (de "moi"). « Vie est nom de l'ignorance et d'une contradiction. Elle désigne le confus et le spontané, la discontinuité des mouvements — Aussi l'organisation — ou plutôt la pluralité d'organisations possibles ou adaptation — / "Je suis" — c'est-à-dire "nous sommes" et il y en a autant que de circonstances » (*ibid.*, 815). La vie est désordre comme le sentiment. Celui-ci brouille, organiquement, l'ordre réflexe, l'échange fonctionnel permanent, l'uniformité des échanges, des correspondances, des relations, des conservations, des catégories. « La vie est l'étranger dans la pensée » — l'ennemi » (*C.* 1, 848). Les paradoxes — *logiques* et *non-logiques* — ont une source contradictoire. Les "sentiments" sont les conducteurs de l'antagonisme initial entre la pensée et la vie. D'où le rapport très tendu, antagoniste, qu'ils entretiennent avec l'"intellect" ou l'"esprit" obsédé de netteté, de nécessité, d'uniformité. La logique et la métaphysique essaient d'en finir en proposant un cadre absolu, homogène, unifié, nécessaire, total, universel, dissolvant toutes les contrariétés, oppositions, contradictions, failles ou pertes.

LA "TRAGÉDIE" OU LA NON-COÏNCIDENCE DU CONCEPT :

LE SENTIMENT COMME DÉSÉQUILIBRE ÉNERGÉTIQUE

Il y a une "tragédie" entre le conceptualiste et celui qui se dérobe à la sphère conceptuelle — le mystique incarnant ici la figure de la résistance au pouvoir des concepts, mais tout "homme" est mystique dans ce sens. « La conscience rationnelle ne peut exister dans certains états. La clairvoyance du genre mystique [...] n'est compatible qu'avec certains états. / Mais la mémoire et la mémoire du langage restent à peu près les mêmes — surtout les liaisons rigides du langage — / Il s'ensuit une tragédie connue. Le logicien crie au haut de son échelle de concepts. Le mystique se débat sur les échelons qu'il ne peut ni emprunter ni remplacer » (*ibid.*, 699). Le paradoxe apparaît comme un défaut du langage. Ou un mauvais rapport entre la rigidité du langage et la mobilité (paradoxale) du mystique déplaçant ce qu'il ne peut pas déplacer. La logique est du côté de la "rigidité" de la langue et la porte à son point d'incandescence — et le mystique de celui de l'"homme des sentiments" aux prises avec les "échelons", les "cases", les "classes", les "groupes", les "ensembles". La tragédie oppose vie et pensée, sentiment et concept, pratique et théorie.

Le sentiment est un *trop* ou un *moins*, un écart, jamais une bonne égalité. Il est ainsi non-compensable, non-intégrable, non-géré. Dans sa dimension de tromperie, le sentiment, est un "déclencheur" d'infini (par absence d'adaptation ou de réponse utile, uniforme, éliminatrice, par insuffisance du fonctionnement). La confusion dont le sentiment est porteur, au niveau organique, est celle de la "demande" et de la "réponse". Les sentiments sont des « variations du potentiel » (*C.* 26, 343) ou une intensité énergétique par défaut ou excès. Avec une « forme souvent oscillatoire », une « allure de tâtonnements en tous sens » (*C.* 15, 616). Valéry réduit souvent le sentiment au "quantitatif" tout en cessant de produire des jugements "qualitatifs" à son propos. Le sentiment rend impossible la "décharge", la remise à zéro des compteurs de la sensibilité, l'équilibre "thermostatique". Le sentiment est « perturbation non compensée » (*C.* 6, 236) — l'inégalité n'est pas contrée, annulée. Il se traduit par un "gaspillage" d'énergie, au point de vue quantitatif et fonctionnel — sans amortissement, en tant qu'excès, force démesurée, impulsion disproportionnée. Il dérègle la machine, le réflexe, le savoir, le concept ou la "pensée achevée", l'échange égal et uniforme, comme une poussée, une explosion ou un mouvement incontrôlable. « L'émotion est comme la vibration de la machine dont la fonction régulière, stable, est de produire le "monde", le "réel" ; dont le vice de construction, l'imperfection, la cause de perte est émotion... déperdition » (*C.* 5, 835). Il empêche de « construire le monde perçu sur le modèle du régime permanent des échanges organiques » (*C.* 7, 342). Le sentiment est une fêlure dans l'être, aussi bien qu'une brisure, une déformation, dans la pure symétrie, dans la géométrie exacte. L'exclusion du sentiment, sa dépréciation, accompagne la « lutte vaine de l'intellect » (*C.* 15, 616) — et où se révèle l'« impuissance de l'esprit à l'égard de l'esprit » (*C.* 26, 343), car il est sans cesse déçu dans sa volonté de puissance.

LE PARADOXE :

DISPROPORTION ENTRE LA FORCE DU SENTIMENT ET LA FAIBLESSE DU CONCEPT

Le paradoxe traduit la disproportion entre la force du sentiment et la faiblesse du concept. Dans l'impossibilité de neutraliser tout à fait le sentiment, on doit le confiner à un rôle d'adjuvant de l'idée — il faut garder des « sentiments et émois ce qui suffit d'abord à mouvoir les idées [...] » (*C.* 5, 425). Et comme cela ne suffit pas, on les nie, bien que les conséquences de cette négation soient paradoxales pour le sujet négateur — « [...] je ne veux pas leur accorder une existence ; mais comme ils existent, je leur retire la mienne » (*C.* 6, 660). Or, de la négation des sentiments à la négation de soi, il y a un pas vite franchi — « je suis arrivé à n'être pas.. » (*ibid.*). De la critique de l'« inexistence de certains problèmes », où l'on décèle la continuité et la permanence de la "métaphysique", on finit par déclarer l'inexistence du "critique", du "moi" engagé dans ce processus. Le langage n'arrive pas à "traduire" et intégrer le "sentiment" qui lui résiste et échappe ; la pensée n'arrive pas à l'insérer définitivement dans un cadre hermétique et à le séparer de tout le reste. Le sujet est ballotté entre des plans qui l'asphyxient. Les "paradoxes logiques" de la métaphysique sont des paradoxes de la connaissance post-métaphysique — on demeure pris, sur beaucoup de points, dans le même tourbillon. Les "paradoxes logiques", débordant le cadre strict de la logique formelle, sont ceux du multiple, du sentiment-émotion, du sujet, du temps, dans leur rapport au langage, à la loi, à la formule, au classement. Ils interrogent même la stratégie de la logique — on peut les retourner contre elle, et les découvrir comme des "*paradoxes anti-logiques*", ou dans le cas de la métaphysique, comme des "*paradoxes anti-métaphysiques*". Le paradoxe est un cercle piégé, qui piège son dessinateur. L'inexistence, ou le semblant d'existence, de certains problèmes cache l'existence d'autres problèmes — comme celui de sentiment chez Valéry et ailleurs — qu'on a déclarés inexistants. Le paradoxe logique occulte sa dimension ontologique ou "affective". Il sert de fondement à des systèmes théoriques qui risquent de s'effondrer s'il s'effondre. Le langage est à la fois l'acteur et la victime de l'occultation et des tours de passe-passe. Il cache même sa propre pluralité susceptible de mille esquisses. Il est "infidèle" à ce qu'il prend en charge ("essences" inaltérables, invariantes, ou autres choses) et demande qu'on lui soit fidèle (*la nécessité parle*). Son rôle — d'élément défectueux et salvateur, terrestre et divin, fini et indéfini (ou infini) — partage l'ambiguïté attribuée à beaucoup d'autres instances — et qu'on se voit obligé d'exclure pour cela même.

LE PARADOXE ET LA PERSPECTIVE "MÉTA"

« Être *hors* de... et agir *dans* (Meta) » (*C.* 3, 648). Le paradoxe est une interférence de niveaux d'analyse qui tendent vers leur fusion ou *double intégration*. Il se produit lors d'une inclusion-exclusion à un même niveau. Être à la fois partie prenante et "juge", tout et partie, jouer donc tous les rôles sur une scène où tout se superpose, se mêle. Si on différencie les niveaux, il s'efface ou tend à s'effacer (dans la perspective "Méta"). Ou si on reconnaît une pluralité de systèmes non-intégrables les uns dans les autres. Le paradoxe advient dans l'absence de système ou dans *un* système totalement ouvert. Il équivaut à une représentation *totale*. Il faut *bien* séparer les mélanges et *bien* mélanger les mélanges (*ibid.*, 416) — car le paradoxe est une coexistence qui ne peut avoir lieu et qui s'offre néanmoins comme telle (« [...] ce paradoxe d'un antagonisme entre 2 êtres (idées) qui ne peuvent même pas réellement *coexister* » (*ibid.*, 888)). Si l'antagonisme est poussé, il ne peut avoir de contact entre les antagonistes, et ils s'ignorent ; si la coexistence est trop forte ou totale, les antagonistes finissent par se confondre. Pour qu'il y a antagonisme, il faut qu'il y ait séparation et mélange, identité et différence, une certaine dose de coexistence ou une coexistence partielle dans un cadre donné. Or, cela explose dans le paradoxe ou les instances tendent à s'imbriquer dans elles-mêmes. Ainsi le Moi lorsqu'il nous dit qu'il est « extérieur à tout » et que « tout » lui est « intérieur » (*C.* 4, 62) — ce qui est une position semblable à celle de Dieu à la fois dans la "création" et hors d'elle. C'est-à-dire qu'on trouve sans peine, avec une stratégie du paradoxe, une proposition qui ferait "partie" d'elle-même, un visage qui se regarderait par ses propres moyens, ou un serpent qui *se* mangerait par la queue.

Dans le paradoxe, par-delà toutes les brisures, échelles, limites, il y a une coïncidence du passif et du actif, du dedans et du dehors, un changement du contenant en contenu et vice-versa, un glissement du faux en vrai et du vrai en faux — la réversibilité pure. Le paradoxe est, pour ainsi dire, l'*ombre* du système unique (et indéfini) descendant sur les choses et les champs qu'il veut gouverner — la projection du "*meta*" sur l'"*infra*". Le *métaphysique* est paradoxal par sa coexistence avec le *physique*, l'infra-être qu'est la matière, à l'intersection du temps et de l'espace. Le paradoxe est une question de "regard" théorique. Si le "méta"-physique demeure toujours à un niveau supérieur de l'être, *séparé*, *pur*, dans son essence atemporelle, il n'y a pas de paradoxe. Le supérieur et l'inférieur ne communiquent pas : le premier est tout à fait "hors de" et jamais "dans". Le métaphysique n'est pas la succession du physique, une simple juxtaposition, ou un à-côté secondaire et sans conséquences, mais surtout la négation du physique dans ses caractéristiques fondamentales. Le pôle métaphysique échapperait absolument aux contraintes qui pèsent sur le pôle matériel. Le paradoxe se manifeste dès que les régions de l'être séparées communiquent. La critique de la "séparation", ou l'impossibilité de s'en tenir à un *état séparé*, transporte (comme celle d'Aristote) le "hors de" dans le "dans". Le paradoxe — ou plutôt les paradoxes — sont au rendez-vous de la coexistence absolument contradictoire. D'ailleurs, avec un *unique* système pour l'ensemble du cosmos, où l'ontologie est "saturée", où l'ontologique et le théologique s'interpénètrent et se confondent, on peut dire que le paradoxe correspond à un ensemble sans limites (indéfini ou infini) se comprenant lui-même comme élément. Il renvoie à l'ensemble de tous les ensembles possibles et, par conséquent, il nomme encore un système parmi tous les systèmes et ne peut pas le faire tout à fait. On ne cesse d'échapper au "borné", au "délimité", et d'y faire retour malgré tout. Le paradoxe est alors le retour ou la projection du "*meta*" (du supérieur extérieur) dans l'"*infra*" (de l'inférieur intérieur) : le "*meta*" opère une jonction des divergences qui met en danger son statut de "*meta*".

On ne réussit pas à intégrer le niveau inférieur (sentiment, matière, etc.) dans le niveau supérieur (concept, être, essence, etc.) sans engendrer des ruptures. Tout système "non-séparé" repose sur des fondements branlants. Les fêlures tiennent à la *coexistence* de ce qui ne peut coexister. En fait, la "recherche", métaphysique ou théologico-religieuse, se propose une *fin* où elle verra souvent sa disparition. Elle n'est libre que de tendre vers un point, un dernier point où elle s'arrête et s'abolit. Le paradoxe est une manière d'avouer et de taire la liberté dans un parcours théorique tendu vers une origine qui sera aussi présente à la fin, dans le grand cercle de la spéculation. Chez Valéry, la "nébuleuse" du *savoir ignorant* (la "docte ignorance" chère à Nicolas de Cuse[xix], réécrite dans un contexte non-théologique) s'inscrit sous la houlette, cachée ou jamais prononcée comme telle, platonicienne. Bien entendu, beaucoup de déterminations du "savoir ignorant" échappent à cet enjeu, mais beaucoup y reconduisent.

Le paradoxe de la recherche institue une finalité, une causalité, une totalité, incompatibles avec le hasard et la "liberté" en acte de la recherche. Il ressemble aux plans de recherche fournis aux organismes institutionnels comme justificatifs et garanties de travail, de sérieux, d'intérêt "collectif" — on doit décrypter à l'avance dans la labeur d'un programme ce qui sera ce programme achevé. Ce qui veut dire qu'entre sa conception initiale et son arrêt final, il risque de ne rien se passer, *intellectuellement parlant*. Tout fut déjà trouvé avant qu'on ne le *cherche*. Ce texte même, et ou plutôt la recherche de son auteur, fut l'objet d'une telle mésaventure. Si les axes porteurs pouvaient être à un moment donné plus ou moins bien défini, le programme précis d'une telle quête faisant lui-même partie de la recherche à entreprendre, il est illusoire d'en élaborer un qui soit tout ficelé, avec alinéas, sous-alinéas, sous-sous-aliénas. Surtout le caractère "arbitraire" et "distant" de tout texte lui-même, à la suite de celui des signes à l'égard des choses, souligne le caractère artificiel d'une "proximité" qui n'a pas encore lieu, et qu'on ne sait pas si elle aura lieu.

LE PARADOXE
DE LA RECHERCHE

RECHERCHE ET LIBERTÉ,
ALTERNATIVES BLOQUÉES,
LE "SAVOIR IGNORANT"

Chez Valéry, le principal intervenant *apparent* du programme paradoxal n'évolue pourtant pas tout à fait dans un cadre scientifique — il s'agit de Pascal, celui du pari religieux, et des théologiens antérieurs dans leur "recherche" de Dieu. Mais la source chrétienne est platonicienne (dans le *Ménon*). Platon, comme dans beaucoup d'autres choses, fut le premier à l'énoncer[xx] — avec une autre portée et une orientation, tout en faisant appel à la même structure de travail, au même dilemme organisateur. Avant de discuter plus tard la question de la "liberté" dans la cité, le vivre, etc., nous commençons par celle de la liberté dans la stratégie théorique. « Tu quoque, Pascal ! / Tu écris au mystère de Jésus : Tu ne me chercherais pas si... etc.. / Mais on trouve dans Bernard [...] / Tu ne le chercherais pas si le premier il n'eût recherchée, ni ne le préférerais s'il ne t'eût préférée. [...] / Car tu ne chercherais pas si d'abord tu n'étais recherchée / et si tu n'avais été choisie, tu ne choisirais pas [...] » (*ibid.*, 677)[xxi]. Ce parcours sinueux emprunte le dilemme ouvert par le *Ménon* platonicien. (Pour chercher, si on ne sait pas ce qu'on cherche, on ne le saura jamais ; et si on le sait, cela ne sert à rien de procéder à une (en)quête — le paradoxe du *Ménon* impose *à l'origine* le pouvoir de la réminiscence et de l'Idée éternelle). Pour chercher — Dieu, l'Idée, ou la Vérité, c'est-à-dire l'absolu—, il faut savoir, dès le départ, d'une façon latente ou inconsciente, ce qu'on cherchait. Le paradoxe institue l'imposition d'une soumission absolue à une origine cachée qui se révèle être le réel acteur ou moteur du processus, du développement : et ainsi tout choix se révèle un non-choix (c'est-à-dire qu'il n'y a pas de vrai choix), de même que le résultat de la recherche est par avance inscrit dans les hautes sphères du divin (c'est-à-dire qu'il n'y a pas de réelle recherche). On ne peut pas choisir que... ; on ne peut trouver que... Le paradoxe travaille ici pour l'univocité. Le recherche a une fin déjà offerte au départ (« je suis ce qui est trouvé dès qu'il est cherché » (*ibid.*)) : elle est tout à fait orientée. Le paradoxe est, de cette façon, la mise en œuvre d'une certaine dépossession — celui qui trouve n'a rien trouvé ; il s'est fait doubler par un autre larron ! Le paradoxe illustre le piège tendu par une puissance en retrait. Le paradoxe transforme l'élément actif (le croyant, le "chercheur") en élément passif.

Valéry retrouve ci-dessus le paradoxe de Socrate dans le *Ménon* — autour du noyau "attente et surprise", ou "nécessité et hasard", travaillant la découverte des "idées" qui n'ont pas, bien sûr, la portée absolue que Platon leur donne. Chez Valéry, l'inattendu n'est pas tout à fait attendu, mais il n'est pas non plus tout à fait inattendu. « Je ne suis pas étonné en général par les idées qui sortent de moi — et je ne puis pas dire qu'elles soient inattendues. Et cependant elles ne sont pas attendues — car si je les attendais je les connaîtrai — Donc ce qui appréhende ces idées est-il prévenu par une autre voie ? » (*ibid.*, 33). Si je connais ce que je vais chercher, ma recherche n'aurait aucun intérêt, puisque je l'aurais déjà connu *tout* au départ. Par contre, si je ne connais pas ce que je cherche, c'est-à-dire la voie et l'horizon de mes investigations, je risque de les méconnaître à jamais. Je ne pourrai jamais *re*connaître que ce que je cherchais était précisément ce que je viens de (ou ce que je vais) connaître. On est dans une zone incertaine — où ces deux pôles cohabitent. Ni l'attendu ni l'inattendu ne l'emportent *pendant un certain temps*. Valéry s'arrête à l'interrogation sous-jacente au dilemme platonicien (y aurait-il une autre voie que la voie consciente ?) Il n'en donne pas une réponse. Peut-être que le jeu de la conscience présuppose une large part d'inconscient, sans qu'on soit pourtant obligé de faire appel au mythe d'un Inconscient de type freudien (vrai *ex-machina* pulsionnellement orienté). Une suggestion, dans ce sens, se trouve alors dans l'emploi d'une expression impersonnelle à la place de celle où le moi se trouverait au centre du dispositif ("*ce qui appréhende*" au lieu de "*j'appréhende*").

Les lignes ci-dessus confirment la prégnance du paradoxe du *Ménon* chez Valéry, sans que ce dernier connaisse peut-être directement la source paradoxale, posant la question de la "recherche", du "dire" et du "faire". « Vous défendez la liberté, l'inspiration, le noble et le divin,... c'est que vous voulez qu'ils existent ; vous ne voulez donc pas le rechercher sans faire comme si [...] vous l'aviez déjà trouvé » (*ibid.*, 882). Et ces « diétés», « excitants » comme l'alcool, tiennent devant toute rigueur ou critique. Affirmer ces options d'emblée, les faire être comme si elles étaient éternelles, indubitables, universelles, objectives, c'est enlever à la recherche toute raison d'être, tout frisson dans un simulacre d'une exposition, puisque tout était déjà fixé au départ. On peut accepter ou refuser le simulacre d'ignorance (ci-dessus, on l'assume), mais on n'est pas à l'abri d'une rechute paradoxale. On peut faire comme si on savait (dans ce cas, on dira que ce savoir est "ignorance" — que la "déité" ne survit pas à la gueule de bois), ou faire comme si on ne savait pas (dans ce cas, on dira que cette ignorance est "savoir" ou quelque de chose de prétendu tel — et, en dernier lieu, le simulacre d'ignorance décrit bien ce type de processus, puisqu'on vous offre un *faux* savoir).

Valéry n'acceptera jamais le genre de marché proposé par Pascal, ni le prosélytisme qu'il présuppose (ne cherche pas, car *je l'ai* fait pour toi, et je te donne sans effort le "vrai"). Le paradoxe est une *alternative bloquée* ou *uniformément dirigée* à un moment donné, car quoi qu'on en fasse, on arrive toujours au même point. On ne demande, à celui qui fait démarrer les choses, qu'une petite impulsion initiale (une "chiquenaude") pour que tout se déroule ensuite comme prévu. D'une part, plus tard (après Bernard, Pascal, etc.), le Créateur lui-même sera placé dans cette position inconfortable ou paresseuse par les philosophies mécanistes universelles où il ne joue qu'un rôle d'appoint initial ; et d'autre part, dans un cadre non-religieux, ce type de paradoxe (une activité-passivité, une origine-fin, une incitation qui est aussi un empêchement) a souvent été vu à l'œuvre, politiquement, dans les régimes totalitaires *et non-totalitaires*, psychiatriquement, dans beaucoup de dilemmes psychiques. C'est-à-dire, le paradoxe de trouver le contraire ce que tu pensais faire, dire, penser, etc. — on n'est libre que pour ne pas choisir, la liberté étant dans son contraire. Quoi que tu fasses, tu penses, tu dises, tu cherches, on l'a déjà fait, pensé, dit, cherché, pour toi : tu es libre de *me* choisir — moi, l'opérateur de l'universel, de la vérité, de la nécessité (ou de la révolution) ; "tu es libre de ne rien faire sans nous consulter", *nous*, tes guides désintéressés. Le paradoxe piège d'avance une action ou volonté possible. Il correspond à ce que l'École de Palo Alto a appela un *double bind*, comme nous le savons déjà depuis la première partie. La liberté se change en despotisme, en esclavage, comme la recherche en non-recherche. En somme, on est donc libre d'être esclave. « Nous sommes faits pour ignorer que nous ne sommes pas libres » (*ibid.*, 241). Cela est tout à fait reconnu par Valéry dans les renversements paradoxaux qu'il appréhende dans certains enjeux. « Il n'est pas de doctrine philosophique ou religieuse qui ne conduise à la destruction de l'homme. Toute doctrine puise dans sa rigueur et dans son zèle, tue radicalement l'espèce humaine. Pas d'opinion politique [invérifiable] qui ne contienne en germe de quoi exterminer toute vie » (*ibid.*, 667). Le paradoxe essaie de lier le délié potentiel (le sujet chercheur, amoureux, politique) dans les rets d'un piège oscillant. Tout n'est qu'aux antipodes de ce que tu croyais être — le paradoxe est un renversement au profit d'une instance extérieure (père, mère, amante, dieu, état, parti, etc.) censée exprimer l'objectivité, la neutralité, la raison, le sens de l'histoire, la destinée de l'homme, etc. — bref, une ruse de subordination sous l'apparence d'un libre choix de pensée (et d'action), sans contrainte.

On peut utiliser aussi d'autres fragments *non-paradoxaux* pour suivre la démarche valéryenne quand elle n'est pas prise à son tour dans les "concepts" ou les "sables" mouvants du paradoxe. « Chercher. Trouver — / Qu'importe celui qui trouve sans avoir cherché ? / On l'admire par un vieux goût de la magie. Mais je n'en fais aucun cas. / C'est pourquoi j'aime le "conscient". Ce qu'il fait est plus à lui » (*ibid.*, 703). Valéry s'écarte ici des jeux paradoxaux à la manière de Pascal et autres. Il veut être la source et le risque de la "recherche" — pour *chercher*, il faut assumer *consciemment* le danger d'un échec, d'une absence de trouvaille. La réussite ne sera pleine que s'il y a, au départ, une volonté d'y arriver, en prenant en charge toutes les conséquences. La trouvaille n'est qu'en fonction de l'effort ou du travail fourni pour sa mise en lumière ; la jouissance intellectuelle est proportionnelle à la difficulté. Valéry en fera l'un des principes de sa poétique — avec le « coup heureux », cadeau des dieux ou des muses ou de l'organicité cachée, pouvant intervenir lors de l'écriture du premier vers mais jamais du second, puisque le travail spécifique du poète doit prendre tout de suite le relais du "don des dieux".

Nous nous limitons à ce rappel, bien que la problématique du *savoir ignorant* dans ses aspects paradoxaux et non-paradoxaux, soit une constante des *Cahier*s, où elle se décline de multiples façons. Il suffit de rappeler l'incomplétude du savoir — il n'y a pas de dernière pensée, ni de science de la totalité —, ou l'inachèvement du "Système" (recherché et jamais vraiment au point) pour voir que ces questions "tournent" et reviennent se poser sur la table d'écriture et d'introspection matinale, comme des ailes familières. Il y a deux facteurs qui aident à comprendre la persistance de ce nœud multiple du "savoir ignorant" — l'accentuation du *hasard* par Valéry, sa défiance à l'égard de la causalité, du "déjà-dit" (même par soi) et de la programmation uniforme, son accentuation, parallèle et complice, de l'arbitraire symbolique et formel (du langage, des théories, des prémisses, des choix, avant qu'ils se redéfinissent et se stabilisent).

"SOYEZ SPONTANÉS"

Si la recherche est confrontée au problème de sa liberté, par le rapport qu'elle entretient avec sa propre causalité, la "liberté", avec "genèse" et "post-genèse", n'a cessé d'être un enjeu, aussi paradoxal que contradictoire, dans les *Cahiers*. Nous allons commencer par l'analyse conjointe de la liberté (mentale, organique) et de la spontanéité, avant de nous focaliser ultérieurement sur la liberté dans ses dimensions politiques et sociales. Nous ne faisons pas une différence excessive *entre* la liberté et la spontanéité dans les pages qui suivent. On ne peut être libre que s'il y a de la spontanéité dans le monde réflexe. La spontanéité accouche de la liberté, l'absence de spontanéité (= mécanisme) la tue. Notre attention se porte sur le rapport, dans certains passages des *Cahiers*, entre *liberté* et *réflexe*. Le réflexe démarre au niveau physiologique avant de s'étendre à d'autres contrées. Un des révélateurs de la question de la "liberté" au sein de l'organisme, c'est la volonté. L'écart entre la contrainte volontaire et involontaire tapisse, pour ainsi dire, le sol de la liberté cherchée, assumée ou niée. Deux cas extrêmes vont se présenter — la liberté extrême et l'absence de liberté.

La relation du spontané au mécanique se place sous le signe de la lutte, de l'écart ou de l'accord, de l'exclusion ou de l'intégration. Dans cette réflexion, la raison est confrontée à ses marges — l'irrationalité vient se coucher dans le lit de la spontanéité. Mais la "raison" — ou sous un autre point de vue, la «culture de la raison» devenue uniforme, cassante, dogmatique, engendre des monstres et se retourne contre elle — n'est pas exempte de critiques — elle comporte ses propres divagation ou "impérialismes". Valéry est toujours revenu à l'union et à l'écart entre la "demande" (naturelle) et la "réponse" (réflexe, physiologique, humaine), à la réception d'un stimulus par un individu quelconque. C'est donc au sein de cette structure qu'on peut avoir une idée s'il y a "liberté" ou "spontanéité" quelque part, comme c'est dans son cadre que le "temps" semble naître pour nous — dans la petite durée qui se glisse entre l'activité de la source émettrice et l'activité du récepteur. Nous allons retrouver ici et là la perspective du "savoir ignorant", laquelle devient même un support, assez paradoxal, de la "liberté".

LIBERTÉ ET RÉFLEXE :

ENTRE AFFIRMATION ET NÉGATION

«Liberté — / Quelle opinion que l'on sente quant à la liberté, on ne peut nier qu'elle (ou son apparence) exige "du temps". Il n'y a pas de liberté possible quand la réaction de l'acte à l'excitation est extemporaine (t ‹ e). Ce qui pourrait conduire à cette conséquence paradoxale que la *liberté* exigeât avant tout un *réflexe* d'arrêt qui lui donnât le temps de s'exercer» (*C.* 27, 654). La liberté n'a cessé d'être un paradoxe pour Valéry. Pour devenir réelle, elle exige une suspension des mécanismes réflexes, un arrêt, même fugitif, des cycles naturels-physiologiques "*demande/réponse*", "*action/réaction*". Elle exige un temps de réaction qui ne soit pas instantané, simultané au temps d'action. C'est-à-dire un déséquilibre, un reste. Elle repose, en somme, sur l'ignorance des contraintes et déterminismes, et s'évanouit avec leur découverte. «Dès que l'anatomie = physiologie ne m'est connue que superficiellement, je suis libre d'imaginer une Chimère. / *L'ignorance est ma Liberté*» (*ibid.*, 748). Elle exploite les "interstices" du déterminisme raisonné, conscient, en conséquence la pluralité de l'être. Elle est le point aveugle du déterminisme métaphysique dans un cadre plus étendu, ou du mécanisme physique dans un cadre plus restreint. Elle est un défaut (suspension, retard) dans l'enchaînement des réflexes et des stimuli. Elle apparaît comme un "surplus" (illusoire) d'une action débordant ses conditions préalables — les "systèmes" ne sont pas entièrement "isolés" et "fermés". Elle est donc synonyme d'ouverture, d'hétérogénéité, de discontinuité, de hasard, de pluralité.

La liberté existe, mais elle est entravée, marginale, secondaire, placée à la limite de l'être. Seule la pensée peut tirer pour ainsi dire son épingle du jeu. Il y a une «liberté propre des combinaisons de la pensée» (*ibid.*, 366). Elle est à la fois «essentielle» et «rare» (*ibid.*). La liberté surgit avec la possibilité de conjecturer à l'infini. Elle s'offre comme la possibilité qui demeure telle et ne devient jamais effective, manifestation d'une pure pensée amputée de ses conditions de réalisation, jonglant avec les perspectives, les plans, les sphères, les "mondes". Mais cette "liberté" est vite démasquée, confondue. Elle est la croyance du Moi coincé entre le Non-Moi externe et le Non-Moi interne (le corps anatomico-physiologique). «L'esprit est comme un homme qui, jouissant *en principe*, de la liberté de ses mouvements, en est partiellement privé par des liens, — ou bien, tout simplement, *par l'ignorance* où il est de son pouvoir» (*ibid.*). L'esprit est, à peine, libre de préférer son esclavage puisqu'il se trouve dans ce cas en plein accord avec son environnement physico-matériel. La liberté est un paradoxe dans un univers déterministe, comme la pureté langagière recherchée par la poésie dans le contexte d'un langage impur.

La liberté n'a cessé d'être paradoxale en signalant les limites de la stratégie valéryenne, obsédée par le fonctionnement, lorsqu'elle a recours aux dernières cristallisations de la science. Si la liberté existe, et si elle n'est qu'un cas tellement rare qu'on ne gagne rien à ce qu'il soit pris en considération, ce n'est pas la peine qu'on s'y attarde très longtemps ; pourtant, on ne cesse d'y revenir et d'en parler, donc... La liberté se manifeste comme un alliage des contraires — «embrouillement de la sensibilité avec la prévision» (*ibid.*, 178) ; «*mixture de prévision et de sensibilité*» (*ibid.*, 118), improbabilité mêlée à la probabilité, «inégalité des possibles» (*ibid.*, 641), ou «Divagations», «*Surpossibilité*» (*ibid.*, 652). On arrive ainsi à un *automatisme non-automatique*. «La liberté consisterait dans le pouvoir d'action commandé par l'énoncé ou la représentation de l'acte *sans intervention de la sensibilité personnelle* [...]» (*ibid.*, 117). Elle serait un «automatisme d'un genre étonnant» (*ibid.*), c'est-à-dire un automatisme paradoxal — «[...] le *non-automatisme* serait excité *automatiquement*» (*ibid.*, 641). La liberté serait le pouvoir d'agir anonymement où la représentation mènerait la danse et le sujet serait court-circuité, barré. Ce dernier n'aurait que le pouvoir de gérer son absence.

LE PARADOXE ET LA LIBERTÉ :

LA LIBERTÉ SERVE

> *La liberté pour les mécaniciens, est le plus ou moins d'obéissance d'un corps aux forces qui le sollicitent. Plus il obéit, plus il libre»* (C. 5, 757).

Le *paradoxe* fait partie de la stratégie visant à circonscrire et éliminer la liberté. La liberté est une gêne dans un monde nécessaire. «L'état : *Je suis libre* — est instable, et il est une *gêne*. / Il y a un effort à faire pour se libérer de sa liberté, créer une nécessité» (*C.* 27, 641). La liberté est "bornée" par un ensemble d'états physiques, physiologiques, où elle ne figure pas — elle est, par conséquent, la création paradoxale de la "non-liberté". Or comment le non-libre peut-il créer le libre ? Le paradoxe valéryen est de voir essentiellement la "liberté" en tant que "servage". Si la liberté est nécessité, elle est imposée, et devenue contrainte, elle est la négation de la liberté. Au point de vue individuel, je suis contraint d'être moi et, par conséquent, je ne suis pas libre à l'égard de moi-même. "Ma" contrainte me sauve et me perd. La liberté divise le sujet et se retourne contre lui — je ne suis pas libre à l'égard de moi-même, et étant condamné à n'être que moi, je suis à la fois mon maître et mon esclave. La liberté est ce qui s'ajoute à une contrainte sans avoir la possibilité de la bouleverser, ce qui la confirme et qui se nie du même coup. La liberté ne perdra par conséquent jamais les guillemets dont on l'entoure. «Je suis ma sensation, ma pensée, mon impulsion [...]. Je ne suis pas libre de les ressentir ou de les produire. / Ils sont ce qu'ils sont ; et finalement, je suis ce qu'ils sont. / La liberté voudrait que je sois en outre autre chose. / Je me sens "libre", Mais suis-je libre de me sentir libre ou non libre ? Il est *nécessaire* que je me sente libre, car sinon, il serait inutile que je sente quoi que ce soit — et je ne serais pas "libre"» (*ibid.*, 491). Il faut que je sois libre pour pouvoir poser la question de la liberté, mais toute ma liberté commence et finit là. Puisque tout cela repose sur la nécessité, une contrainte initiale. On n'est donc libre que pour poser la certitude de l'asservissement.

D'autre part, on est peut-être "libre" tant qu'on ne pense pas à la liberté, car on est "libre" en assumant implicitement toute une pluralité d'esclavages (le *grand nombre* offre éventuellement des ramifications ou des "inégalités" insoupçonnées, permettant d'échapper à un esclavage donné en jouant de l'écart entre deux types d'esclavage). La liberté est prise dans le grand jeu paradoxal que Valéry mène avec lui-même — la question de la "*liberté*" se transforme tout de suite en celle de la "*liberté de la liberté*" (suis-je libre par rapport à ma liberté" ?), avec tous les renversements contradictoires que cela suppose. En dernier ressort, la "liberté" est incompatible avec *ma* finitude, *mes* choix ou *mes* possibilités finies. Elle dessine un horizon de possibilités — d'être autre, différent — dont je suis exclu, parce je ne suis que moi, condamné à n'être que moi... La liberté est un pli dans le jeu des possibles, dans l'inégalité divergente que chacun des possibles entraîne avec lui dans son rapport à tous les autres. La *métaphysique des possibles* paralyse toujours le sujet déterminé en le transformant en une trahison de la pluralité aperçue.

La liberté est aussi, politiquement, condamnée à l'esclavage. Elle est un concept vague protégé par sa vacuité («personne n'a jamais défini ce mot "liberté"» (*ibid.*, 508)). Ce qui est tout à fait faux si on constate la pléthore, plutôt que le manque, de définitions. Si on demande en tout cas des précisions sur la liberté, elle s'évanouit en se changeant dans son contraire. La "précision" tue la liberté en mettant à nu les déterminismes cachés. Il y a ici ce paradoxe dont nous avons déjà parlé — la liberté sans l'acte n'est rien, et nous n'échappons pas à l'imaginaire et à la philosophie, mais l'acte, en se déterminant, la chasse à son tour. L'"imprécision" la rend stérile et la livre aux jeux conceptuels, philosophiques ; la "précision" l'achève, d'une autre manière, comme nous venons de le dire. Pour Valéry, la « question » de la liberté « n'existe pas, n'a *pas de sens*, est *verbale* » (*ibid.*). Or, cette question est bien posée (même si on lui enlève tout sens), et elle doit être *verbale* (toute question présuppose un langage) pour avoir un *sens*. L'intervention de Valéry est de type "général", "philosophique" (on s'interroge sur la *liberté en soi*, d'où les paradoxes qui suivent la trace du concept absolutisé — le *paradoxe comme émanation de l'absolu*). La liberté disparaît quand on y pense sérieusement, comme dans le cas du "paradoxe du temps", tel qu'il est énoncé par Saint Augustin. Tant qu'on ne réfléchit pas au concept de "temps", on peut l'employer d'une manière transparente, tandis que la pensée pure n'y apporte que du trouble, de l'obscurité, des glissements, des impasses. La liberté politique, comme son opposé auquel elle finit par ressembler : l'autoritarisme, est synonyme de dégâts, d'oppression. La liberté et l'autoritarisme font le malheur de ceux qui y croient. « Autorité et liberté, les deux *Craties*, ont démontré leurs vices respectifs, et leur commune propriété de faire le malheur des gens » (*ibid.*, 696). Remarquons encore que, dans le cas du suffrage universel, une « somme de libertés engendre un terrible servage — Le monstre État » (*ibid.*, 504). Ou la liberté n'existe pas, ou résulte d'une question insensée, mal posée ; ou la liberté n'est qu'un habillage de la servitude, son masque. C'est-à-dire un concept toujours en trop — la reconnaissance de la servitude généralisée ferait bien l'affaire toute seule. Il y a un rapport évident entre la liberté absente dans un univers cosmologique, matériel, de type carcéral, et le déni de la liberté, prémisse du "monstrueux", dans la sphère politique.

L'INTERVALLE "D / R" :

APPARENCE DE LIBERTÉ, DÉTERMINISME

Si on quitte le territoire glissant de la liberté spéculative, abstraite, pour celui de la liberté concrète, un certain nombre de considérations peuvent être faites à partir de l'analyse de l'acte. Les philosophes parlent de liberté sans y associer les actes (les types d'action, les conditions fonctionnelles, les différents « déclenchements [s] d'action » (*ibid.*, 880)). Il faut « chercher à quel besoin a répondu l'emploi du terme » liberté (*ibid.*, 799)) — avec la conséquence néfaste que le "besoin" sacrifie la liberté. Le besoin de liberté n'est que l'occultation nécessaire de l'absence de liberté — un remède imaginaire pour une meilleure intégration dans un univers sans échappatoires. « Je me sens libre pour ignorer en quoi je ne le suis pas » (*C.* 6, 788/9). « Cette liberté apparente est donc restreinte à l'apparence » (*ibid.*). Si la liberté est toute mentale, la réflexion, en vue d'agir, réduit le champ du possible pensé, et l'acte finit par ne choisir qu'*une* possibilité. Il y a tout un travail de réduction sans lequel l'action deviendrait impossible. Entre la représentation et l'exécution, l'idée et l'acte, la cause et l'effet, il y a divergence, séparation, temporalité — et c'est dans cet écart qui se glisse le soupçon de liberté (= relâchement des contraintes et non pas leur disparition). La liberté est une sensation, une manifestation de la sensibilité, liée au vouloir et associée au pouvoir faire — au « pouvoir vouloir ». Elle est bornée de manière interne et externe : contraintes physiologiques, dépenses et ressources énergétiques, pesanteurs externes. La liberté correspond au moment de création des automatismes et disparaît lorsqu'ils imposent leur "uniformité" : « La création des automatismes est le fait capital. Il y a donc une *liberté* d'abord — qui subit des événements une restriction » (*C.* 14, 15). L'automatisme — simple, homogène, uniforme — limite le temps de réaction au minimum, et la liberté cesse d'être dans son cadre où elle ne serait qu'un gaspillage et une complication temporels. La liberté exige un « un temps *plus grand qu'un temps de réaction* du type *réflexe* » (*C.* 28, 477). Il faut associer à l'acte, supposé *libre*, le temps nécessaire pour le nier ou l'annuler, donc un surplus de temps. L'acte libre diffère de l'acte subi dans le temps : « [...] Il faut que l'acte libre *ait eu au moins* le temps d'être révoqué » (*C.* 12, 675). L'acte libre ne peut être que la conséquence d'un temps qui déborderait le temps de l'acte réflexe. « L'acte *libre* — s'il y en a — ne peut être *instantané* — c'est-à-dire pensé et exécuté dans un temps d'*acte réflexe* [...] » (*C.* 28, 390). L'acte *libre* suppose un accroît de la dépense temporelle (plus de temps pour...) en ce sens que le temps de la réflexion (possibilité et négation) s'ajoute au temps de l'action réflexe. L'intervalle "D / R" rend la liberté stérile, inopérante, imaginaire, fiduciaire. L'acte libre est en fait pensé dans le temps de l'acte réflexe où il se désintègre. Au-delà du réflexe commence tout de suite la pensée, la croyance et l'illusion. « La pensée réfléchie exige ou est un *retard* dans une réponse, et résulte d'une modification de la demande » (*C.* 27, 377). Toute la stratégie tend à confiner la liberté dans le moule réflexe où elle est étouffée — c'est la « *non-liberté* » le « cas normal de fonctionnement » (*C.* 26, 103). La répétition automatique impose une réponse mécanique, uniforme, avec une économie radicale d'énergie, de temps, d'idées (l'idée de *liberté* est de trop), d'action. Un "*minimum*" que la "liberté" (ou la croyance à la liberté) ne peut qu'altérer et perdre. La liberté, inhérente à une conscience éveillée, tend vers zéro dans l'automatisme et l'inconscient corporel, physiologique, et avant ceux-ci règne le hasard, dernier domaine où l'"acte libre" pourrait se réfugier. Le rapport de l'esprit à la liberté est "*paradoxal"* en ce sens que l'esprit n'y trouve en fait que sa déchéance, sa chute, sa démence ou folie (celle de vouloir être libre dans un monde non-libre). La liberté ne subsiste, provisoirement, avant qu'on ne redéfinisse la table des causalités, que dans l'intervalle minimal entre la demande et la réponse, entre l'excitation initiale et le stimulus postérieur, entre la cause et l'effet, entre deux déterminations ou nécessités — elle est un coup de hasard, comme un feu d'artifice dans la nuit vite résorbé par le milieu "nécessaire".

LA LIBERTÉ ET LE HASARD :

LE "PARI"

La liberté se retrouve dans la même position que le Dieu de Pascal — elle est la conséquence d'un *pari*. La liberté est la dernière des croyances sécrétées en quelque sorte par le couple "hasard/déterminisme". Elle est coincée entre le hasard et le déterminisme, et quand ce n'est pas l'un qui la nie, c'est l'autre perspective qui s'en charge. La liberté pour Valéry, si elle existait, se manifesterait comme un acte gratuit dans un monde qui ne l'est pas dans ce calcul. Elle penche absolument du côté du hasard et se retrouve en conflit avec son "terrain d'action" : l'univers. La "vraie liberté" serait de « tirer au sort une décision d'action sans égard aux conséquences » (*C.* 27, 926) — la liberté serait de ne pas prévoir, d'être indifférent à la "suite" des événements. « L'homme vraiment libre tirerait ses actes au sort » (*C.* 6, 788/9). La liberté est une illusion engendrée par l'aléatoire et qui disparaît sous les multiples coups du hasard — « [...] une invincible croyance à la liberté. Cette absurde croyance est liée à l'action, elle est imprescriptible, et elle est d'autant plus puissante que nous sommes plus enchaînés » (*C.* 8, 199). La liberté, si elle se produit, ne peut le faire qu'entre la demande naturelle et la réponse psychique, entre la cause physique, corporelle, physiologique, et ses innombrables effets, en plaçant le psychique en une double position de demande et de réponse (*C.* 14, 30). La pensée élabore des « demandes secondaires » (*ibid.*), des demandes qui sont des réponses et qui rendent tout calcul hasardeux. On ignore tout ce qu'un acte produit comme conséquences — leur rapport est celui de l'un au multiple. La cause est déstabilisée par les effets. Le hasard s'introduit dans leur écart et rend la liberté fantomatique. Les conséquences débordent l'acte — « *faire A,* c'est *faire toute autre chose aussi* [...] » (*C.* 28, 53). L'« acte libre est un coup du hasard [...] / Ce sont les *effets*, et non la *cause* qui rendent la liberté une puissance promptement illusoire » (*ibid.*). La multiplicité déroutante, et peut-être infinie, qu'on trouve à la fin des processus, on la retrouve aussi à l'origine. Les données initiales ne peuvent pas être toutes fournies, comme les données finales. Cela n'est peut-être pas un signe de liberté, mais d'un déterminisme occulté qui nous échappe, avant et après. Le « problème » de la liberté humaine dans un monde mécanique « est insoluble », puisque les « données initiales » « ne sont jamais toutes données » (*C.* 6, 788/9). De quelque côté qu'on se tourne, on se trouve face à une pluralité qui sape les fondements et les hauts étages de l'homogénéité, de la simplicité, de l'uniformité. La liberté est un "défaut" ou une "panne" dans la transmission parfaite idéale. Elle suit la pente d'une pensée excédentaire. La réflexion alourdit l'acte, le diffère, ou le suspend, annule son irréversibilité instantanée. Elle rallonge les délais d'exécution, introduit des ambivalences, atermoiements, lenteurs, oscillations, annulations.

ON NE PEUT NIER NI AFFIRMER LA LIBERTÉ

La négation de la liberté serait surtout une négation des *possibles* intellectifs et une soumission définitive à l'être-là — Valéry ne peut donc qu'atténuer ou contredire sa négation première. La stratégie valéryenne oscille entre le déterminisme local (à base humaine — autour de l'action physiologique) et le hasard (lui-même combattu par les déterminismes latents : ignorance des vraies raisons productrices et des effets induits, mais qu'on considère également comme le "maître absolu"). Valéry considère le déterminisme aussi vague que la liberté — « Les sens du mot *déterminisme* est du même degré de vague que celui du mot *liberté* » (*C.* 14, 356). « Liberté-isme » et « déterminisme » sont des « espèces de religions » (*C.* 14, 352). La liberté est paradoxale en ce sens qu'elle oscille indéfiniment entre sa négation et son affirmation. « On ne peut nier ni affirmer la liberté [...] » (*C.* 11, 336). Mais, en cas d'affirmation, elle correspond à l'« improbable des statistiques » (*ibid.*). Valéry accumule les points de vue contradictoires. Après avoir douté de la liberté, piège en surface d'un déterminisme en profondeur, il ajoute tout de suite à côté d'un passage déjà cité où il est question d'un tirage au sort, "marqueur" du vrai *acte libre*, et de la liberté comme apparence : « Toutefois — autre point de vue — pas d'adaptation sans une certaine *liberté* » (*C.* 6, 788/9, *aj. marg.*). La liberté s'inscrit comme un supplément en marge, et survit à sa mise en pièces. Et elle disparaît en profondeur. Illusion du prisonnier rêvant d'être loin de son cachot. La liberté est une illusion superstructurale, un voile jeté sur les mécanismes qui les rend tolérables. « Je crois que la liberté existe — mais comme sentiment et sentiment nécessaire, ignorance fonctionnelle ou insensibilité quant aux contraintes » (*C.* 4, 780). Elle est liée à la pluralité entrevue dans la sphère des actes, à la pluralité des solutions et des actions en jeu — sans l'hypothèse de la liberté, cela devient manifestement incompréhensible. On compare les actes, les hypothèses et les conséquences, avec la *base réflexe* comme point central. La liberté est un *après-coup paradoxal du réflexe*. « La liberté existe [...]. Elle est l'aspect d'une pluralité possible d'actes / [...] Ce qui la permet c'est ce principe des retards de réflexes qui me semble de plus en plus étendu » (*C.* 3, 45). Elle se place dans l'écart entre l'« image » et l'« acte », entre l'« idée » et l'« acte », avant que celui ne la chasse en se déterminant, et elle se retrouve aussi dans l'après-acte en tant que conséquence non-déduite, non-aperçue. Comme un « calcul » ou une « déduction » débordé par son champ d'application. « *Le mécanisme d'action n'est pas un système "bien isolé"*» (*C.* 27, 724). La liberté oscille entre la "métaphysique" (« Liberté métaphysique » (*C.* 3, 765/6)) et la banalité (« Il n'y aurait véritable liberté que pour les choses sans conséquence » (*ibid.*)). La *conséquence paradoxale* de la liberté est qu'elle n'existe pas (ignorance du déterminisme caché) ; elle est une illusion induite par une multiplicité foisonnante qui se révèle trompeuse, et se change elle-même en « chose sans conséquence » dans un univers régi par des lois "*fortes*". Le *principe paradoxal* de la liberté niée, foudroyée, est que sans elle, comme prémisse, l'action succomberait à l'uniformité. Sans "liberté", l'énonciation de la liberté ne serait pas possible. Je ne peux "nier" la liberté que parce que *quelque* part je suis *libre*. Chez Valéry, la liberté s'intercale entre deux régions de l'être différentes (idée, acte) et disparaît lorsque son rôle d'intermédiaire n'a plus de raisons d'être, lorsque le supplément, l'allongement, la "faille", l'interstice, sont réduits à zéro. Pour ainsi dire, elle est entre une porte ouverte ou fermée, et n'est plus quand on la ferme.

L'ESPRIT ENTRE SPONTANÉITÉ ET RÉFLEXE :

L'ÉNIGME DU SUJET, LA LABEUR DU POÈTE

La liberté nous mène ici textuellement à la spontanéité, mais il faut inverser notre exposition. C'est la "spontanéité" qui nous introduit dans la sphère de la liberté. Ces deux concepts sont souvent solidaires en partageant presque la même place théorique : l'un ne va pas sans l'autre. Ils sont attachés du même *nœud paradoxal* — on ne peut ni les nier ni les affirmer. Ce qui est intéressant dans la version paradoxale de la spontanéité, c'est son alignement sur la parole du maître. On décrète la spontanéité dans une formulation et un ordre aléatoire où la seule chose qui demeure, c'est la parole biaisée du maître conceptuel, jonglant entre l'affirmation et la négation. L'« esprit montre du spontané [...] — mais il ne peut guère créer du spontané. C'est presque contradictoire » (*C*. 2, 249). Le spontané est presque incompatible avec la réflexion, la mise en scène, le calcul. La spontanéité court-circuite en partie le conscient, et elle présuppose aussi une certaine liberté. S'il n'y a pas de « volonté libre », « il n'y a pas de spontanéité en général » (*ibid*., 436). « L'esprit ne peut concevoir la spontanéité que par l'artifice *en l'imitant* » (*ibid*., 205). En concevant la spontanéité, l'esprit n'est pas spontané. Celle-ci se dérobe aussi à toute imitation ou consigne dictatoriale. Valéry réfléchit sur ce type de paradoxe que l'École de Palo Alto a désigné comme un *double bind* (le « *soyez spontané* »), tout en donnant à sa réflexion sur la spontanéité un suivi et une portée plus considérables. D'ailleurs, en systématisant le paradoxe, Palo Alto demeure prisonnier de son "halo" paradoxal — lorsqu'il faut prescrire le symptôme lui-même au malade mental. C'est surtout une croyance aux bonnes grâces de la logique, hiérarchisant ses niveaux, sans amalgames ni rechutes.

La spontanéité est presque « réflexe », « machinale », « automatique » — c'est-à-dire qu'elle tend, une fois encore, vers le mécanique, vers le déterminé ou le non-spontané. « Il est impossible d'imaginer la spontanéité, car nous ne sommes spontanés sans devenir à nous-mêmes incompréhensibles» (*ibid.*, 63). Là aussi une nouvelle impasse, car s'il est impossible d'imaginer, à tous les points de vue, la spontanéité, comment pourra-t-on en poser la question ? L'être spontané est l'être qui échappe aux conclusions, aux affirmations, aux jugements, dans lesquels on a voulu l'apprivoiser. Il est l'être anti-théorie, le désespoir des déterminismes. Elle est impossible à admettre dans un cadre ou un horizon déterministe, mais elle est impossible à rejeter parce qu'on vient précisément de la soumettre, en tant que problème, au jugement de l'autre (et au sien). Poser la question de la spontanéité, même si on ignore en quoi elle consiste, c'est s'affranchir de l'ordre des enchaînements et des continuités hermétiques.

Être soi-même spontané, c'est receler une part d'énigme. "Ce que l'on est" est irréductible à ce que l'on pense ce que l'on est. Imaginer sa propre spontanéité, c'est la nier, c'est introduire un calcul. (On confond le jugement et la réalité — celle-ci devant s'aligner sur le premier à tous les coups). Spontanéité égale singularité radicale — où se manifeste l'impossibilité de s'imiter soi-même ou d'être imité par autrui. La spontanéité personnelle, ou celle de l'autre, n'est pas déductible d'un « ailleurs », d'un précepte, d'un raisonnement interne ou externe formulé dans la minute antérieure (on ne décide pas d'être spontané...). Cela est la seule règle qu'on puisse attribuer à la spontanéité, et celle-ci n'est pas incompatible avec les artifices qu'on a pu mettre à la disposition de l'agent spontané. Il y a peut-être une manière spontanée de porter des masques...

LA SPONTANÉITÉ OU LA RATURE IMPOSSIBLE

Valéry s'appuie sur le paradoxe de la "spontanéité prescrite" (soyez spontanés) pour nier toute spontanéité et toute sincérité au poète lorsqu'il rature son texte (à la recherche d'autres effets). Le poète triche quand il reprend sa copie. Il corrige la « nature », c'est-à-dire la composition immédiate des phrases, en s'arrêtant et en revenant en arrière. Tout calcul supprime la disponibilité absolue initiale. Par exemple, Baudelaire, quand il enterre sa servante au grand cœur dans une... pelouse (rime oblige !). En fait, Valéry demeure prisonnier du mythe de l'origine irréversible des processus mentaux sous-jacents à la production poétique, en raisonnant univoquement à partir de ce point (toute suite qui n'est pas une simple suite est une trahison ; toute reprise est le contraire d'une surprise, avant d'être une méprise...). Il raisonne en fonction d'un temps unique, uniformément orienté. Il ignore, ou plutôt fait semblant d'ignorer, le caractère discontinu des durées engagées dans l'écriture du poème : à chaque coup, le poète écrit comme si cela était la première fois, même s'il le fait à partir d'un brouillon donné. La spontanéité et la sincérité ne sont pas forcément absentes après le premier coup. Elles ne s'évanouissent pas, comme dans le cas de Valéry, après l'« origine », le « commencement », avec l'avènement du travail, du raisonnement, du calcul. Après un premier calcul, on peut calculer pratiquement de manière différente — il y a une spontanéité du (et dans le) calcul, ou une créativité dans les mathématiques. Valéry pense d'une façon linéaire dans ce qui est, en partie, irréductible à la linéarité. Il demeure prisonnier d'un sémantisme étroit et dogmatique. La spontanéité n'est pas l'antonyme de la règle (ou du travail) — elle consiste en une certaine manière de l'utiliser, non-déduite des coups ou des performances antérieures.

LE PARADOXE DE LA SPONTANÉITÉ

« La spontanéité est impossible à admettre et à rejeter » (*C.* 2, 840). Avec le paradoxe de la spontanéité, on revient aux carrefours du mécanisme et du hasard, de la discontinuité et de la continuité, de la différenciation des plans et leur "fusion" dans l'immédiateté. La spontanéité est le "faux-vrai", l'"impossible-possible". Un "double bind" — un négatif-positif, une incitation-empêchement. La spontanéité est l'instantané sans durée, le désordre sans ordre. La spontanéité étouffe l'écart, la distance entre la pensée et le langage, et rend le penseur presque "aphone". Il pense sans contrôler ses produits : *on* le pense. La spontanéité est un dessaisissement. Elle est une parfaite superposition du conscient et de l'inconscient. Elle est encore paradoxale parce qu'on peut la dire aussi bien proche du mécanisme — par l'absence d'écart cogitatif — que son antithèse radicale — par la surprise qu'elle induit dans un univers où tout serait à l'avance pesé, calculé, ruminé. Elle peut "spontanée" (presque) comme un réflexe, se déployant dans l'immédiateté à partir d'une excitation initiale, ou comme une pensée loin de lui. En tout cas, il y a aussi un devenir-réflexe de la spontanéité, de la nouveauté. « La production de la parole échappe à notre contrôle direct. Nous agissons par rejet jusqu'à ce qu'une forme satisfaisante paraisse » (*ibid.*, 430). La spontanéité correspond à une absence de rejet, à l'acceptation d'une absence de contrôle direct, à l'absence de toute résistance. Elle s'évanouit de plus en plus avec la suite des "rejets". La spontanéité, liée à l'instantanéité et immédiateté, est un travail *nul*. « L'instantané est ce qui correspond à un travail apparent nul » (*ibid.*, 289). Ou « quel le moteur de ce qui chante spontanément ? » (*ibid.*, 472), dans une instantanéité où toute labeur semble avoir été évacuée. Le travail de la pensée commence après et au-delà de la spontanéité.

SPONTANÉ ET MÉCANIQUE, SPONTANÉITÉ ET IRRATIONALITÉ

Cela dit, le spontané renvoyé semble revenir, après son congédiement, de la sphère de la réflexion. D'abord, il faut « interroger la spontanéité de l'esprit » (*ibid.*, 445). Ensuite, la spontanéité apparaît au centre de l'activité mentale. Le « présent est dû dans chaque cas à xy variables indépendantes qui sont cependant groupées et comme liées autour de l'activité mentale principale — c'est-à-dire la spontanéité » (*ibid.*, 643). Ce qui nous amène à une réduction ou à une abolition de l'opposition du spontané et du mécanique qui a du plomb dans l'aile. Le spontané et le mécanique peuvent se suivre, ou être départagés en fonction de la reconnaissance de la complexité et de la divergence des opérations selon les champs où elles se déroulent.

Valéry signale l'« erreur grossière » de ceux qui opposent spontanéité et mécanisme (voir plus loin le fragment 468).

Le spontané n'est pas toujours vu comme une rupture de la causalité, de la temporalité, de la pensée. Il peut laisser sa place à son contraire. Le spontané s'insère dans un dispositif "machinal" où il disparaît. « Tout homme tend à devenir machine — / Habitude, méthode, maîtrise, enfin — cela veut dire machine —» (*ibid*., 353). La relativité du point de vue, ou la différenciation des niveaux, permet d'encadrer le spontané et le mécanique dans un même système sans qu'ils deviennent synonymes de paralysie. Mais le spontané, avant de se figer dans une habitude, est toujours un problème dans un système ouvert et fermé (tel que l'homme). La spontanéité est du côté de l'irrationalité comme l'habitude, son contraire le plus proche. « La spontanéité dépend de l'irrationalité » (*ibid*., 736). Comme les réflexes qui « sont les instruments de la pensée — mais ils ne lui appartiennent pas » (*ibid*.). La spontanéité s'écoule dans le moule de la répétition en se "trahissant", dans le canevas des substitutions, des calculs, des ratures, des liaisons préétablies et programmées. « L'habitude est une apparence de l'irrationalité — que la répétition puisse fonder une liaison irrationnelle [...] cela prouve presque que la spontanéité est en quelque sorte au-delà de notre intelligence et de notre causalité. Elle serait comme l'espace plus multiple où peut se mouvoir une figure moindre de dimensions » (*ibid*., 714/5). L'homme spontané est un « dompteur de réflexe », et voit les choses sous un « prisme » (*ibid*., 534) non-convenu. La spontanéité, défi aux répétitions et à l'esprit, bascule du côté du multiple, du vague, de l'indéterminé, du hasard, en étant porteuse d'un excès ou d'un manque d'intelligence. Il y a une rupture de la causalité linéaire. Elle s'oppose à la « pensée réactive » (*ibid*.) — elle devance la lutte du « personnage » avec ses « réactions physiques » (*ibid*.). La spontanéité est la prémisse cachée de la « pensée spéculative » (*ibid*.), bien qu'elle se traduise par l'introduction de l'"irrationnel" dans le domaine de la rationalité. Elle est en somme le cheval de Troie de la pensée. Elle demeure donc surtout un « problème » (*ibid*., 475) — apparence et (ou) réalité, causalité cachée et (ou) hasard apparent, irréductible, raison et (ou) déraison.

LA COMÉDIE DE L'EXPRESSION, SPONTANÉITÉ ET LUTTE, ON NE PEUT PAS ÊTRE SPONTANÉ

L'expression apparaît comme la mort, la disparition de la spontanéité. La rature de l'expression accentue encore plus ce phénomène. La comédie est la suite (antagoniste) de la spontanéité. « La comédie commence avec l'expression — Ce qui s'exprime commence à être en scène —» (*ibid.*, 537). Renforcée par la « mémoire mensonge —» (*ibid.*, 821). Comédie où l'on singe parfois une intelligence qui se met en scène, comédienne, jouant de toutes les apparences pour investir toutes les positions — la « comédie de l'intellect » que Valéry trouve chez Gœthe (*ibid.*, 906). L'intellect est ainsi coincé entre la spontanéité — où il perd ses moyens et se découvre "obscur" — et la comédie — où il a trop d'atouts pour que cela ne rende pas son jeu "suspect". Le *paradoxe de l'écrivain* comme une variante du *paradoxe du comédien*, puisque l'écrivain est comédien, avec cette différence qu'il ne s'agit pas de ne rien sentir pour pouvoir tout "imiter", mais de ne jamais être spontané (ou de l'être sans jamais se laisser déborder par des forces incontrôlables) pour pouvoir tout penser. Paradoxe qui ne porte pas, dans un premier regard, sur l'"émotion" mais sur l'"intellect". Toutefois, le même partage "émotion / raison", la même dissociation doit avoir lieu. Un nouveau "personnage" entre en scène pour gérer la comédie, et au besoin la dénoncer, grâce à l'intellect non-comédien, ayant appris à démêler les nœuds de la comédie.

La comédie de l'intellect trouve sa fin dans un retour au "réflexe", au "réactif". Seule la pensée spéculative s'affranchit des "pièges" de la réaction, de la passivité réflexe, des "émotions", en les combattant. Elle combat aussi sa spontanéité qui l'embarrasse en lui posant des "énigmes" qu'elle ne sait souvent pas résoudre. « La pensée spéculative bien distincte de la pensée réactive. Un fait peut me jeter dans des idées toutes troublées de réactions physiques — d'images de réactions. Puis, enfin, j'admire ce spectacle, je me sépare de mes émotions — je lutte avec elles à l'aide d'un nouveau personnage » (*ibid.*, 534). La spontanéité se manifeste avant que la lutte ne se dénoue, comme un spectacle non-choisi, et après comme une imposition réflexe, quand on écarte tous ses voiles. Comme l'habitude, la spontanéité est une apparence d'irrationalité. La réflexion peut en venir à bout. La spontanéité n'est ici qu'une causalité voilée, différée, d'un psychisme en cours d'automatisation. La "spontanéité" n'est pas *spontanée*, si on regarde bien. Il faut pourtant dire, comme nous l'avons déjà vu, que le spontané, phénomène à la limite du conscient et de l'inconscient, incarne le "mental", tout en étant sa "perte" pour Valéry. En fait, on me pense, on me fait agir. De périphérique, la spontanéité devient centrale, avant de redevenir à nouveau périphérique face aux langages, aux systèmes, aux fermetures des uns et des autres. La spontanéité incarne à la fois la liberté du mental et sa subordination aux forces externes. L'homme est vraisemblablement un « système énergétique tantôt conservatif et tantôt ouvert » (*ibid.*, 475). Si tel est le cas, la spontanéité est du côté de l'ouverture, mais cela risque de se traduire par un effondrement de la "puissance" analytique qui s'engouffre dans cette ouverture. La spontanéité est impossible à admettre — devant la prégnance du mécanisme. Mais elle est aussi impossible à rejeter — par l'impossibilité de ramener tous les phénomènes observés au "mécanisme". Elle va donc à sa rencontre drapée dans un "paradoxe" — cette oscillation entre le rejet et l'acceptation — qui doit, au moins provisoirement, lever leur séparation, apaiser leur conflit, rendre attractif leur répulsion.

SPONTANÉITÉ ET MÉCANIQUE :

L'ALTERNATIF ET LE CONTRADICTOIRE

« Une erreur grossière et de philosophe c'est que le mécanique et le spontané s'excluent. Oui dans les mots ou concepts *donnés*, pas dans le réel c'est-à-dire dans d'autres mots possible. Lorsqu'il y a contradiction de ce genre il faut se demander si elle ne gît pas dans une mauvaise description des mots employés [...] Rien n'empêche de concevoir un être tantôt spontané tantôt mécanique, etc. D'ailleurs le spontané est observé et le mécanique est construit — Donc en même temps le même fait peut être dit spontané et mécanique, suivant qu'on adjoint ou non, certaines notions à ce fait. L'alternatif est plus profond que le contradictoire » (*C.* 2, 468). « Toute définition tend » à « exclure » la « graduation » et le « langage ne la supporte guère » (*ibid.*). Ici l'écart entre le mécanique et le spontané se réduit. Tout d'abord, le langage apparaît comme une matrice d'exclusions au lieu d'être un champ de complémentarités. Il fonctionne entre le tout et le rien en ratant ce qui est intermédiaire, ce qui ne supporte pas les extrêmes.

Remarquons tout de suite que le reproche formulé, par Valéry à l'égard du philosophe, peut être redit à son égard. La critique permanente du « spontané » chez Valéry, car il y décèle des traces de calcul ou des vestiges de mûre réflexion, implique une antithèse entre le spontané et le mécanique. Il y a deux cas de figure : a) un être est *tantôt* mécanique *tantôt* spontané : cela ne pose pas de problèmes dans un monde successif, contingent et hétérogène ; b) ou il est *en même temps* mécanique et spontané : c'est ici que le problème devient aigu, et que la question de la "graduation" est urgente. Le même fait peut être vu selon deux perspectives opposées si on y adjoint (ou non) « certaines notions ». La mutuelle exclusion du spontané et du mécanique dans les cas simples (régis par la loi dichotomique du "oui" et du "non") devient problématique dans les cas complexes (ou à côté du "oui" et du "non" figure le "peut-être", ou le "cela dépend"...). Ici, l'*alternatif* est envisagé comme plus profond que le *contradictoire*. Le contradictoire bloque l'enjeu : au premier coup, tout est déjà terminé. L'alternatif rend l'opposition, en basculant d'un pôle à l'autre, infinie : rien n'est fini, même après qu'on est décidé d'arrêter la partie. L'alternance successive change déjà le statut de la dichotomie, en y introduisant une certaine relativité. L'alternance simultanée la bouleverse encore plus profondément : au même moment, le spontané et le mécanique peuvent coexister dans une réalité complexe et non-linéaire. Le paradoxe équivaut à une simultanéité, la contradiction à une succession. Si la succession, où il y a des contradictoires, se change en simultanéité, la contradiction stérilise l'une et l'autre. La contradiction est un arrêt. Si la succession, où il y a des aspects paradoxaux, se change en simultanéité, leur mise en contact n'est pas, en fonction de cette "logique", synonyme de blocage. Dans le paradoxe, les éléments ou processus, contraires ou contradictoires, se découvrent, en principe, solidaires — font cause commune. Il est une alternance conjonctive, non-conflictuelle, mobile, et éloigne (ou doit éloigner) la contradiction.

La condamnation vise surtout le langage philosophique. Le langage philosophique transforme en exclusivité ce qui dans le réel est non-antithétique. Il durcit par conséquent les pointes du réel jusqu'à les changer en purs fils tranchants. À côté de ces mots devenus absolument disjonctifs, il y a d'« autres mots possible » que le philosophe escamote dans son travail définitionnel, dans ses jeux frénétiques entre le tout et le rien, entre l'affirmatif et le négatif. Dans un premier temps, dans ce passage, la critique n'englobe pas le langage dans son ensemble. Mais elle va être tout de suite étendue, à la fin du passage, à l'ensemble du langage (quotidien et commun), capable de trahir l'aspect complémentaire des écarts et des conflits potentiels. Le langage ne supporte guère la « graduation » ! Il est *philosophique* avant même qu'on ne commence à philosopher... Le langage ignore l'esprit de finesse (pour des raisons historiques et pratiques : il est un héritage retransmis au hasard et il doit satisfaire à une multitude de besoins antagonistes) et ne peut engendrer que de mauvaises descriptions ou de contradictions factices. Il avance vers le réel armé de dualités appauvrissantes, théâtrales ou "comiques".

"SOYEZ LIBRES"

Nous revenons à la question "jumelle" de la spontanéité — la liberté, qui n'a cessé de la suivre comme son ombre. La liberté-spontanéité traverse la problématique du déterminisme et de l'indétermination physiques, en rendant de nouveau liberté (dans le cadre du "libertisme") et mécanique incompatibles. On se focalise sur la question de l'indéterminisme. Le contradictoire et le paradoxal prennent leur revanche sur l'alternatif non-contradictoire et non-paradoxal, au moins dans certains passages. Plusieurs couches vont être brièvement analysées : 1) la liberté et la physique — la liberté comme paradoxe dans un cadre déchiré par l'antagonisme du déterminisme et de l'indéterminisme ; 2) la liberté et la cité politique — le rapport du quantitatif et du qualitatif dans la démocratie ou le paradoxe du quantitatif livré à lui-même ; 3) la liberté et l'idéologie : la liberté et la sphère individuelle, les changements contradictoires des intervenants, entre tyrannie et démocratie, les paradoxes politiques ou les phénomènes paradoxes ; 4) la civilisation talonnée et soutenue par la "barbarie". Nous passerons de la scène physique à la scène politique — d'abord, à un niveau restreint : cité, nation, etc., et ensuite, à un niveau élargi : civilisation.

LIBERTÉ :

DÉTERMINISME ET INDÉTERMINISME PHYSIQUES — TOUJOURS LA LIBERTÉ ET LE MÉCANIQUE

« Liberté/Paradoxe. Si l'on admet l'indéterminisme Heisenberg et si on veut y voir un moyen de sauver la "liberté" — on obtient cette drôlerie imprévue de tirer la liberté du monde physique, par l'étude duquel on était venu à le vouloir abolir dans le monde "moral"» (*C.* 25, 388). Le paradoxe de la liberté, pour Valéry, est d'aller choisir le modèle de la liberté dans un "monde physique" se manifestant comme la négation de la liberté. Un monde mécanique, univoque, causal, dont on déduisait par la suite, et de manière contradictoire, la responsabilité inhérente à la pratique de la liberté dans le "monde moral" ; celui-ci, s'il est l'après-coup de l'autre, lui est pourtant rigoureusement infidèle, tout contraire. La liberté va de pair avec, par exemple, des choix, des orientations réfléchies, non-déductibles de l'environnement physique ; et s'oppose à la démarche de type positiviste, univoquement matérialiste, voulant plier toute chose et tout être à une nécessité universelle. Le Monde physique se manifeste comme le miroir où l'on lit *soit la présence de la liberté* (dans le cas de l'indéterminisme : celui qui affecterait l'électron serait le prototype de la liberté humaine), *soit son absence* (dans le cas du déterminisme à l'œuvre dans la nature telle qu'elle est appréhendée par la mécanique classique). La liberté ne peut pas venir du monde physique car celui-ci est la négation de toute liberté. Mais dans ce cas, si cette conception du monde physique était vraie, la liberté humaine, si elle existait, présupposerait une coupure radicale avec le monde naturel. Elle vient d'un monde *autre*. L'homme en devenant libre, s'exclut obligatoirement du monde matériel, physique, etc., et se trouve dans l'incapacité de justifier *concrètement* sa liberté. La liberté n'est un paradoxe que dans une vision du monde où elle est niée. La "liberté", opérant au niveau physique, est un paradoxe pour un partisan d'une vision mécaniste de la nature, et elle semble cesser de l'être pour un défenseur d'une autre vision non-mécaniste. Bachelard pensait exactement ainsi[xxii] — notre liberté de faire, de dire, etc., et pas seulement la liberté "morale", repose sur les marges d'indétermination lisibles au niveau microphysique — et le "paradoxe" le vise peut-être (car ses livres figuraient dans la bibliothèque valéryenne) avec d'autres éventuels postulants.

    L'indéterminisme est ramené, par Valéry, à une disjonction des actes tout à fait courante ou "macrophysique". Si je fais "x", je ne peux pas faire "non-x" ou "y". Il y a une ponctualité exclusive des actes rendant leur simultanéité impossible. « Indétermination — On en fait une grande affaire Heisenberg. Or, rien de plus commun que de ne pouvoir observer une propriété d'une *chose* sans se priver de considérer une autre. / Si je constate qu'une pastille est *rose*, je ne puis en même temps constater qu'elle est *sucrée*. / Je n'apprends qu'elle est sucrée qu'aux dépends de la perception de sa couleur » (*ibid.*, 355). L'agir est conforme au principe de non-contradiction, à une alternative duelle, sans cesse réactivée. L'indétermination correspond à un trouble de fonctionnement. « L'indétermination résulte d'une insuffisance de la demande ou d'une insuffisance moyenne de la réponse » (*ibid.*, 354). Il y a une confusion entre "*indétermination*" ou "*indéterminisme*" de type macrophysique (où la détermination cachée ou latente peut être mise en lumière après un certain travail et calcul) et "*indéterminisme*" de type microphysique (où la détermination est exclue). Valéry ignore aussi la superposition ou la synchronisation de certains actes (synesthésie) dans le monde macrophysique, comme dans le cas de la marche où l'œil, les jambes, etc., fonctionnent ensemble. Il applique mécaniquement le schéma "D / R" à base réflexe. Or, l'indéterminisme dont il est question, celui de Heisenberg ou de la mécanique classique, n'opère pas à ce niveau et avec des alternatives strictement duelles, et il n'est pas une "insuffisance" de la nature ou de notre approche.

    Valéry s'attaque aux problèmes de la philosophie en dénonçant le caractère vague des mots, des notions, des énoncés. La notion de liberté, par son aspect "vague", serait d'ailleurs tout à fait en symbiose avec le "vague" de l'indéterminisme. « Par exemple l'idée vague de *liberté* — Il faut refaire les observations et soigneusement analyser les *actions*, — puisque la liberté s'entend des *actes* — avant de procéder plus avant. / On obtient alors un problème de mécanique organique [...] » (*ibid.*, 361). « La liberté est un problème de mécanique neuro-psychique de seuils et de signes, de "temps" d'arrêts et de relais » (*ibid.*, 612). Il rabat la liberté sur la mécanique, qu'elle devienne ici "*organique*" ou "*neuro-psychique*" ne change pas grand-chose à l'affaire. Mais cette "solution" ne résout pas le problème. Derrière l'aspect vague de la "liberté", Valéry n'a cessé de la questionner et de la chercher : « Où est ma liberté ? » (*ibid.*, 627). L'explication "mécanique" laisse une sorte de "trou" — permettant le retour de l'"expulsé". On croyait avoir tout résolu et tout recommence.

LA LIBERTÉ-PARADOXE
DANS LA VISION DÉTERMINISTE

La liberté est en tout cas, comme nous l'avons dit, un "*paradoxe*" dans une vision déterministe du savoir et de la physique, alors que dans la référence à l'indéterminisme, le partisan de la liberté, essaie d'arracher la liberté au paradoxe, à l'"anormalité", et la rendre "normale", légitime, possible. Toutefois, pour Valéry, la liberté continue à être un paradoxe dans l'"indéterminisme". La liberté est non-déductible, d'une *manière directe*, du monde physique brut. Elle est l'apanage d'une sensibilité servant de relais au monde extérieur et découvrant la "simulation, le pouvoir de "*faire comme si*". La sensibilité découvre la "liberté" de la conjecture, de l'hypothèse, du mensonge, du travestissement. «La liberté vraie est la sensibilité d'une propriété de l'action à relais psychiques, qui permet de *simuler*, de *faire comme si*» (*ibid.*, 611). La liberté est une fiction (le "faire comme si") qui s'ajoute à l'être ; si la liberté permet la simulation, c'est celle-ci qui l'explique et la signale. «Je mime la joie ou la peine — C'est un "mensonge"» (*ibid.*). L'«analyse de la simulation doit précéder celle de la liberté» (*ibid.*). La liaison entre le monde physique et la sphère psychique est "indirecte". La sensibilité en tant que "relais réflexe", "corporel" n'échappe pas à l'emprise du monde externe. La notion de "relais psychique" est une notion composite, comportant un élément extérieur (le relais de..., en oubliant que l'extériorité commence avec le corps proche) et un élément intérieur (le psychique), et où l'extériorité l'emporte en dernier instance. Remarquons que la liberté ne devient *vraie* que sous le signe du "mensonge", du *pouvoir-mentir-simuler-être autre* que ce qu'on est, c'est-à-dire de pouvoir la nier, la supprimer. La liberté suppose aussi bien celle de «faire le mal» (*ibid.*) que le "bien". Elle disparaît si l'un des pôles s'évanouit.

Lorsque la liberté ignore la question de son "mécanisme" éventuel, elle est prise en charge par la représentation où elle semble se confiner et produire ces "fruits" étranges que sont les "mensonges" ou les simulacres d'être. Liberté et mécanisme apparaissent dès lors comme deux possibilités, deux perspectives, entre lesquelles on oscille pour le simple plaisir d'osciller : «Un certain mode d'observation et de représentation permet de voir comme mécanique ce qui parait *libre* sous un autre jour» (*ibid.*, 361). On en change comme de chemise. La liberté est un pli de l'enjeu représentatif, une manière de le relancer, sans grandes conséquences externes (je pense maintenant "x" et tout de suite après son contraire déclaré, sans que le monde s'arrête). Valéry parle de toutes les libertés — représentative, morale, physique, mathématique, etc. —, sauf de la liberté politique, économique, sociale. La liberté n'est pas un "choix" mais une sorte de calcul, "pari". L'homme est son propre dé. En dernier ressort, elle est le pur pouvoir de l'esprit. «La fameuse question de la liberté se peut analyser comme problème de la *Valeur excitante comparée de plusieurs probabilités*. Affaire d'espérance mathématique» (*ibid.*, 624). «La liberté toute pure revient à un *tirage au sort* [...]» (*ibid.*). La liberté est le jeu de l'intellect énonçant le possible, faisant appel ou non à un calcul des probabilités, pour donner une esquisse d'être à ses "énoncés-paris". Mais, la caractéristique avouée de la liberté — le "*tirage au sort*" — la nie potentiellement : c'est un pur hasard issu d'un certain nombre de pièces assemblées, mêlées de manière mécanique. Le seul travail d'esprit est celui d'un calcul prévisionnel.

LE DÉTERMINISME COMME IDÉAL DU SAVOIR

Valéry reconnaît la force du déterminisme dans un passé récent, encore présent, mais qui semble s'éloigner non sans laisser quelques regrets : «Le déterminisme a été une sorte d'idéal du savoir qui fut conçu, déduit, rêvé, désiré à la suite de très beaux succès [...]» (*ibid.*, 611). Cependant, le «déterminisme est vrai tant qu'il réussit à l'être» (*ibid.*). Le déterminisme est peut-être périmé, en tant que doctrine globale, totale, d'explication de l'univers et de la vie, par une extension et une universalisation de la mécanique et de la dynamique classiques. Mais si le déterminisme, dans ce sens, est mort, tout type de détermination ne finit pas avec lui. Valéry considère le déterminisme comme une vision fondée sur la *nature morte*, restreignant les possibles par l'imposition d'une unique voie, d'une seule manière de faire. «Dans la déterminisme — ou nature morte, toute transformation qui a lieu est décrétée la *seule possible* [...]» (*ibid.*, 514). À l'opposé, l'indéterminisme, secondé par le "*libertisme*", se rapproche de l'esprit, sans qu'ils se confondent. L'énonciation du "paradoxe" coupe court à ce rapprochement. Pas question de l'offrir, en faisant appel malgré lui à Heisenberg, comme le modèle de la liberté. L'écart est nettement et explicitement posé. «Le déterminisme supposait succession d'égalités et conservations — d'où la chasse aux principes de conservation. / Le libertisme, l'indéterminisme, supposent des non-isolements, des introductions ou interventions permettant des transformations *quelconques* ! analogues à celles qui sont opérées par... l'esprit» (*ibid.*, 305). Déterminisme égale égalité, conservation, continuité, linéarité, uniformisation, calcul, prévision, "isolement" (système fermé à l'action extérieure) : il est sous le signe de l'uniforme et du spécifique, tandis que l'indéterminisme s'attache moins aux successions, aux égalités, aux "clôtures", aux spécificités : il est sous le signe de l'hétérogène, du "quelconque". Cependant, ils convergent dans une vision utilitariste et conventionnelle de la science. L'indéterminisme est toutefois porteur, pour Valéry, des mêmes "tares" potentielles que le déterminisme. Le «déterminisme et son contraire» «sont de simples expédients ; et tantôt des quasi-romans tantôt des conventions assez utiles qui permettent de tenter par le calcul ou par les expériences de saisir quelque bonne *recette* [...]» (*ibid.*, 337). Valéry souscrit à une vision conventionnaliste de la science tout en lui demandant d'être "réaliste" — «quelque résultat qui ne sera plus de la pensée» (*ibid.*), qui sera pensée et réalité, pensée transitive réussissant sa "transitivité" dans les diverses pratiques non-langagières (la «conscience nette de la nature *purement transitive du langage* ruine la métaphysique» (*ibid.*, 780). Le paradoxe est, chez Valéry, à la confluence du déterminisme et de l'indétermination, à l'impossibilité de choisir tout à fait l'un ou l'autre

(«J'ai un faible pour les analogies physiques et mécaniques» (*ibid.*, 328)). Quand on emploie des *analogies physiques et mécaniques* (comme les fameuses phases de Gibbs transférées par Valéry dans la physiologie et les cycles de l'organisme), on ne procède pas autrement que lorsqu'on cherchait la liberté dans le modèle indéterministe de la physique, même si les buts sont radicalement opposés.

LIBERTÉ ET POLITIQUE

LE PARADOXE DU QUANTITATIF

La prégnance du mécanisme chez Valéry, grande responsable de l'énonciation de la liberté comme *paradoxe*, trouvera un terrain d'application favorable dans le champ politique. La *démocratie-quantité* renvoie au *statistique*, à l'uniformité génératrice de conformisme, à l'aplatissement des individus devant certaines forces — argent, presse, etc.— de coercition. Alors qu'il se réclame régulièrement, et non sans paradoxes et contradictions, du *mécanisme*, ou si l'on veut de l'égalité et de la conservation de l'énergie, il refuse tout modèle "égalitaire", lequel représente un affront pour les élans créateurs de l'"esprit", d'ailleurs souvent bien malmené par Valéry lui-même. Le *statistique* établit un lien entre la scène physique et la scène politique. Il s'agit d'un problème de quantités, et si dans le premier cas, il joue en faveur de l'indéterminisme, dans le deuxième, il est le fruit des déterminations qui pèsent sur la sphère politique, sociale, économique. «Le régime démocratique prétend résoudre le problème paradoxal d'extraire la qualité de la quantité *par l'opération de celle-ci toute seule*» (*C.* 27, 470). D'après Valéry, on ne peut extraire la qualité de la quantité en y ajoutant encore quelque chose du même type. Il ignore donc les *dimensions éventuellement qualitatives*, négatives ou positives, *du quantitatif* — ce n'est pas exactement la même chose que d'avoir quelques centaines de personnes ou plusieurs millions confinés dans un espace donné réduit. Au niveau cognitif, il traduit la méfiance de Valéry à l'égard de l'infini — toute suite infinie n'introduit rien de nouveau par rapport à son noyau initial (par exemple, l'ajout sans fin d'un nombre pair à la suite des nombres pairs). L'infini n'arrive pas à s'affranchir du fini. Aussi bien au niveau de la géométrie que de l'arithmétique. «Tout (par exemple) commence et s'achève par le "fini", mais dans le transitif intermédiaire s'introduit "l'infini". / L'infini (en math.) est un faux nom — qui sert à annuler des termes — chimériques [...]» (*ibid.*, 878). L'infini mathématique, en tant que faux nom, révèle la fausseté du concept vulgaire d'infini (le "faux" du faux est vrai !). Il efface la chimère du signe. L'infini, comme la réalité tout accidentelle, est une «réitération non-additive stationnaire» (*ibid.*). «*Infini* est une expression naïve — équivalente à ceci : *Si je pouvais poursuivre, je pourrais poursuivre*» (*ibid.*, 274). «Je puis toujours imaginer le prolongement d'une droite, mais je ne puis imaginer *le prolongement de ce prolongement* que cette imagination ne soit la pure et simple répétition de l'acte mental précédent» (*ibid.*, 120). Sous l'infini, rien de nouveau, de même que sous la quantité, il n'y a rien d'autre que le quantitatif. Il y a répétition au sein du même cadre opératoire et non pas différenciation, ouverture d'une nouvelle scène. Il y a une méfiance évidente de Valéry à l'égard des grands nombres et des grands ensembles, comme des "grands" noms (vérité, universalité, etc.).

Le paradoxe du quantitatif tourne aussi autour de la question de la démocratie. Quittant le territoire glissant de l'infini, le paradoxe — *en tant que problème* — vise ici la démocratie, stratégie égalitaire fondée sur l'interchangeabilité de ses membres. La prise en considération de la quantité, au niveau politique, est d'abord l'expression de la vulgarité («Faire de la politique» c'est s'obliger à compter avec le vulgaire [...]» (*ibid.*, 115)). La politique vise l'élaboration d'une majorité factice, fondée par un trompe-l'œil essentiellement quantitatif. La manipulation du quantitatif apparaît comme synonyme de mensonge et de contagion collective. La politique est l'art de pousser les gens à s'intéresser à ce qui ne les regarde pas et de se désintéresser de ce qui les touche directement, comme si cela était le seul moyen d'assurer leur salut ou intérêt, ou à se prononcer sur ce qu'ils sont en fait incapables de comprendre. «La politique est l'art d'empêcher les gens de se mêler de ce qui les regarde» (*C.* 4, 365, ou : 623 — avec une légère rectification). «La politique se fonde sur l'indifférence des intéressés» *(C.* 5, 41). «Toute la politique a pour condition et donc pour objet que la majorité des hommes soit convaincue que ce qui ne lui importe pas lui importe [...]» (*C.* 27, 448). La majorité ou l'ensemble quantitatif est pourtant minée au départ. Le peuple est une réunion hétéroclite d'individus égocentriques, atomisés, isolés, dont on se demande comment ils peuvent se constituer en tant que "*peuple*". «On appelle *Peuple* l'ensemble des individus qui ne sont sensibles normalement qu'à ce qui les touche directement — [...]» (*ibid.*, 126). L'inversion ou l'indifférence à l'égard des vrais intérêts coexiste avec l'intéressement de certains groupes agissants. Mais tout se passe comme s'il y avait une lutte frontale entre l'État et l'Individu. En se regroupant les individus font tout de suite le jeu de l'État puisqu'ils perdent leur "singularité" (perte déjà exprimée par le collectif "gens"). Entre l'État et l'Individu, le peuple étant réductible aux individus qui le composent, il n'y a rien ou presque rien dans les passages que nous commentons, bien que Valéry n'ignore nullement le "poids" des diverses *manières d'agir ensemble* (partis, groupes multiples : sociaux-économiques, religieux, etc.). Sous le concept de Peuple, il fait lire Masse indifférenciée.

LE STATISTIQUE

La démocratie est l'avènement du "statistique", de l'indifférenciation. Le "suffrage universel" est l'expression de la prise de pouvoir par le quantitatif. L'oscillation entre le semblable et le dissemblable, quand elle se situe sur le terrain du quantitatif, disparaît. Le quantitatif ne sait pas sauvegarder le non-quantitatif. La démocratie, en tant que "*universalisation*" *du quantitatif*, enfouit le particulier dans l'universel comme expression même de la "liberté", alors que ce type d'opération est la prémisse de toutes les oppressions. La démocratie est prise au piège du paradoxe : non-extraction de la *qualité* de la *quantité*. Elle va de pair avec le privilège du nombre et du statistique. L'importance du *quantitatif* est celle du *statistique* : «*Il n'y a morale et justice possibles que par méconnaissance (nécessaire) : de la singularité — individuelle. Toute morale est statistique* [...]» (*ibid.*, 457). «"L'idée de l'"homme" oscille entre celle d'un facteur industriel — statistique / et celle d'un "Individu" autonome // Chose merveilleuse : le *suffrage universel* [...] transforme le *Un* libre et autonome en élément statistique !! Une somme de libertés engendre un terrible servage — Le monstre État » (*ibid.*, 504). « Politique. La politique démocratique — c'est-à-dire *statistique* » (*C.* 5, 262). En quelque sorte, la politique ou la démocratie — liant le pouvoir au quantitatif — « *diminue* l'homme — car l'assimilation que l'indistinction numérale implique substitue à l'individu » un autre individu indifférencié (*C.* 27, 115). « Si je me multiplie par *x*, l'humanité périt » (*ibid.*, 800). La quantité fomente, en dernier ressort, la « Disparition de l'Homme/Tout devient sans visage. L'État. Les objets en série, et les hommes » (*ibid.*, 107)). La démocratie a des accents totalitaires, en plein accord avec la civilisation qui l'a rendue possible. Si les civilisations sont mortelles, elles ont le pouvoir, avant de mourir, de "mettre à mort", spirituellement parlant, ses membres. Pour le pouvoir, qui ne s'attache qu'à la quantité, aux "grands nombres", tout individu est potentiellement "subversif", s'il se réclame d'une autre "logique" ou valeurs. La conquête du pouvoir est elle-même la « conquête du *plus grand nombre* d'autres indistinctement considérés » (*ibid.*, 115). Le pouvoir est fondé sur l'"indistinction numérale" de ceux qui lui délèguent ses pouvoirs. La politique a pour but une double uniformité. La politique promeut l'*indifférence* des intéressés, en occultant les vrais enjeux et en déplaçant les "motifs" réels de ses interventions, de la même manière que le pouvoir vise l'*indifférenciation* des intervenants. Il y a tout un travail de dessaisissement des divers pouvoirs par le pouvoir étatique. « L'État n'a aucune moralité — Il tue, vole, falsifie [...] » (*ibid.*, 422). Le pouvoir, démocratique ou non, développe une stratégie de la subordination, de l'oppression, au nom de la "Totalité" où les "éléments" doivent se fondre obligatoirement. L'"économique" renforce cette tendance avec l'industrialisation universelle sans contraintes, traitant les territoires comme les hommes, en fonction d'une même et seule expression quantitative.

Remarquons que l'impersonnalité dérive de la pratique, monarchique ou non, du pouvoir absolu. « L'impersonnalité conséquence du pouvoir personnel absolu auquel il n'y a qu'à couper la tête pour obtenir le chef d'œuvre du genre..» (*ibid.*, 503). L'impersonnalité est la cause et conséquence du pouvoir personnel absolu (du despote). En sacrifiant le despote, on sacrifie en somme le dernier "individu". Le despote — tel Louis XIV — transforme ses sujets en un ensemble indifférencié, lequel ensuite ne "supporte" plus l'ultime différence qui échapperait encore à l'indifférenciation. Mais l'impersonnalité dérive aussi du pourvoir relatif de l'individu qui accepte sa négation et neutralisation — par exemple, l'individu qui, en votant, voit son vote s'intégrer dans un ensemble de votes où tout soupçon d'individualité s'évanouit.

DÉMOCRATIE, ARISTOCRATISME :

LA RENCONTRE DES PÔLES, LES TORTS DE LA DÉMOCRATIE

Quelques caractéristiques qui soulignent l'emprise du quantitatif sur la démocratie. Les "torts" de la démocratie sont globalement : mécanisme, "mécanisation" industrielle (production en série), mercantilisme (culte de l'argent), conformisme ou banalisation des esprits, massification des conduites, bureaucratie, étatisme, absence de hiérarchie ou confusion des niveaux, médiatisation (presse, publicité) ou manipulation des imaginaires. Elle consomme et consume les hommes, les idées, les paroles (qu'elle dramatise et théâtralise au plus haut point), les espaces, les matières, etc., à grande échelle. La démocratie est la généralisation de l'oppression par une généralisation, complice de celle du machinique, de la publicité (*C.* 28, 401), du « mercantilisme généralisé » (*C.* 28, 261). Le « règne exclusif de l'argent » (*C.* 1, 318) la fera d'ailleurs périr. La presse y engendre la « promiscuité et la communauté des idées opérée par des moyens mécaniques [...] » *(C.* 4, 793). La démocratie est du côté du mécanique qui exprime en quelque sorte son "essence" — mais cela veut dire aussi, si on suit la prochaine citation, que nous sommes condamnés à la démocratie. Elle incarne parfaitement la « fatalité » du machinisme. « La marche des transformations des sociétés est marche vers le machinisme. Processus cyclique. / Démocratie aboutit à une machine bureaucratique et à une autre machine, qui concasse et trie les volontés individuelles, les pèse séparées, rejette le plus petit poids à l'impuissance, donne puissance à l'autre. Mais puissance aveugle dont les éléments un à un sont pourtant des esprits. — / Le machinisme résulte nécessairement de l'organisation des grandes masses de peuple» *(C.* 8, 550). La démocratie ne fait rien pour contrarier la marche en avant du mécanique ou du machinique se soumettant les "esprits" libres. Elle travaille alors contre elle-même. Elle est l'apogée du simulacre et du quiproquo. On arrive au contraire de ce que les hommes voulaient faire. Elle est donc une transformation (d'une réalité ou d'une possibilité) dans le contraire — de la liberté en servage, de la clairvoyance en aveuglement, de l'esprit chaotique et pluriel en machine univoque, limitée.

Dans un tel contexte, seule la monarchie (tempérée, prenant malgré tout en compte son "contraire" convenu, ou peut-être plutôt constitutionnelle qu'absolue) sert d'antidote à l'égalisation des différences dans le grand nombre. Si le démocratique se trouve du côté de la quantité, de l'expression et duplication du "semblable", l'aristocratique (ou monarchique) se place du côté des différences, du respect des *ego*. À condition qu'il ne soit ne pas de type absolu, comme celle de « Louis XIV occupé de réduire les premiers du royaume à l'état de domestiques — de mettre à une distance infinie de soi. — Crépuscule de l'aristocratie [...] » (*C.* 12, 104). Valéry souscrit à la "clarté" et à l'"ordre" aristocratique, réintroduisant les qualités, ordonnant les mélanges barbares, écartant les confusions informelles, contrôlant les rencontres hasardeuses, bien qu'il ne veuille pas non plus se désolidariser tout à fait du désordre. Le paradoxe du quantitatif est en tout cas la voie qui mène la démocratie à l'aristocratie-monarchie (par l'accentuation finale de la qualité). « Je hais la confusion, le Démos informe [...] » (*C.* 15, 479). « [...] si j'interroge mon instinct — — je trouve la contradiction qui est dans tous. Anarchie — Monarchie » (*ibid.*). « Démocratie n'a pas de sens non absurde que celui de possibilité de formation continuelle d'une aristocratie » (*C.* 22, 286). « Pour moi, monarchie est démocratie, *contre* aristocratie » (*C.* 15, 479). Et l'Église apparaît encore comme un « beau type de gouvernement » (*ibid.*). L'élite ne doit pas advenir ni par vote populaire ni par voie de concours publics ou de diplômes nationaux (*C.* 23, 510). Il s'agirait vraisemblablement d'une élite d'esprits qui se reconnaissent entre eux, qui se cooptent mutuellement en tant que représentants d'une raison universelle, transhistorique. L'"effet de groupe" ne serait pourtant pas absent dans ce dernier cas de figure (la qualité secrète à son tour de la quantité).

POLITIQUE PARADOXALE, LES PHÉNOMÈNES PARADOXES

La politique de Valéry est à l'image d'autres "ondulations" valéryennes portant sur le rêve, le moi, etc. Atteindre le point de "non-retour" où les concepts s'impliquent les uns dans les autres après voir effacé leur "opposition" primitive et sans que de cela il résulte une fusion totale. Il y a ainsi un "*politique paradoxale*" valéryenne, impliquée dans le paradoxe de la quantité comme critère de la qualité, une rencontre des "opposés" politiques, dans cet avènement de la "*monarchie-démocratie*" ou de l'"*anarchie-ordre*", à l'image de la "*liberté-esclavage*". Un terme est défini par son "contraire", et on supprime toute discontinuité entre eux. Cette rencontre des opposés est parfois appelée explicitement *paradoxale*. Ainsi en ce qui concerne la France : « Paradoxe — pays religieux et athée. Lourdes et Voltaire » (*C*. 9, 908). Nous ne faisons ici que dénicher certains paradoxes de la politique, telle qu'elle est vue par Valéry, et qui ne reçoivent même pas cette appellation. Valéry veut défaire les oppositions en prenant les termes pour le contraire de ce qu'ils signifient (la monarchie comme démocratie) en ayant à l'horizon leur indistinction inévitable (l'anarchie dissolutive des écarts). « Le régime politique à esquisser devrait combiner les 3 types — dont chacun a sa raison d'être — Le monarchique ; l'aristocratique et le démocratique — Soit : l'Un, les quelques-uns et le Tous» (*C*. 27, 376). Si Valéry n'aime pas la confusion existentielle, pratique, sociologique, ontologique, il aime les "confusions" conceptuelles, lorsqu'il essaie de combiner l'"incompatible", de produire une sorte d'union des opposés (qui demeurera largement utopique !). Ou la stratégie du paradoxe comme fondement d'une *"utopie" signifiante*, où tout bouge et se mêle, sans que cela doive perdre leur singularité conceptuelle initiale, compensant surtout l'absence d'utopie qu'on voit dans la réalité politique quotidienne (surtout celle de la Troisième République).

Le "soyez libres" de la démocratie est entachée de plusieurs vices de forme. En fait, la recherche de la liberté n'est souvent qu'un changement de mode d'oppression. La liberté est "gros" mot, un mot trompeur, occultant les rapports de force qui le traversent, une Idole dont on change de masque tous les jours. Elle relève du "fiduciaire" — du simulacre à l'origine du "papier-monnaie" — comme l'Égalité, la Fraternité, l'Infini, Dieu, la Matière, etc. Même les partisans de la liberté sont aussi des tyrans recherchant un assujettissement collectif au nom de la Loi. La politique est l'œuvre de « phénomènes paradoxes » — aux inversions radicales, à l'interaction et communication égalitaire des pôles, dont nous avons déjà vu quelques exemples (anarchie/ordre). Le paradoxe est l'art de la manœuvre et de la manipulation. Soyez libres — mais le collectif ne cesse d'opprimer l'individuel ; surtout peut-être quand il se donne une bonne conscience constitutionnelle, laquelle n'engage personne, et spécialement l'État, codificateur des lois et son transgresseur.

LES PARADOXES POLITIQUES

MASSES, PETIT NOMBRE MANIPULATIONS, ORDRE, LIBERTÉ : LES "PHÉNOMÈNES PARADOXES"

« J'ai vu les "antimilitaristes" devenir, au bout de cinq ans, des fanatiques du "drapeau" ; des fanatiques du pouvoir absolu procéder à créer l'anarchie, et à détruire les valeurs indispensables à tout pouvoir ; / les partisans de la liberté la plus large exercer une sorte de tyrannie et imposer l'arbitraire en forme de loi ; que n'ai-je pas vu ? [...] / Mais tous ces phénomènes paradoxes ne signifient que "politique" ; et nous enseignent que *politique* est la manœuvre du plus par le moins, du nombre immense par le petit nombre, du réel par les images et les mots [...] » (*C.* 29, 105). Nous nous intéressons ici, bien entendu, aux « *phénomènes paradoxes* » — ils correspondent à des inversions politiques et idéologiques : le pacifiste devenu militariste, l'absolutiste changé en anarchiste, le libertaire mué en apologiste de la "tyrannie". Le paradoxe permet de préciser le statut du politique[xxiii] : manœuvre d'intoxication, de manipulation, de détournement, de "publicité", d'aliénation, en faveur de ceux qui sont ses promoteurs. Les mots et les images "inversent" le réel. Il y a une manipulation des signes. Valéry dresse d'ailleurs toute une table des "excitants" majeurs. « Les *excitants*. / Détruire la Politique. [...] / *Table des excitants majeurs* : Ordre, liberté, Révolution, Réforme — Peuple, etc. / Tout individu qui se sert de ces mots en vue d'une modification des autres se transforme en escroc et *ne peut pas ne pas le sentir bientôt*. / Impudicité » (*ibid.*, 177). L'intérêt y apparaît déguisé en désintéressement, et le paradoxe révèle l'intérêt sous-jacent. Le paradoxe démasque les enjeux et tensions (comme il sert aussi de voile, étant donné son extrême labilité).

    La politique est une mainmise sur les autres agents, qu'on transforme en masses, en les compactant dans un bloc. « Ces quelque mille personnes font la Politique, s'occupent de *moi* à mon insu, et par là me réduisent à l'état de matière ou d'instrument car la *pensée dite Politique* l'exige —» (*ibid.*, 403). « Il y a dans chaque pays quelque mille personnes ou dix milles qui font leur affaire du sort des *autres*, considérés en masses, par masses — Mais de l'action desquels on peut se servir pour satisfaire des intérêts ou des idéaux particuliers — / Les idéaux (dans ces questions) sont des intérêts... "désintéressés"» (*ibid.*). La pensée politique est un acte égocentrique, masqué par l'abnégation dont il se couvre, une pensée de l'asservissement sous une revendication de liberté. Celle-ci est "offerte" comme un cadeau, en fait, empoisonné, se muant en son contraire. Si la politique est une aliénation, elle ne l'est pas pour tout le monde. Valéry parle d'une « *mécanique de relais* » (*ibid.*, 105) au niveau fonctionnel, physiologique, et emploie le terme dans le contexte du conditionnement politique. Dans la programmation de celui-ci, tout concourt au même but (images, mots, conduites, etc.). Il faut que la politique devienne une mécanique pour que le "petit nombre" soit assuré du "respect" de ses consignes ou de leur transmission convenable (ce sont groupes de pression "mécanique").

L'ÉGALITÉ ET LA PLURALITÉ NON-ORDONNÉE

    Essayons de suivre les apories de la *liberté politique*, surtout quand elle s'énonce en termes d'*égalité*. La liberté proclamée est en fait "oppression" — "*tous*" définit, délimite, écrase, "*chacun*". La liberté individuelle s'amenuise devant la liberté générale, censée être "collective". Mais on conçoit aussi la liberté en termes tout individuels : "chacun" s'impose alors à "tous". Le calcul politique apparaît ici comme une inversion simple, fondée sur un renversement duel ("tous" ou "chacun", tout opposé, en effaçant toutes les catégories intermédiaires), loin de la complexité réelle. La liberté est une double impasse — imposition de tous à chacun, et de chacun à tous. Dans le premier cas, la liberté devient générale et sacrifie le particulier non-conforme à sa loi : elle impose une "part" qui est identique pour tous, et hors de laquelle il n'y a point de salut : la liberté générale sacrifie le dissemblable au semblable ou la "répartition égale" sacrifie l'inégal. Si on fait des parts égales pour les dissemblables, cela constitue une trahison de leur "dissemblance". « La liberté politique générale fait peser sur tous le poids ou la gêne de la liberté de chacun. C'est une répartition égale de l'espace des actes possibles [...] » (*ibid.*, 861). Pour mettre de l'ordre, il faut gommer, tailler, effacer, réduire, exclure. La liberté est essentiellement une manipulation, un calcul, une idéologie destinée à calmer les ardeurs des "asservis" confrontés à leur indifférenciation. L'oppression résulte de l'ajustement et de la distribution des "parts", ou des "possibilités de faire", de "penser", etc., entre ceux qui deviennent "semblables" et qui subissent un tel sort. La liberté (générale) ne peut advenir que si elle coïncide avec la non-liberté.

Dans le deuxième cas, la liberté impose le particulier, ou la somme des particuliers, au général, et dès lors celui-ci ne peut voir le jour ou fonctionner comme tel. Il ne reste qu'une fiction de liberté. Le "semblable" est une oppression, destinée à faire taire les écarts, les différences, une escroquerie, occultant une dissemblance originaire, seule réelle. La liberté produit soit une "somme" où tous "éléments" sont "indifférents", sans qualités, égaux, soit une autre, incompatible avec toute idée de "somme", car la pluralité des "éléments" singularisés est irréductible. En dernier ressort, la liberté ne peut être qu'une *pluralité non-ordonnée* ; toute velléité d'ordonnancement, de regroupement, de liaison, la supprime. On range des éléments hétérogènes dans un cadre qui éclate sous la pression de leurs particularités. La "répartition" ne peut être qu'inégale. « La liberté est pluralité non ordonnée. Si tu peux classer ses éléments, ce rangement t'oblige ; l'égalité n'est plus ; la sensibilité intervient qui est inégalité subie ou spontanée » (*ibid.*, 467) — « Une pluralité est informe —» (*ibid.*, 148). Ici en rangeant, on range l'hétérogène sans le faire disparaître dans l'homogène. La pluralité n'est pas une "somme", un "tout". La liberté n'est vraie que du côté de l'inégalité, et dans son maintien irréductible. La "liberté" est surtout, dans cette vision, l'alibi de l'intellect (égalitaire, universel) se réclamant de la sensibilité (inégalitaire). Si l'enjeu commence par être logique et mathématique (distribution des parts, etc.), il finit par s'infléchir et devenir psychologique. La politique vise à empêcher la réalisation de la liberté, de la seule liberté qui compte (*notre* liberté, au-delà de ses stratifications sociales et intersubjectives). La liberté sociale, politique, est incompatible avec l'égalité et impossible avec l'inégalité poussée à bout.

L'ORDRE ET LA CONFUSION, LA LIBERTÉ-OPPRESSION, LA GÉNÉRALITÉ

Après le couple "liberté-égalité", attardons-nous au couple "liberté-ordre". Pour un partisan de l'ordre, la "liberté" — en jeu dans une pluralité sans ordre ou non-ordonnée — consiste en un chaos où toutes les perspectives se neutralisent, se fondent dans un amas, où règne l'"égalité" de valeur (tout se vaut), imprenable, déroutant. La liberté se manifeste comme une "égalité chaotique" — tout est "égal", mais il est impossible de dire en quoi consiste le "semblable" en question, car il n'y a plus de critères de différenciation et d'identification. Est-ce que la liberté s'évanouit-elle si elle consiste en une « pluralité *ordonnée* » ? Il semble ici que la liberté disparaît avec l'ordre et le calcul de la possibilité des actes (synonyme d'égalité : de répartition égale) — le "rangement" l'enfermant dans une "structure" un peu perverse. Si je mets de l'ordre, je rate la liberté ; et si je laisse la liberté faire, elle finit par gommer tout, et j'arrive au chaos, à la négation de la liberté. On peut préférer l'ordre à la liberté, car, au moins, on tient quelque chose de consistant et non pas d'éternellement fuyant. « Un état qui préfère l'ordre à la liberté [...] / suppose une idée de l'homme [...] » (*ibid.*, 346). Deux thèses sont potentiellement en présence : a) la liberté est incompatible avec l'ordre ; b) la liberté ne peut exister qu'à partir de l'ordre, car le désordre brouille tous les repères. La liberté s'offre pourtant chez Valéry comme l'antinomie de l'ordre, puisqu'elle ne subsiste que dans les « pluralités non ordonnées ». Il n'y a de la liberté que tant qu'il y a désordre. Désordre qu'on retrouve dans l'esprit (self-variance) et la sensibilité (inégalité). Il faut ajouter en outre que la pensée politique est « confusion » — et si elle est telle, elle rejoint la "liberté" en jeu dans la pluralité non-ordonnée. « La pensée politique est nécessairement confusion/mixture des "points de vue", des échelles, des valeurs. / Le froid et le chaud » (*ibid.*, 345). « *Le désordre est comme substantiel dans les débats publics* » (*ibid.*, 686). Nous avons ainsi une pensée politique qui essaie de parler clairement de la liberté-confusion-chaos, tout en étant elle-même *confuse*. Elle ne peut qu'augmenter la *confusion*, la généraliser encore plus. Si la pensée politique était ordonnée, non-confuse, elle essaierait de penser le contraire d'elle-même, et aurait une chance d'y arriver.

De toute façon, la Politique doit être détruite. L'opposé virtuel de la "liberté" — l'ordre — est comme elle un « excitant » majeur, marque d'assujettissement. Si la Politique est confusion dans la pensée, elle cache ce fait et s'offre comme l'incarnation de l'ordre, de la raison et du concept. « *Société, État, nation, Peuple,* — etc. et Politique, tous ces noms me changent en fourmi » (*ibid.*, 386). La pensée politique exige la réduction des autres à l'état de masse, d'instrument ; elle impose un "point de vue" (qui ne s'offre pas comme tel, déguisé sous une fausse universalité) à tous les autres "points de vue". Une autre thèse s'ajoute aux thèses en présence : la liberté ne peut être que générale, mais, dans ce cas, elle n'est qu'un concept sans pragmatique ; si elle est "particulière" (inhérente à un groupe plus ou moins étendu), cette restriction la transforme en manipulation. Le *paradoxe de la liberté-oppression* résulte de l'imposition autoritaire de la liberté, de l'injonction de la liberté : "soyez libres". Il vaut mieux cacher la liberté au savoir, à l'impératif pratique et catégorique, et de profiter de l'ignorance et de l'absence de directives. Si l'homme est libre parce qu'« il s'ignore — et où il ignore » (*ibid.*, 198), la liberté n'est qu'une notion négative. Si elle était connue, fixée, elle commencerait à disparaître. Il faudrait peut-être même faire disparaître la "notion", le mot, qui embrouille toutes les choses... et tous les mots.

La politique exploite le langage, l'abstraction, de manière conscience, tout comme l'histoire et la philosophie. « Histoire, philosophie et politique vivent d'abstractions très grossières — [...] sont des entreprises de l'esprit conscientes et souvent profondément poussées —» (*ibid.*, 460). Or l'emploi de certains termes rend automatiquement le langage caduc, non-sensé. « L'emploi du mot Révolution m'empêche de prendre au sérieux la phrase qui le contient » (*ibid.*, 119) — ceci concerne tout type d'"*excitant*". La politique est une "généralisation", un "universalisme" dénié, croyant à ses ancrages absolus dans le particulier. Or il n'en est rien pour Valéry, et de tout cela, il ne reste à la fin que des mots prétentieux, traites, "idolâtres". D'une manière générale, la « généralité n'est due qu'à une infirmité de nos sens [...] » (*ibid.*, 312). L'abstraction politique vise la conservation du monde politique-social, tel qu'il se présente à un moment donné. L'aspect "grossier" de l'abstraction n'est donc pas sans pertinence ni sans réussite. Comme il y a, mécaniquement, une conservation de l'énergie, on utilise les moyens indispensables à la permanence de la société établie.

LES SYSTÈMES "MÉTRIQUES"

LA LIBERTÉ ME CONFISQUERA MA LIBERTÉ

Les systèmes contemporains de Valéry, tout en se réclamant de la "liberté", sont « métriques », « usiniers », et ne visent que leur production-consommation-conservation. Ils digèrent les êtres comme des matières premières et les transforment en "produits" communs, standardisés. « Systèmes politiques à base économique de la moitié du XXe siècle. / Tous ces systèmes sont à contraintes car ils sont nécessairement *métriques* — Type usine. Usine à quoi ? / À produire et à conserver des êtres qui le produisent et le conservent » (*ibid.*, 167).

Lorsque la liberté est de type "populaire", elle perd son aura mythique, religieux, métaphysique, aristocratique. élitiste. L'État, quand il « se confond avec le peuple » (*ibid.*, 314) « gagne en facilité et force immédiate d'action » ce qu'il perd « en prestige et mystère [...] » (*ibid.*). La liberté est une illusion, un mythe engendré par le mécanisme, l'automatisme, pour que la "machine" fonctionne sans ratages, une croyance nécessaire au fonctionnement de la société. Car en dernier ressort, la liberté est une impossibilité, une combinaison absurde d'automatisme et de hasard, quand on s'attarde aux caractères des « systèmes vivants ». « Comment peut-on parler de *liberté* s'agissant de nos systèmes vivants, lesquels sont assujettis à s'enrichir bon gré mal gré de toutes sortes de liaison/d'idées et actes automatiques, à eux imposés définitivement par le *hasard* des phénomènes qui se produisent dans le champ de leurs sens ? » (*ibid.*, 689). Tous ceux qui parlent de liberté sont des "traîtres" à la "liberté", c'est-à-dire fidèles à un "mensonge" auquel ils ne croient pas et ne peuvent pas croire, étant données les caractéristiques de l'"être vivant".

La liberté est grignotée par le mécanisme, la détermination, le système, et dérive du hasard que sa coexistence avec l'automatisme rend intenable. Si les « partisans de la liberté » peuvent imposer des « tyrannies », l'« arbitraire » pur comme type parfait de la loi, c'est parce qu'ils ignorent l'ordre et le désordre vivant, et qu'il n'y a de liberté que par l'ignorance des mécanismes, dans une première option, ou parce qu'ils connaissent cet ordre mais font comme s'il n'existait pas en exploitant les "excitants" collectifs, dans une deuxième option. Au-delà de la situation au sein du vivant, la liberté est soit une entrave collective — une imposition autoritaire de la collectivité, de tous à chacun —, soit une entrave presque collective — une imposition manœuvrière, politicienne, servant à la manipulation du grand nombre par un petit nombre (de personnes). La "liberté" est, en tout cas, le stratagème par lequel on me confisque ma liberté. Ce passage peut être rattaché à celui qui décline paradoxalement "soyez libres", en forme de "double bind" ! L'*imposition* de la liberté est une forme de tyrannie — et le paradoxe l'art d'un renversement contradictoire passé sous silence. On produit une ruse qui doit laisser l'"adversaire" pieds et poings liés. Valéry généralise ce paradoxe à un ensemble de « phénomènes paradoxes » politiques. Le paradoxe est chez lui, au départ dans un échange limité, de l'ordre du privé, lequel finit par déborder sur le champ du social : il est initialement une forme de piéger l'autre (interlocuteur) sans qu'il se rende compte. D'accaparer toute la part de réflexion possible, et de l'éliminer en conséquence chez le destinataire du paradoxe.

LE PARADOXE ENTRE MOI ET AUTRUI

LE "SOIS LIBRE" DU PENSEUR

Le paradoxe rebondit sur la scène politique, en passant de la nation ou de la cité à la civilisation. Il devient du coup général — il remonte aux sources et ne laisse que peu de chances à la liberté. Celle-ci n'existe que comme l'horizon d'une servitude dans le cadre d'une civilisation-barbarie. En somme, les "barbares", quand ils ont envahi la civilisation romaine, n'ont détruit que ce qui était déjà un facteur de destruction — la barbarie était déjà active, larvée, au sein des sociétés voulant se régir par le droit. La démocratie est la politique de l'âge des *foules* manipulées au nom de valeurs que personne ne respecte, surtout le pouvoir chargé de les incarner. Le paradoxe rencontre le peuple comme un mythe et un déni du peuple — structure d'uniformisation, d'indistinction —, il ne peut produire que des "sauvages" (le penseur *sauvage*) à ses frontières. Le paradoxe est partie intégrante de l'énonciation qui pose la lutte du Moi et d'Autrui. Il y a un balancement entre la scène politique sociale et la scène privée, égocentrique. Souvent, les problèmes commencent chez Valéry au niveau du Moi et s'élargissent ensuite à l'ensemble de la société, ou inversement, ils y finissent après avoir vu le jour au niveau collectif. Nous donnons un exemple qui se rattache directement à la problématique du "*soyez libres*" — ici énoncé sous une forme individuelle et non plus inter-subjective — *sois libre*. La liberté est ici conçue comme un "*reste*" — après la conservation, le besoin, la douleur, la sensibilité, etc. Elle est une vraie peau de "chagrin" quand les contraintes sont énoncées. Toutefois, la spéculation abolit les "conséquences", ses propres conséquences, après s'être détachée de la sphère de la causalité. « Tout ce qui n'est pas commandé immédiatement par la conservation de la vie, par le besoin, la douleur — / Tout ce qui n'est pas borné, sanctionné visiblement par la sensibilité... / Forme un domaine "libre" spéculatif, sans conséquence — l'arbitraire [...] / et dans ce domaine libre, sois libre — et si tu y introduis des divisions et des sanctions, qu'elles soient très pures — / Sois libre — c'est-à-dire — Toutes les combinaisons — » (*C.* 5, 317). La liberté est inhérente au pouvoir de spéculer, de théoriser, d'énoncer, quand on se débarrasse de beaucoup de *choses* — parmi lesquelles, les *autres*. La "liberté" développe alors l'ivresse du concept, pouvant ramasser *toutes* les combinaisons, toutes les déclinaisons, tous les possibles, sans ne plus être entraînée par des freins, des bornes, des conditionnements. Elle pose elle-même ses propres sanctions et se délie des "sanctions"-causes-effets externes. Par son pouvoir de séparation et de totalité, elle a une aura "métaphysique" évidente. Sauf qu'elle est très fragile — le besoin et la sensibilité guettent ce château de cartes à la portée du "premier souffle". Le penseur cultive donc la liberté, son petit réduit malgré l'emphase de la "*totalité*", dans un monde enchaîné, et en porte malgré lui les stigmates. Le "*sois libre*" prend un ton d'injonction au bord de l'abîme ou de l'oppression. Il est un "*sauvage*" dans un monde policé, régi par les bonnes manières de dire, de penser et d'être.

CIVILISATION ET BARBARIE

« La civilisation ne se conserve que par une certaine barbarie — / La civilisation est le besoin d'Autrui — Tout penseur est un sauvage — / Penseur barbare » (*C.* 2, 738). Le penseur fait bande à part dans cet univers. Il contrarie le besoin d'autrui et s'isole en marge. À première vue, il s'oppose à la civilisation, et dans un deuxième temps, c'est par son refus qu'il la soutient. Par sa "sauvagerie", il participe, paradoxalement, à l'effort civilisateur, car civilisation et barbarie vont ensemble. La civilisation ne se conserve que par ce qui la transforme en "barbarie" — le « besoin d'autrui ». Celui-ci est, en même temps, la cause de la civilisation et sa ruine. Le besoin d'autrui finit en conformisme. La charge de barbarie inhérente à la civilisation lui vient aussi de son passé "despotique". « Despotisme a fait la civilisation. Les despotismes divers » (*C.* 7, 453). « L'humanité — impuissante et nulle sans les mauvais traitements » (*ibid.*). En quelque sorte, le "mauvais traitement" est le complément indispensable de la "morale", de l'exigence de "justice". Pareillement, la liberté ne se détache que dans un horizon d'esclavage (Grèce ancienne). « L'homme n'a été libre que là où il y eut des esclaves » (*C.* 2, 397). La civilisation comprend des dimensions contrastées qu'il serait vain d'escamoter dans une vision "saint-sulpicienne" de l'histoire. Une sorte de "courbure" se dessine, par ailleurs, dans l'accointance de la civilisation et de la barbarie. « Le civilisé des villes immenses revient à l'état sauvage — c'est-à-dire isolé, parce que le mécanisme social lui permet d'oublier la nécessité de la communauté [...] » (*C.* 4, 415). Le « perfectionnement du mécanisme social », éloignant les hommes de la recherche d'une satisfaction commune des besoins, déclenche une régression, une corruption. Le "mécanisme" trouve sa perfection dans l'isolement, l'"atomisme", l'individualisme, et il divise, en fait, pour régner, bien qu'il finisse par tomber en panne en tant que "mécanisme".

Dans d'autres passages, la civilisation serait aussi pour Valéry la fin de l'art — les « arts spécialisés et faits exprès » seraient abolis — et l'avènement de l'« art des activités ordinaires » (*C.* 6, 481). La civilisation serait l'art descendu dans la rue et habitant tous les jours de la quotidienneté. En tant que telle, ou plutôt vue d'Occident, la civilisation va de pair avec la « création de besoins "factices"» (*C.* 3, 525), de nouvelles « *demandes* » incessantes, où la naturalité de l'homme n'est plus qu'un horizon artificiel, que le résultat des nouvelles circonstances qu'il s'est créées lui-même. La civilisation « résulte de l'accroissement d'adaptation annulé sans cesse par l'accroissement de la fonction même d'adaptation [...] » (*ibid.*). L'adaptation croît exponentiellement dans un cadre vicieux où elle devient son propre but, car l'homme « crée des circonstances pour le plaisir de s'y adapter » (*ibid.*). Le plaisir se change, au bout d'un certain temps, en cauchemar "climatisé" ou non (ce qui est encore plus négatif !). La civilisation finit par "crever" par l'excès et le raffinement ds efforts nécessaires pour une adaptation sociale convenable qui n'a plus rien à voir avec les exigences d'une adaptation naturelle. Le fossé est de plus en plus grand entre la société et la nature, entre l'adaptation social-économique et l'adaptation naturelle. La civilisation, en tant que "progrès", donne lieu à un certain nombre de « Bêtises » — la « surpopulation », la « sur-excitation», les « machines et vitesses obligatoires, meurtrières » (*ibid.*, 818). La civilisation multiplie les "idoles", parmi lesquelles elle glisse sa traîne d'Idole dissimulée.

LA DÉMOCRATIE COMME BARBARIE :

LES "BÊTISES" DE LA DÉMOCRATIE

La "barbarie" a chez Valéry, d'après nous, aussi un autre nom — la "*démocratie*". Elle est la sphère politique du "sans-visage", du "n'importe qui". « M^r T[este]. Catéchisme — Mépris de toute masse » (*C.* 2, 156). La démocratie est le système politique de l'âge des foules. Elle est fondée sur une hypocrisie universelle en ce qui concerne le "pouvoir" dans son fonctionnement réel. « Dans une démocratie tout homme au pouvoir est un hypocrite » (*ibid.*, 310). Le pouvoir donne l'image qu'il veut bien nous donner et à laquelle tout le monde se laisse se prendre. Les "puissants", ce sont ceux qui sont du côté du pouvoir politique, qui utilisent le pouvoir comme simulacre, mensonge, et qui demandent et arrivent à imposer cette fiction comme expression de la vérité, de la raison, de la justice. Avec les organes de manipulation des masses, ils empêchent les « gens de se mêler de ce qui les regarde » (*C.* 4, 365). Ils se servent surtout du "thème" de l'égalité pour cacher l'"inégalité" sous-jacente au pouvoir. La démocratie est ainsi la dissimulation de l'inégalité sous l'idéologie de l'égalité. De même qu'elle est l'occultation de l'inimitié sous la fraternité, ou celle de la servitude sous la liberté.

La "barbarie" correspond avec l'égalisation des individus. « Tout ce qui égalise plusieurs individus est de basse nature —» (*C.* 2,

404). Par exemple, l'« amour » est une « blague gigantesque et démocratique » (*ibid.*, 499), assumant le « côté infâmant qui est d'égaliser comme l'ivresse et l'ivrognerie égalisent » (*ibid.*). Les « individus puissants n'en ont fait rien, sinon une distraction [...] » (*ibid.*). La puissance doit ici se détourner de tout est commun, partagé, et revendiquer la solitude qui préservera sa singularité. On n'est donc pas à une contradiction près chez Valéry, si on n'oublie pas les besoins communs sacrifiés sur l'autel de l'individualisme. La volonté se dilue dans un ensemble indéfini d'individus agglutinés, et l'invention se rapproche alors de zéro. « Tout ce qui est démocratique et voulu est pénible comme la réflexion du peuple. Le populo devine ; et invente quelquefois mais il ne sait vouloir inventer. Alors il est grotesque, plat — Le peuple est l'être sans volonté » (*ibid.*, 515). Le peuple sans volonté a ainsi la volonté de créer un système ou un stade politique où il légifère et universalise son absence de volonté. C'est le paradoxe de la "*faiblesse forte*" — réciproque du paradoxe de la "*force faible*". La démocratie est le mythe du peuple, lui-même mythique, incapable pourtant de créer des "mythes". Le penseur populaire pense à peine, trahit toute "pensée" digne de ce nom. « Un homme du peuple est un homme qui pense comme une foule. Plus on a des pareils, plus on est peuple. Le peuple est bas/étant indistinct » (*ibid.*, 529). « Le peuple n'est que le plus dégoutant des mythes » (*ibid.*, 355). L'égalisation se fait par le "bas", le "nombre", la recherche de "semblables" et de "similitudes", l'"indifférenciation" existentielle et cognitive. La "barbarie" s'offre, en quelque sorte, le mythe et le masque de la civilisation pour déguiser son vrai "visage". Le paradoxe fait se rejoindre les extrêmes : la civilisation et la barbarie, la liberté et l'esclavage, le progrès et l'oppression. Il se situe dans le cadre de l'opposition du Moi et d'Autrui, de l'Autre Moi potentiel, contestant par son existence la souveraineté indicible du Moi, poseur de paradoxes.

"DÉSOBÉISSEZ"

La désobéissance n'est qu'une des paradoxes de la "volonté" dont nous n'allons fournir qu'une partie du "continent" que sont les *Cahiers* par leur masse. Le paradoxe de la *désobéissance obéissante* (ou de l'*obéissance désobéissante*) tourne encore autour de la question du *pouvoir* et de la maîtrise de l'*autre* et implique la liberté comme l'une de ses composantes cachées. Il est un stratagème de manipulation, d'encerclement. Après avoir décliné certaines des implications du "*soyez libre*" et du "*soyez spontané*" étroitement liés dans certaines strates, nous venons au dernier groupe des paradoxes proches de Palo Alto. Le "*désobéissez*" sous-jacent à la dénonciation de la liberté comme servitude, et aussi interdit dans le même cadre — si la liberté est servitude, on ne peut qu'*obéir*. De même, si on évolue dans le cadre d'un monde où la spontanéité fait défaut, par une omniprésence du "mécanisme", le "*désobéissez*" est encore une fois lettre morte.

LES DILEMMES DE LA DÉSOBÉISSANCE :

L'INJONCTION PARADOXALE

« "Désobéissez" » (*C.* 28, 333). On ne peut obéir à cette formule qu'en la contredisant. Je ne peux obéir à l'ordre qu'en désobéissant, ou désobéir à l'ordre qu'en obéissant. 1) Si *j'obéis à la "dé-*

sobéissance", je dois désobéir pratiquement. Je reste encore fidèle à la consigne de désobéissance en la niant. Au point de vue pragmatique, je désobéis à "quelqu'un" d'autre ; au point de vue formel, je désobéis à la consigne en faisant le contraire de ce qu'elle me demande (en lui obéissant). Ou en d'autres termes — *Désobéissez* (sans aucune précision sous-entendue, c'est-à-dire complètement en dehors de tout cadre référentiel) →*Je désobéis* à "x" ou "y" → Je suis à première vue fidèle au point de départ formel, tout en désobéissant pratiquement. On me demande de désobéir et je désobéis. Mais, dans ce cas-là, l'imposition de désobéissance se change en acte d'obéissance. Je ne respecte donc pas la consigne. La *désobéissance pragmatique* est combinée à une *obéissance formelle* (qui, dans une seconde lecture, représente une *désobéissance formelle*).

2) Si *je désobéis à l'ordre de "désobéissance"*, je dois obéir pratiquement. Au point de vue pragmatique, j'obéis à "quelqu'un" d'autre ; au point de vue formel, significatif, j'obéis à la consigne ou au donneur d'ordre, puisqu'il me demande de désobéir et que je désobéis à sa demande. Ou, d'une autre manière — *Désobéissez* (sous-entendu, ne faites pas ceci pour "x") → *J'obéis* au précepte (je fais ceci pour "x") → Je suis tout à fait fidèle au principe formel dans sa pure signification, puisqu'on me demande de désobéir et que je désobéis à l'ordre donné *en obéissant*, mais sa traduction pragmatique consiste en une obéissance à quelqu'un d'autre. L'*obéissance pragmatique* est liée à une *désobéissance formelle* (qui se révèle, dans une seconde lecture, une *obéissance formelle*). Si on met en application le principe *à la lettre*, on le nie. Si on ne le fait pas, si on prend la voie tout à fait opposée, on le respecte. Cela, en ayant effacé toutes les conditions et conséquences pragmatiques de l'enjeu. On nous demande de désobéir sans indiquer à quoi et à qui on doit désobéir. On demande à "x" d'avoir comme objet la règle (ou le principe) elle-même. On joue la règle, à la fois principe et action, source et fin, l'enjeu devenant alors purement "circulaire". Le *désobéir* est ramené sans cesse à l'affirmation initiale de désobéissance : on ne quitte pas ce cercle aveugle (par disparition de tout contexte et transformation des "intervenants" en simples pièces "logiques" d'un jeu uniquement abstrait).

Il s'agit de ce que l'École de Palo Alto appelle une *injonction paradoxale* : on rend l'alternative intenable ; on enferme le destinataire dans une impasse. Ce paradoxe pose le rapport d'un principe, d'une règle, d'une directive, à une action, à un comportement, qu'on essaie d'apprivoiser dans un cadre duel (avec deux possibilités exclusives) qui doit laisser celui qui "agit" sans voix et sans ligne directrice. Si j'obéis fidèlement à la règle-directive, je ne la respecte pas (car on me demande de désobéir) ; si je désobéis à la règle, je la respecte (mais cela a des conséquences externes fâcheuses). Si j'obéis à la règle en ce qui concerne les *conséquences extra-formelles,* je désobéis à quelqu'un, et si je n'obéis pas à la règle, j'obéis à quelqu'un. La règle et l'action sont à chaque fois inversées. Ou je satisfais l'une, ou je viole l'autre. Quoi qu'on fasse, on désobéit au principe ou à la règle en obéissant événementiellement, et on lui obéit en désobéissant au même point de vue. On est un sujet de blâme dans les deux de figure — sur un point ou un autre, on fait toujours le contraire de qu'on voudrait nous voir faire. Ou on met le principe en acte, en respectant ses termes à la lettre, et il se change en son contraire ; ou on ne le met pas en acte, et ainsi le principe en jeu risque d'être encore son contraire. Il y a deux désobéissances agglutinées — la désobéissance formelle-théorique et la désobéissance pragmatique (à d'autres intervenants que l'énonciateur latent de la règle). Le paradoxe advient par le mélange de la règle (ou du métalangage) et de l'action (ou du langage-objet). Il y a auto-référentialité — la règle est l'enjeu même de l'action.

DIRE ET TUER :

LA DÉSOBÉISSANCE DANS UNE AUTRE IMPASSE

La même chose se produit pour la formule : « N'obéissez pas à l'ordre de tuer quelqu'un » et « tuez celui qui vous a donné cet ordre ». « Xiphos : Il y avait cette inscription "N'obéissez jamais à l'ordre de tuer quelqu'un qui ne vous ait rien fait à vous, ou à un autre. Mais tuez qui vous le donne» (*ibid.*, 639). La formule, n'ayant de portée référentielle précise (le "quelqu'un" est indéterminé), devient, par défaut, sa propre référence. Si j'obéis à l'ordre de ne pas tuer quelqu'un, je ne tue personne. Mais si je dois en outre désobéir au premier ordre en tuant celui qui me l'a donné, l'obéissance se mue en désobéissance. Obéissance et désobéissance font match nul : il y a une impasse pratique, un *double bind*. Je respecte le nouvel ordre en tuant, mais je ne respecte pas l'ancien.

Si ces deux ordres émanent de la même personne (ou institution), *je dois tuer* et *je ne dois pas le faire*. Si on introduit dans l'enjeu un nouvel acteur ou actant (quelqu'un qui n'ait rien fait de mal à personne) dans la petite scène paradoxale, l'énoncé retrouve une certaine cohérence "éthique". On doit tuer les "salauds" — ceux qui me demandent de tuer les gens comme il faut. Une condition et une restriction apparaissent. Il ne s'agit plus de "faire" ou de "ne pas faire" d'une seule façon, mais de faire de diverses façons. Il ne s'agit plus d'un face-à-face, c'est-à-dire du rapport d'un actant "A" demandant à "B" de faire "a" et "non-a". Le rapport devient triangulaire : "A" (l'auteur de la consigne de désobéissance) demande à "B" (celui qui doit la mettre en pratique) d'obéir dans certaines conditions (conformément à ce qui vient d'être postulé), en désobéissant à "C" (le donneur d'ordre de tuer), de ne pas tuer ceux comme "D" (qui n'ont rien fait de mal), mais plutôt ceux qui, comme "C", voudraient éliminer ces derniers. Il y a ici plusieurs ordres différents qui se télescopent et se superposent — celui qui m'a donné la permission ou l'ordre de tuer quelqu'un dans certaines conditions (ordre 1) et celui qui me dit de ne pas accepter cet ordre (ordre 2) si la personne n'a rien fait à personne. Celui qui me dit de ne pas accepter l'"ordre 1" l'accepte si la personne à abattre a des torts envers quelqu'un (ordre 1 et 2 combinés : je dois et je ne dois pas tuer). D'une certaine manière, le donner de l'"ordre 1" a le tort de me proposer de tuer ceux qui ne m'ont rien fait. Il appartient à la liste des personnes qui me font tort en me donnant un ordre injustifiable (s'attaquer aux paisibles, aux "innocents"). On ne doit pas obéir à l'ordre de tuer ceux qui ne m'ont rien fait et mais on doit obéir à l'ordre de tuer ceux qui me font du mal d'une façon ou d'une autre : par la parole, aussi bien que par l'action (le donneur de l'"ordre 1" appartient à cet ensemble). Le "meurtre" joue un rôle prophylactique — tuer les donneurs de mauvais ordres.

Il s'agit en somme d'une sorte de règle étique qui pose des limites au talion, de légiférer les bonnes conditions du "meurtre". 1) Je ne tue en aucun cas ceux qui ne m'ont rien fait. 2) Je peux tuer ceux qui m'ont fait du tort. 3) Je tue en tout cas de figure ceux qui me donnent l'ordre de tuer les personnes sans contentieux déclaré, c'est-à-dire bien disposées à mon égard, non-dangereuses. Je ne tue donc que ceux qui ont une dette personnelle (réelle — par les faits enregistrés ; symbolique — par les ordres donnés). Dans les deux types d'ordre ("n'obéissez pas..." et "tuez ceux qui..."), j'obéis à un ordre ("n'obéissez pas...") pour en destituer un autre ("tuez ceux qui..."). Ou je n'obéis pas à un ordre (=je désobéis) parce que j'en obéis à un autre (=j'obéis). Obéissez-moi en désobéissant à l'autre. J'obéis et je désobéis à deux donneurs d'ordre ou énonciateurs différents (qui coïncident aussi dans une seule figure ou donneur). L'inscription, au départ, a un faux air de consigne d'apaisement pour finir, en quelque sorte, par une déclaration de guerre ouverte. Elle mime la "sagesse" et l'introduit au sein de la "folie". Elle accepte partiellement le meurtre et le prône ouvertement dans un autre cas.

LE PARADOXE COMME RACCOURCI :

LA PUISSANCE ET L'IMPUISSANCE, DIEU ET LE DIABLE

En revenant au simple "*désobéissez*", le paradoxe est un raccourci, une vitesse de formulation, une brièveté conceptuelle, un effacement ou un voilement par occultation de tout contexte, niveau, précision, grandeur, etc. Il ressemble sous ces aspects au "je mens"... Nous retrouvons ici le goût de Valéry pour l'énonciation paradoxale, bien avant Palo Alto. On peut formuler deux hypothèses : l'une externe, l'autre interne. On arrive très facilement à ce type de paradoxes, en fonction du contexte des *Cahiers* (guerre, régime de Vichy, occupation nazie, etc.), à force d'entendre proclamer partout autour de soi des appels autoritaires à l'"obéissance" diffusée par les régimes de parti unique. On est tout préparé aux "jeux de la désobéissance" spéculative, paradoxale, ou autre... Ensuite, l'hypothèse interne aux *Cahiers*. «Choisir, c'est obéir — mais à quoi ?» (*ibid.*, 581). L'aporie de l'"obéissance / désobéissance" résulte des contraintes internes à un terme souvent *négatif* faisant appel à la volonté, à la discipline, au agir, à une intervention psychique et physique de l'énonciateur ou du destinataire, *d'une manière positive, ou le contraire*. Comme celui de "liberté" appréhendé par sa négation ou restriction, et se changeant en "non-liberté" (que nous allons discuter dans le fragment suivant). *Désobéissez* → *Je désobéis* — le *"négatif" du négatif* (le "*dé*" de désobéir) est un positif (donc j'obéis) ; *Désobéissez* → *J'obéis* — le *positif du négatif* est un négatif formellement (donc je désobéis à ce niveau).

Un des exemples les plus intéressants des *Cahiers* est celui du rapport de Dieu au Diable, où le rapport de "désobéissance" est d'emblée sous le signe du paradoxe. Dieu, qui a la science et la vision du tout, enjoint au Diable de désobéir — en désobéissant à Dieu, il lui obéit encore puisque sa puissance ignore toute limite. «Que serait Dieu sans le Diable ?» (*ibid.*, 749). Et le Diable sans Dieu ? Ils sont solidaires dans la conquête de la plus grande extension : «Dieu est partout, et le diable, de toutes parts. / On ne sait où se mettre» (*ibid.*, 23). Il y a la solidarité "Dieu / Diable" jouant dans l'écart de "désobéissance / obéissance" — si l'un (diable) désobéit à l'autre (dieu), c'est parce que l'autre (dieu) lui a demandé ou imposé de désobéir. Le Diable n'a fait donc qu'obéir en désobéissant. La "chute" du Diable est celle de Dieu ("retour" du balancier paradoxal). «Le Colloque du dieu avec le diable. / La quantité de puissance [...] / "Malgré notre haine et notre irréductible opposition, il n'y a encore que Nous Deux !", concluent-ils» (*C.* 7, 763). «Seigneur, dit le Démon, je vous écoute — De tous vos esclaves, ne suis-je pas le plus intelligent ? Je vous comprends si bien, et mon orgueil illégitime célèbre à sa manière votre légitime Orgueil [...]» (*C.* 28, 244). Le paradoxe de la "désobéissance impérative", imposée par l'autre, est un paradoxe du rapport relationnel, de l'intersubjectivité, de la recherche de puissance entre partenaires qui veulent contrôler la révolte, le rejet éventuel de l'autre à leur égard. D'où la préférence pour les rapports duels (ou "a" ou "non-a"). Il s'agit de tendre un piège à l'autre pour que, quoi qu'il fasse, il reste dans l'"ombre" de la puissance revendiquée. Dans tout rapport de "maîtrise absolue", il y a d'emblée une dimension paradoxale si le Maître se propose de définir et d'accorder la liberté à celui qu'il tient "en esclavage"...

LA VOLONTÉ INVOLONTAIRE :

LIBERTÉ ET CHOIX, LE PARADOXE ET LA NÉGATION DE LA VOLONTÉ, LES "MOI"

La désobéissance paradoxale vise à piéger une volonté dans un rapport intersubjectif. Or la volonté se piège elle-même. La volonté nous mène paradoxalement au non-volontaire. C'est le paradoxe niant la volonté après avoir écarté la liberté, la spontanéité. Il y a ici un repli vers la scène intérieure : se dominer, se contraindre, avant l'action. La volonté est confrontée à l'écart "*liberté / choix*" — où ces pôles se nient, se neutralisent mutuellement, de manière à rendre le choix impossible. La liberté supprime le choix, le choix la liberté. Il s'agit alors de la "liberté par contrainte" — externe ou interne. «Vouloir est involontaire» (*C.* 24, 400) Nous trouvons le paradoxe dans sa vision la plus primitive — sans l'artifice de la construction d'une totalité (au lieu de "tout est provisoire excepté..." la reconnaissance formelle d'un tel état des choses). Valéry étend le champ de l'involontaire jusqu'à ne laisser à l'individu qu'un îlot au ras des eaux, confronté à la menace d'être submergé à tout instant. Si la part de l'involontaire est trop importante chez l'individu, celui-ci deviendra l'ombre de lui-même. «L'action possible de l'individu sur lui-même — / SE modifier — Se toucher — Se tuer — Se dominer — Se raisonner / SE parler — *Ceci est involontaire*» (*ibid.*, 408). L'*action* possible de l'individu est une sorte de *non-action* du point de vue de la volonté — on baigne dans le mécanique, l'absence totale de "liberté".

La *"liberté" nie potentiellement le "choix"* (car si on est libre, on peut choisir de ne pas choisir) ; et le *"choix" nie la "liberté"* (car c'est le choix d'un *"autre"* sujet qui s'impose, le sujet profond, corporel, chimique, moléculaire, etc., même s'il s'agit pourtant encore du *même* sujet). Si je ne peux pas nier le choix, le choix s'impose, et ma liberté est dénouée de fondement devant la puissance du choix. «L'expression *Libre choix* n'a aucun sens / car *libre* nie *choix*» (*ibid.*, 413). La définition du choix (un peu pédante dans son jargon de mathématique ou scientifique !), qui accompagne cette impossibilité de reconnaître le moindre choix *libre*, met l'accent sur le rapport "égalité / inégalité", rapport où le quantitatif pointe, et la dépendance de l'"intime" à l'égard de facteurs externes non-sensibles. Le «vecteur» du choix est orienté d'une manière univoque vers une extériorité dont l'intériorité se limite à subir les secousses. «Choix — modification *vectorielle* intime — qui change l'égalité ou équilibre des pouvoirs excitants d'action dus aux éléments d'une diversité P en inégalité, par l'introduction de facteurs qui n'étaient pas encore dans le champ — étaient insensibles» (*ibid.*). Si je choisis de faire "x" (une action externe ou à but interne), en fait, "je" fus choisi. On ne choisit pas, le choix agit en nous — on agit «*comme par choix*» (*ibid.*). Le choix est un leurre, illustré par le "comme", et tendu par l'organisme, la physiologie, le corps profond, etc., ou les contraintes externes de toute sorte. Le paradoxe signale l'échec du vouloir, de "Gladiator".

Le paradoxe nie la "volonté". Mais il a plus de mal à nier la "liberté" sous-jacente à ce *choix*. Ce effort de négation est contrarié par l'"infrastructure" (organique) du choix — s'il y a choix entre deux voies divergentes, la "liberté" serait peut-être alors la possibilité de changer de choix, d'établir le choix qui nous convient parmi la pluralité de choix offerts et où nous ne jouions pas apparemment d'autre rôle que celui-là. Cela en accord avec une option minime de la "liberté". La négation du choix permet en tout cas l'écriture du paradoxe. On avait le choix entre affirmer le choix ou le nier ; mais, en le niant, on l'affirme encore. Le paradoxe nie, dans ce cas, ici la "liberté" (dans le *libre choix*, qui est une entité *libre non-libre*), mais la "liberté" peut nier le paradoxe (quand on choisit une autre voie que la paradoxale). Le paradoxe est ici "liberticide" — une manière de se débarrasser de ce qui gêne, interpelle, questionne, provoque (la volonté, le moi, etc.). D'une certaine façon, il met en œuvre la "liberté" de se débarrasser de la liberté, de se choisir ses chaînes et son esclavage. En niant le volontaire, le paradoxe nie l'individu (il n'est qu'un ensemble machinique d'action et répulsion physico-chimique). Et s'il affirme la liberté de l'individu, c'est *malgré lui*. Le paradoxe oppose, en quelque sorte, l'individu (le tout) à la partie (les organes, les divers mécanismes internes) et glisse le tout *sous* la partie. Le "tout" est un appel, une presque-inexistence, une excroissance trompeuse.

LA CONTRAINTE COMME RESTRICTION OU ANNULATION

Cela dit, la question de la "liberté" pragmatique, cognitive, ne cesse d'affleurer chez Valéry malgré toutes les négations dont elle peut être victime. Dans un champ paradoxal, l'exclu, l'exterminé, le barré, a la possibilité de renaître aussitôt. Les enchères ne sont, pour ainsi dire, jamais closes. La liberté «tient du hasard» dans un cadre fonctionnel contraignant. L'aporie est résolue par l'admission de deux "Moi" (*ibid.*, 408) dans le cadre de la réflexion sur les pôles fonctionnel et non-fonctionnel («tantôt avec des gênes, tantôt libre et tenant du hasard» (*ibid.*)), tantôt actif, tantôt réceptif ou passif. Le Moi est le «nom commun aux deux pôles : parfois, le nom de l'un qui s'oppose à l'autre — par exemple *celui* qui est instruit, surpris, émerveillé, choqué par l'émission intime. Le *moi passif* — qui est audition, ou vision — C'est le Moi du Moi — *C'est aussi celui qui est toujours devancé*» (*ibid.*). Il y aura un moi actif, passible de liberté, et un moi passif, sous la dépendance du premier, où la part de liberté tend vers zéro. Nous trouverons alors très vite d'autres paradoxes, sous le registre du moi, et nous renvoyons à tout ce que nous avons formulé ci-dessus sur le clivage ou la dissémination plurielle du moi.

Un passage raturé, offert comme une "traduction *libre*", peut être vu comme le symbole de la double tendance entretenue à l'égard de la "liberté" : «Tu es triste, mon être, la liberté de ta pensée est très restreinte [...]» (*ibid.*, 281). Liberté impossible, mais renaissant dans l'affirmation de son impossibilité. Ou encore dans la fameuse éducation-dressage où les axes porteurs divergent : «La liberté par la contrainte» (*ibid.*, 297). Car si la liberté implique une contrainte, cette dernière risque de "tuer", au-delà d'un certain seuil, toute possibilité de "liberté". Si j'apprends à être libre par la contrainte, je ne serai peut-être jamais libre, puisque j'ai appris à être "esclave". Liberté happée par sa contention ou restriction, avant de l'être par sa négation ou exclusion. La liberté apparaît, chez Valéry, associée à la recherche de moyens devenus "invisibles", se dissolvant dans les capacités acquises. Je suis libre quand j'ai le pouvoir et la capacité de faire "x". Si le "pouvoir" est absent, la question de la liberté est oiseuse. On passe du "*je veux*" au "*je puis*", et c'est à partir de là que le choix de faire ou ne pas faire doit être formulé. Je suis libre quand je peux faire, quand «je suis délivré» à l'égard des moyens, quand je les ai intériorisés, digérés, maîtrisés («Liberté à l'égard des moyens *dont je se suis délivré* en tant que devant être cherchés, pensés..» (*ibid.*, 349)). La liberté est solidaire de l'action qui l'illustre et la confirme. Sans l'action, la liberté s'étiole et se change en question philosophique. La liberté est la pointe extrême de la contrainte, du dressage (mais on peut l'estimer, dans ce contexte, superflue, utopique, simple "appoint" idéologique). La "délivrance" à l'égard des moyens est peut-être déjà inscrite, dès le départ, dans le processus en cours et, dans ce cas, il ne s'agit que d'une délivrance subie, d'une liberté apparente, cachant une emprise, un maître souterrain. Le paradoxe de la "*liberté serve*" ne pose pas la question, surtout politique, de la "servitude volontaire" — il travaille en deçà de ce point, dans les profondeurs physiologiques de l'organisme où la "volonté" est très vite prise comme un leurre.

LA LIBERTÉ PAR LA CONTRAINTE :

LIBRE DANS UN MONDE NON-LIBRE, LES RÉFLEXES

La liberté se découvre *serve* dans les scènes extérieure et intérieure. Or, la manière paradoxale de la récupérer, c'est la contrainte *volontairement* assumée — l'auto-contrainte. On retrouve ici la nébuleuse "dressage" ou "Gladiator". On y revient aussi logiquement au problème du réflexe et des limites corporelles. La liberté apparaît comme un préalable irréductible, une prémisse non-contradictoire, ou comme un "reste" dans un calcul, une multiplicité, une pluralité de rôles — c'est parce qu'il y a du pluriel qu'on peut jouer *dans les interstices* de cette pluralité en question (jouer *x* contre *y*, qu'on n'a pas choisi, ou produit). La liberté oscille entre des extrêmes : une surdimension (son illimitation) et sa négation (son absence dictée par les automatismes ou les circonstances). Le paradoxe de la volonté surgit dans l'écart qu'on creuse entre le désir de contrainte (au service de l'esprit ou d'autre chose) et la faiblesse du moi — d'où l'impossibilité de mener à bien ce programme, d'où les rechutes incessantes de la volonté. Il y a une contrainte volontaire et une autre involontaire. La causalité, le hasard, l'esprit ("algébrique"), la sensation, sont au rendez-vous du rapport "contrainte" et "liberté" et de la volonté involontaire en tant que telle. « *Le comble de la liberté est de se contraindre* » (*C.* 28, 392). L'« *homme est le plus libre quand il se contraint* » (*ibid.*). Un «problème d'action de *quelqu'un sur lui-même* [...] » (*ibid.*, 544) ; « *chacun est plusieurs :* empereur *et* amant. / Cet ET est le problème » (*ibid.*). La liberté n'apparaît que sous l'emprise de sa négation, de sa délimitation (le *comble* de la contrainte est le maximum de liberté, même si la part de la contrainte peut croître jusqu'à effacer la liberté). Le problème de la "liberté" est ici un problème psychologique, individuel, reposant sur les stratégies de la volonté (par auto-contrainte).

Le problème de la liberté devient aigu dans tous les cas d'imposition. Si "quelque chose" nous est imposé par la force (la vie ou Dieu), l'imposition sacrifie la liberté. « Même le plus injuste est victime d'une injustice. / Il y a une injustice plus grande dans la création que toute injustice donnée, dans une créature. / [...] Le méchant ne s'est pas créé. S'il fut libre d'être méchant ou bon, cette liberté lui fut imposée » (*ibid.*, 632). La *liberté imposée* nous « donne à penser que nous fumes faits pour servir à une expérience » (*ibid.*). Comment pouvons-nous être libres dans le cadre d'une imposition intense ? La liberté peut-elle être imposée sans cesser d'être telle ? Peut-elle être la suite d'une contrainte *involontaire* ? Pouvons-nous être libres si nous n'avons pas choisi notre corps, pays, parents, pays, manière de vivre ? La liberté imposée s'évanouit ou ne survit grâce au paradoxe — mélange parfait de liberté et de non-liberté — que dans un déchirement extrême. La liberté est créatrice de « déterminations » (*ibid.*, 809) par "ignorance". En croyant être libre, et faire œuvre de liberté, elle poursuit une œuvre d'enchaînement. La liberté ou le syndrome de l'apprenti sorcier. La liberté va de pair avec une contrainte, toutefois si elle se révèle excessive, la liberté a du mal à garder son autonomie et ses privilèges. Le "jeu de la contrainte" n'est pas sans risques. D'une manière générale, toute contrainte externe, quand elle se propose de nous libérer, est "mauvaise", "intolérable", et seule une contrainte interne, "librement choisie", peut être source de liberté.

On pourrait être "libre", d'après cette stratégie, dans un monde "non-libre". La liberté s'offre comme un "préalable" avant toute opération. Or elle est aussi une "reste" après l'énonciation de toutes contraintes. La « *liberté restante* » (*ibid.*, 536) dans le « *Livre Album de tous les actes* », après une énumération de la sensibilisation, de la volonté, de l'effort, de la manducation, de la défécation, etc. En dernier ressort, la liberté s'évanouit dans le "réflexe", l'automatisme ou les "nerfs". « Le fait réflexe est toujours le final. Tout s'achève par là. Mais le *réfléchi* peut le précéder —» (*ibid.*, 546). La contrainte, qui joue au niveau sensoriel, est un « antitropisme » (*ibid.*, 392, *aj. marg.*) : elle s'oppose à la « *sensibilité de première intention* » (*ibid.*). La contrainte va en quelque sorte faire le siège du "moi" jusqu'à ce qu'il ne sache plus où il commence et où il finit, dans un doute permanent au moment d'agir. « La remarque des actes réflexes et des sensations isolées oblige à revoir la question du *Moi*. / *Mon* réflexe est-il *Moi* ? / Je ne me reconnais pas toujours en lui ; et jamais quand il est sans précédents. De plus, je sais que le plus grand nombre de ces actes (de "moi") est ignoré de moi » (*ibid.*, 548). Il y a un renversement de maîtrise. Celui qui croit se maîtriser est la dupe de son organisme — il est subordonné quand il croit être subordonnant. « Ô mes Nerfs ! Maîtres de *moi*, et par moi, de toutes choses ! / Qui êtes moi et non moi — / Souverains, et par qui, par instants, je crois régner — / Pluralité, division / Simulation de libertés, etc. / *Je vous oppose ce discours* etc. » (*ibid.*, 105). La liberté apparaît comme un acte sans conséquences, détaché de la sphère de la causalité. L'acte libre ne se confine pas à l'instant. « L'acte *libre* — s'il y en a — ne peut être *instantané* — c'est-à-dire pensé et exécuté dans un temps d'*acte réflexe* [...] » (*ibid.*, 390). L'instant est un « *élément fonctionnel de la vie nerveuse* » (*ibid.*, 547). La liberté doit échapper au champ (instantané) du réflexe. On croit être libre *par instants*, sauf que l'instant n'est pas synonyme de liberté. Le moment où la liberté se manifeste est sa négation.

La question du réflexe s'insinue au sein du moi, le déstabilise, l'installe dans une "ignorance" perturbatrice — le subconscient ou l'inconscient organique déplace sans cesse les axes de la conscience. Le Moi est un "rien" face à son corps : il ne se voit pas, le lien avec son corps semble perdu (« *mon* organisation *me* surprend, je ne conçois pas ma relation avec cela » (*ibid.*, 548)). L'étrangeté le gagne et l'incertitude triomphe. « "Moi" signifie évidemment une permanence. Mais laquelle ? » (*ibid.*, 97). La "liberté", et la succession d'entraves et de contraintes qu'on trouve, est introuvable dans un moi devenu lui aussi "introuvable". Au moment même où le réflexe "attache" le moi au monde, il le vide en creusant la distance entre le moi et le corps. Le moi devient une superstructure trompeuse devant la nécessité de l'""infrastructure" corporelle. Le lien entre le moi et le corps se distend et se contracte néanmoins au gré des enjeux. Si on réussissait à lever le voile corporel, organique, on pourrait définir en quoi consiste la liberté, ou plutôt la liberté comme stratégie de compensation dans un univers finalisé, mécaniste. Si la liberté (morale) est le "pouvoir de faire le contraire de ce qu'on veut", elle se fonde sur les contraintes imposées par une volonté interne s'attaquant au désir chaotique et se manifeste comme une «Simulation» d'ordre imaginaire (*ibid.*, 26) face à l'incohérence du réel. La liberté est une "simulation", entendue aussi bien comme mensonge, apparence, imagination, comédie, que comme représentation ou projection calculatrice, modélisation expérimentale. Mais le soupçon d'escroquerie demeure toujours lié à l'affirmation de l'imaginaire. Au lieu d'être une quelconque confirmation de "liberté", la simulation est plutôt le contraire — elle sape les prétentions de liberté. La liberté ferait partie de la « comédie mentale » inhérente à tout type de pensée (*ibid.*, 104) qu'on voit à l'œuvre, par exemple, chez les "mystiques" («Si l'on photographiait ce qu'ils "pensent" — sentent — voient — entendent — on verrait quelle étrange et pauvre comédie — !» (*ibid.*, 107)). Le dévoilement corporel transformerait la liberté en idéologie, croyance "fiduciaire", simulacre existentiel.

LES EXTRÊMES DE LA LIBERTÉ

La liberté évolue entre deux extrêmes : 1) la *liberté illimitée*, de type métaphysique, débarrassée des contraintes de temps et d'espace ; 2) et l'*absence de liberté* au niveau de l'automatisme (réflexes, nerfs). La liberté illimitée est l'objet d'un désaveu radical si on énonce toutes les contraintes nécessaires à la vie (pression atmosphérique, oxygène, corps, etc.). La liberté est déterminée par les circonstances. « Je crois qu'il n'y a pas de problème "métaphysique" de la liberté par cette simple raison que des circonstances purement "physiques" comme la "pression de temps" [...] peuvent nous obliger à agir avant toute réflexion possible. [...] / Donc nous ne serions *libres* que quand les circonstances le voudraient bien. Cette liberté elle-même serait "déterminée"» (*ibid.*, 393). Elle « se produit dans telles circonstances — avec telle intensité » (*ibid.*, 394). Pour Valéry, la liberté est une sensation, et si on fournit à la sensation son arrière-fond corporel, nerveux, musculaire, physiologique, la liberté s'avoue une illusion. Elle est « Sensibilité » (*ibid.*, 478). « On n'a jamais défini la "liberté". La raison de ce défaut est simple. C'est que la liberté est une sensation. / Un homme est libre quand il se sent libre » (*ibid.*, 392). La psychologisation, ou la "privatisation", de la liberté la dissocie du champ politique ou social. Il y a un solipsisme de la liberté, suivant le solipsisme de la sensation. Je suis peut-être libre mais je ne peux le dire personne. Si la liberté est une sensation, « il en résulte qu'un individu ne peut savoir si un autre *est libre*, ou *fut libre* [...] » (*ibid.*, 394). Mais "*se sentir libre*" n'est peut-être qu'une manière d'adoucir l'absence de liberté réelle. La liberté va de pair avec une certaine ignorance (des déterminations), et si on la supprime, on efface la liberté. « Agir librement peut être soupçonné d'être agi dans l'ignorance des déterminants réels de l'acte » (*ibid.*, 809). La liberté est un "reste" des problématiques physique, chimique et physiologique, susceptible de disparaître avec l'approfondissement des savoirs. «C'est une question de mécanique d'action» (*ibid.*, 392) analogue à un problème de physique — qu'une connaissance complète (encore lointaine !) du système nerveux rendrait manifeste. L'horizon causal, mécanique, déterministe, transforme la liberté en illusion, pari fou (comme celui du Dieu souscrit par Pascal), divertissement, mythe, croyance. Liberté égale miroir à alouettes, faisant tournoyer la clarté dans un scintillement trompeur et mortel.

CAUSALITÉ, POSSIBLES, ALGÈBRE

La liberté s'appréhende en termes d'*origine et de fin de la causalité*. Être à l'origine d'un processus ou d'un acte (l'individu : « source d'actes » (*ibid.*, 43) ou à son terme (l'individu-effet voit sa liberté confisquée par la causalité essentielle, finale, qui l'agit d'une manière souvent latente : il ne peut être, en employant le langage aristotélicien de la causalité, qu'une "cause" matérielle ou efficiente, une "cause" secondaire, subordonnée à la vraie cause originaire-finale). La négation de la liberté est la conséquence d'une causalité linéaire uniforme, univoque, à l'effet unique (A donc B, et uniquement B), mais elle peut être aussi la conséquence d'une pluralité d'effets. Si on n'arrive pas à cerner les conséquences d'un acte, la liberté se dissémine jusqu'à disparaître. Ce n'est plus le "déterminisme" qui s'attaque à la liberté mais le "hasard" («*faire A, c'est faire tout autre chose aussi* [...]. / Ainsi l'acte libre est un coup du hasard » (*ibid.*, 53). La liberté présuppose le hasard, une certaine indétermination, mais ne peut pas reposer sur lui — le hasard pur la supprime. « La *liberté* exige que je *puisse* agir *comme "au hasard"* — selon pile ou face — La liberté lance la pièce » (*ibid.*, 168). L'imposition du hasard joue d'ailleurs même contre le hasard. On le transforme en une sorte d'absolu, d'anti-nécessité radicale, ou de nécessité paradoxale (tout se passe ainsi que nous venons de le dire : de manière "aveugle" — il y a un fatalisme du hasard). Si la liberté lance la pièce, elle devient dépendante du cadre de la pièce et des contraintes qui pèsent sur celle-ci (disjonction "pile/face", pression de l'air, etc.). En somme, la liberté consiste à ne pas être, ou ne pas subir le "*même*" — qu'il soit pile ou face. Dans le cas du hasard, on n'a ici que "pile" ou "face", et rien d'autre. En fait, dans un univers sans contraintes, purement aléatoire, il n'y aurait pas de liberté (puisqu'il n'y aurait pas de permanence ou d'unité possible).

Dans ce cadre où la liberté tend vers zéro, il y a néanmoins l'« algèbre, *science des actes libres* » (*ibid*., 182). « *Liberté des définitions*, des axiomes » (*ibid*.), « Pur pouvoir », « Pure transitivité ». La liberté de l'algèbre est de poser une opération sans se donner la peine d'une vérification externe supplémentaire, nécessitant d'un cadre théorique parallèle. Elle subsume en elle l'acte et le "produire-faire", la formule et la vérification. Elle est ainsi dispensée de ses conséquences pragmatiques puisqu'elle les "intériorise" d'emblée. L'algèbre pose sa "liberté", comme la représentation géométrique idéale de l'infini et du continu. «Prolonger, répéter, diviser, *sont des actes*. Ces actes sont ou *appliqués* ou *libres*. *Libres* c'est-à-dire sans matières ni conséquences — *C'est pur "pouvoir"*» (*ibid*., 180). Les mathématiques sont "libres" parce que, tout en étant *transitives*, ouvertes au réel, elles peuvent se donner le luxe de suspendre l'application. Elles sont déjà en acte avant l'action. D'une manière générale, l'« acte compte ; l'idée de l'acte ne compte pas » (*ibid*., 537). Avec les mathématiques, « système complet », idée et acte vont ensemble — c'est cela le miracle des mathématiques dans la logique valéryenne. Remarquons que la « liberté exige l'imperfection, ou du moins, la non-autorité absolue de la connaissance » (*ibid*., 581). Dans un système complet de savoir, il n'y aurait plus d'indétermination, de choix non-programmé, de tension vers un "ailleurs" — la nécessité chasserait toute contradiction, fêlure, hasard, pluralité externe. Le "miracle" des mathématiques peut être retourné contre les mathématiques si elles deviennent l'emblème d'un système ou d'un savoir achevé.

La liberté, quand elle échappe à l'emprise de la sensation, est un problème interne à l'esprit — tant que la possibilité d'un autre acte subsiste dans l'esprit, la liberté est préservée. « *La possibilité d'un autre acte subsiste dans l'esprit* » (*ibid*., 394). « *Liberté* — exige que nous soyons dans un état à partir duquel p. [plusieurs] actions indépendantes entre elles soient *possibles* » (*ibid.*, 518). « La liberté exige que nous puissions imaginer plusieurs actes également possibles et inégalement excitants par leurs images » (*ibid.*, 608). La liberté disparaît avec l'effondrement des possibles, et la réduction à l'unité, à l'invariance d'excitation. La réduction à l'unité "achève" la liberté. Liberté va de pair avec la pluralité, l'inégalité, l'indépendance des actes, les possibilités même les plus antagonistes. Elle exige un monde pluriel, complexe, diversement stratifié. Avec la pluralité, le Moi reconnaît la relativité de ses "lieux", "actes", "sensations", "perceptions" ou "phénomènes" — tout pourrait être *tout autre*. Cette pluralité est mise à mal par la causalité (dans un cadre restreint), le réflexe, l'acte univoque, "sans restes", excluant tout arrière-fond. La "*psychologisation*" de la liberté (se sentir libre) se trouve face à sa "*physicalisation*" (chercher des "lois", des repères et des images dans l'univers de la physique). La *contrainte volontaire* épouse parfaitement la première — je me donne une limite pour éprouver ma liberté. La liberté est une sensation et ce qui s'oppose à la sensation (« agir contre la *sensibilité de première intention* » (*ibid.*, 392)). Par rapport à l'intention première, prise dans les réseaux causaux. Elle est donc une intention seconde, flottante, qui apparaît indéterminée, jusqu'à rendre parfois tout indéterminé (sujet compris !). La contrainte volontaire apparaît comme un défi à l'ordre externe — là où rien m'oblige à..., sauf moi-même. Je crée ma propre causalité : je suis cause et effet indissociablement liés. Là où je suis ma cause, je suis "libre". Plus je me contrains, plus je suis libre. Paradoxalement, l'affirmation de la liberté va de pair avec un effet tout contraire (libre d'être "esclave", mon esclave, et donc encore mon maître). Si j'évite l'imposition externe, je finis par être la victime d'une imposition interne. La *contrainte involontaire*, modèle peut-être de toute contrainte, est l'œuvre de la "matière" ou de Dieu. Ce versant s'oppose au premier, et dans certains systèmes radicalement — si « chacun est plusieurs », naturellement je suis *un*. Je peux être « empereur *et* amant », mais je ne suis qu'*un* empereur et *un* amant. La pluralisation ne supprime pas l'unité, mais tourne pour ainsi dire autour. Ce qui n'est pas le cas chez Valéry où le "moi", souvent, devient un ressort purement "répulsif" (il n'est rien de ce qu'on veut qu'il soit). La contrainte volontaire est une manière de désobéir à soi et une manière complémentaire d'obéir à soi — ce dilemme n'apparaît que dans le cadre d'une écriture qui avoue ses limites et ses manques. L'écriture, énonçant ses obéissances et désobéissances, est elle-même le lieu d'un tel investissement paradoxal. Nous plaçons ainsi ces enjeux multiples, contradictoires, dans la scène où elles ont vu le jour. Non seulement on énonce telle ou telle considération "serve" ou "libre", mais encore on revient fréquemment sur le lieu où il y a le "crime" (de penser "en sauvage", en "barbare" ou en "civilisé").

LE "CAHIER PERPÉTUEL"

ÉCRIRE, LIBERTÉ, SERVITUDE :

LA CONTRAINTE D'ÉCRIRE,
ÉCHAPPER À L'ŒUVRE,
LA LIBERTÉ DU FRAGMENT

L'écriture dessine une sorte d'échappatoire au sein de la "liberté serve". Il y a ainsi une servitude libre associée à l'écrire — la liberté contrainte d'écriture. La servitude et la liberté spécifique à l'écriture se manifestera dans le refus de l'œuvre (contrainte externe) et la liberté développée par le fragment. À telle heure, on obéit aux *contraintes de la liberté*. On demeure aussi dans le cadre paradoxal du "*vouloir involontaire*". « Un inconnu en moi me dit méchamment / "Ces cahiers sont ton vice." Et il est vrai que d'écrire tous les matins ces notes, c'est un besoin qui pourrait ne pas être, aussi bizarre, pressant et irréfléchi que le tabac, — d'ailleurs associé à lui — Il est assez comique que mes réflexions soient le fruit d'une puissance irréfléchie, horaire, et qu'il faille à telle heure obéir à la contrainte des libertés de l'esprit » (*C*. 25, 552). "*Liberté contrainte*" ou "*servitude libre*", l'écriture s'avoue involontaire, irréfléchie, compulsive. Ce n'est donc pas étonnant qu'on se trouve devant un champ paradoxal. L'écrire commence par un paradoxe, et celui-ci a son "heure de vérité" personnelle. L'écriture matinale n'est pas une « production extérieure » (*ibid*.), vouée à l'extériorité des œuvres, de la carrière, du curriculum vitae, de la biographie, etc. Le paradoxe de la « *réflexion irréfléchie* », de l'« *involontaire volonté* », expose ce que Valéry appelle sa « vraie nature ». L'écriture est sans fin, une rature perpétuelle, indéfiniment relancée, un « divertissement infini » (*ibid.*). Elle ne peut être arrêtée (= publiée) que par accident. L'œuvre est un arrêt trompeur de l'écriture inachevée[xxiv] — pouvant perdre à tout moment sa "clôture" et glisser de nouveau dans le jeu des substitutions et transformations. L'"accident" (l'œuvre déclarée ou voulue finie) se pare d'une nécessité qui est encore accidentelle. (« Même une œuvre *parfaite* est *fragment* [...] » (*ibid.*, 50)). À mettre en rapport avec la fonction d'"incomplétude" de l'esprit (« L'"esprit" — fonction de l'incomplet — et transformation du complet en incomplet [...] » (*ibid.*, 80)). L'esprit est l'ennemi de la clôture des œuvres, des pratiques arrêtées, figées dans une "somme".

La pratique de l'écriture oscille entre la volonté et la non-volonté, la répétition et le changement, ou la transformation et la conservation, comme elle oscille entre la "réflexion" et l'"irréflexion", entre la "liberté" et l'enchaînement "horaire" et "biographique". La volonté caractérise le moi mais aussi le point où le moi bascule dans le non-moi. « Ce qui est le plus moi est ce qu'on nomme *Volonté* [...] » (*ibid.*, 790). Mais la volonté ne gère en quelque sorte que la surface des événements. Elle est en prise avec l'"ignorance fonctionnelle utile" au bon déroulement des opérations. Elle se situe en partie au-delà de la connaissance, de la réflexion, de la conscience. « La *volonté* (consciente ou non) est la propriété d'une pensée — (telle pensée) d'exciter *hors connaissance* — le *dessin* d'une machine d'action [...]. / La connaissance du mécanisme entier nous est tout à fait *inutile*. Même, elle gênerait ou ruinerait le fonctionnement » (*ibid.*, 444). L'écriture suit les aléas de la volonté dans sa "*liberté contrainte*" ou "*servile*". Elle n'est pas tout à fait programmable, dirigée, enfermée dans un cadre hermétique : elle passe à travers les cloisonnements, les séparations, les exclusions. Elle déborde le "déjà-fait" et ce qui est train de se faire. En tout cas, elle déstabilise l'"acte". Elle est l'antithèse de l'acte "abhorrant" et "éliminant" «l'infini» (*ibid.*, 579). Et, par conséquent, aussi de l'œuvre : l'œuvre "tue" l'écriture, et celle-ci diffère l'œuvre sans répit — telle qu'on le lit dans « *Station sur la terrasse* »[xxv] (*ibid.*, 618) et dans d'autres passages. « Toute la valeur et la beauté, toute l'excellence de *tout ce que je n'ai pas fait* —— / Voilà ton œuvre — me dit une voix / Et je vis tout ce que je n'avais pas fait. / Et je connus de mieux en mieux que je n'étais pas celui qui avait ce que j'ai fait — et que j'étais celui qui n'avait pas fait ce que je n'avais pas fait — Ce que je n'avais pas fait était donc parfaitement beau, parfaitement conforme à l'impossibilité de le faire » (*ibid.*). Ceci est une constante dans les mailles de l'écriture depuis ses débuts — elle "fait" et voue son culte au "non-fait", à la négation incandescente qui imprègne les signes. De la "terrasse", on contemple, dans le « ciel de la nuit poétique », les « constellations » brillant d'un éclat de langage et qui ont effacé par leur lumière le nom de "celui" qui les a placées sur une ligne d'horizon évanouie. Le chef-d'œuvre est un réseau de négations pures déclinant toutes les formes de l'impossibilité, rachetant toutes les formes du possible vécu (souffrances, femmes, espoirs, heures, etc.). « Mon œuvre était *cela* » — démarche comparable à celle du « mortel convaincu de son Dieu dont il conçoit les attributs qu'il forme par négations successives / des défauts et des maux qu'il trouve dans le monde [...] » (*ibid.*). L'écriture des *Cahiers* repose sur un paradoxe assez destructeur, faisant table rase de ce qui n'est pas elle. Si elle est du côté de la "liberté contrainte", une *servitude* assumée de plein gré, l'œuvre est contrainte pure. Elle n'est "bonne" qu'en étant sa négation. L'écriture n'est "bonne" que quand elle est "vice".

L'ÉCRIVAIN ET LA LANGUE COMMUNE :

LA LANGUE IMPOSÉE ; HUMILITÉ, ORGUEIL, MÉPRIS

L'écriture réside dans l'emploi d'une langue qu'on n'a pas choisie. Elle est le corollaire des besoins étrangers au moi — synonyme de hasard, d'imposition sociale, d'histoire ; ou de confusion, de vanité, d'égocentrisme scriptural. Celui-ci est à la fois sous-jacent à l'accusation de la langue comme instance pure non-moi impure, comme vêtement trop court ou trop large pour l'esprit, et revendiqué dans l'élaboration du Moi par lui-même (en que producteur et destinataire d'une *pureté* solitaire). Les mots oscillent entre les réflexes et l'algèbre, le manque et l'excès, la pensée et la non-pensée — la littérature n'arrive pas à s'extraire de ces pièges. Sa pensée est nulle — captive de la réception qu'elle intériorise et essaie de satisfaire.

« L'écrivain est l'homme qui se trouve humilié d'employer la langue commune » (*C.* 2, 766). L'écrivain est celui qui connaît les défaillances du langage commun. En fait, il veut en faire un usage non-commun, et se trouve devant une multitude de formules qui ne lui conviennent pas, et qui finissent par trahir son projet initial. L'orgueil de l'écrivain en reçoit un coup, ou toute une série de coups. Il avale, pour ainsi dire, une montagne de "couleuvres" en employant des signes. L'écrivain doit partager, au moins au début, ce qu'il doit transformer, déplacer, abolir — toutefois, en s'inscrivant dans un horizon donné de réception, il ne pourra jamais faire abstraction de l'"autre". La langue commune renvoie aussi à la situation de l'écrivain dans une société *démocratique*, où tous finissent, en principe, devenir "communs" et "semblables". L'écrivain, comme Valéry, doit refuser les idées et les mots partagés (le peuple concentre sur lui toutes les tares de l'univocité et de l'uniformité). Sa soumission est l'équivalent d'une rébellion, d'une insoumission. L'écrivain emploie la langue pour la rendre stérile à tout emploi après lui. Son acceptation humble cache, teintée de mépris, l'orgueil du "solitaire". La langue sera son bouc émissaire après avoir été son solliciteur.

Dans les politiques de la pensée, la langue équivaut à une possession étrangère. Le "moi" la plonge dans le mépris où il baigne toute chose. La langue est chose donnée, trouvée, offerte, qui ne résulte pas d'une labeur *sui generis*. Elle est une passivité devant la glorieuse activité de l'intellect écartant les faux semblants et les mirages. La possession doit être acquise par soi-même, sinon cela ne vaut presque rien. Le mépris se lève à l'horizon de ce "rien" — « [...] je fais cas de l'obtention par moi seul infiniment plus que de la possession toute donnée » (*ibid.*, 453). « Pour moi donc le suprême bien est la chose trouvée par moi [...]. Je vais donc vers le mépris de tout le reste » (*ibid.*, 454). Dès le départ, l'écriture se mesure à une impossibilité d'écrire. « La raison d'écrire est l'impossibilité d'écrire —

Le maître est celui qui fait possible, un impossible antérieur —»
(*ibid.*, 436). La langue se trouve prise dans une impasse engendrée par l'égocentrisme initial — le scripteur rend l'impossible possible, mais cette opération portera toujours les marques d'un départ "désastreux".

La littérature est loin de la perfection, loin de tout ce qui compte pour Valéry — loin de l'intellect, loin de la pureté, loin de la pleine possession de soi par l'effort cogitatif. La littérature en rajoute : elle déprécie ce qu'elle ne peut atteindre. Devant la *pensée*, la littérature trouve son point limite qu'elle s'applique à rendre nul. « La littérature ordinaire n'admet pas la perfection des pensées » (*ibid.*, 586). Elle est suspendue au pouvoir vacillant des mots. Tout écrivain qui s'entiche des mots risque de disparaître au cas où ceux-ci disparaîtraient. L'écrivain, qui travaille avec des mots, s'il se limitait à une telle tâche ne mériterait pas son nom. Le mot est à la fois le but et le piège, la raison d'être et de perte de l'écrivain. « Si l'on rayait dix mots du dictionnaire — cent écrivains disparaîtraient. Mais ce ne sont donc pas des écrivains » (*ibid.*, 356). Il ne peut y avoir un bon usage littéraire des mots. Comme la métaphysique, « qui résulte d'un mauvais usage des mots » (*ibid.*, 353), la littérature détourne les mots de leur fonction transitive, dans une sorte de parade stérile. Le langage accumule les impossibilités relatives ou absolues — il n'a jamais vu ni la pensée ni la réalité. « Le langage n'a jamais vu la pensée » (*ibid.*, 356). La littérature est tributaire, quoi qu'on en fasse, du manque de sérieux du langage aveugle, distant, précieux.

LA LANGUE ENTRE EXCÈS ET MANQUE :

LA LITTÉRATURE COMME EXTENSION DU SIMULACRE

Malgré sa volonté de s'écarter du troupeau, l'écrivain en porte les stigmates. Sa "pensée" se situe dans la moyenne anonyme des pensées intersubjectives. « Le littérateur — le plus grand — *pense*, au

fond, comme qui que ce soit, malgré habileté, abondance, inventions »
(*ibid.*, 626). Son habileté est un artifice de "menteur", son invention un bricolage, son "abondance" un aveu de pauvreté. Pas de clarté, de précision, ni de conservation, ni de "peinture" fidèle de "continu" — à peine une désignation à distance. Le « langage ordinaire n'est ni clair ni précis / il ne *conserve* pas facilement [...] Il ne peint pas le continu se bornant à le désigner —» (*ibid.*, 105). Le langage se caractérise par une certaine polysémie. La littérature en profite pour glisser ses messages dans les interstices des sens recensés. Il utilise le mal-défini, le dépareillé, l'inexact, le non-uniforme, pour esquisser un "pas" exact, c'est-à-dire un vrai pari. Sa nécessité reste toujours en prise avec le "hasard" de la langue. « Le style littéraire résulte — (est possible) de l'inexactitude des mots, de leur non-uniformité — par rapport à des faits mentaux / Chaque mot en dit plus ou moins — qu'il ne faut —» (*ibid.*, 704). Entre cet excès et ce manque, la littérature essaie de tailler son chemin. Un « mot pris au hasard » représente des « idées différentes, mal réunies, mal définies » — « c'est ce qui permet la littérature [...] » (*ibid.*, 741) qui utilise cet « instrument défectueux ». La pluralité est ici un défaut devant l'unité de l'idée non-littéraire. L'écrivain n'utilise que des mots en espérant que son lecteur les prenne pour "autre chose". Il y a une dimension de tromperie, de désir de soumission volontaire. « Tout ce qui a la prétention d'être vrai en littérature est ridicule » (*ibid.*, 699). « Les mots ne sont que des mots ! et un littérateur qui oserait le laisser sentir dans son écrit [...] » serait perdu, car il trouverait difficilement, pour Valéry, des lecteurs. « La littérature ne peut supporter sa vraie nature —» (*ibid.*, 824). L'écrivain triche sur la nature du langage en espérant qu'on le croira. Il est un arpenteur de simulacres. Il est un jongleur, un illusionniste, une sorte de prêtre, de politicien, de métaphysicien, c'est-à-dire solidaire de tous les agents du "faux".

LES MOTS ENTRE RÉFLEXES ET ALGÈBRE

Les mots sont emprunts d'artificialité — leur nature est comme un décor de théâtre fait de carton et de colle. Le langage est un domaine irrationnel, artificiel, où ce qui est hors-langage n'est qu'un signe parmi les signes. « Les mots ou abstractions sont des relations irrationnelles [...] » (*ibid.*, 336). « Les mots sont des réflexes artificiels » (*ibid.*, 786). En fait, l'écrivain échoue à avoir une *langue individuelle* par défaut d'abstraction. « Plus un mot est abstrait plus il appartient à la langue individuelle » (*ibid.*, 107). Ce qui veut dire que seule une recherche de type philosophique-scientifique, aura une possibilité d'atteindre l'individuel dans le collectif, le commun, l'ordinaire. Toutefois, l'ambition d'une littérature *pure* ne quitte pas Valéry, d'une littérature lucide dans le traitement et l'emploi de la diversité de ses composants (Mallarmé s'en approche, mais est encore prisonnier du mythe d'un absolu langagier). « "Traité de la Littérature Pure"» (*ibid.*, 471) — insigne isolée des Cahiers qui souligne à la fois sa dimension marginale et son exigence centrale. La pureté de la littérature ne peut venir que de la non-littérature. L'écrivain a tort de s'humilier devant une langue qu'il malmène en désespoir de cause. « Mon langage », dans l'« ambition littéraire » de Valéry, c'est « de façon à en faire un instrument de découvertes — un opérateur, comme l'algèbre — ou plutôt un instrument d'exposition et de déduction de découvertes et d'observations rigoureuses » (*ibid.*, 493). Langage qui tourne le dos à la spéculation et aux leurres littéraires.

L'ambition valéryenne est de rendre la littérature non-littéraire — la fameuse algèbre contenant la polysémie, la confusion, la métaphore, la synonymie, par exemple. Il voit, en outre, la "violation", le "tourment" infligé par l'écrivain comme la préparation, ou la prémisse, d'une activité comparable à celle du mystique. Le langage comme découverte non pas de "Dieu" mais du "divin", de la "déité". « À quoi servirons-nous — philosophes, rhétoriciens, que nous sommes / qui tourmentons les langages dans notre esprit toute notre vie ! ? / Peut-être, à autre chose encore toute cachée — comme les scolastiques et les mystiques pendant 8 ou 9 siècles ont élaboré des instruments pour d'autres recherches —» (*ibid.*, 118). Paradoxe encore, ce but mystique qui se superpose au but analytique, scientifique. Le langage comme algèbre et prémisse accompagné de déduction, et comme champ mystique en quête de l'inaudible, de l'inassignable, de l'irréductible, à quoi que ce soit d'autre. Chose rare, Valéry y reconnaît sa filiation rhétoricienne et philosophique.

L'écrivain est un sous-penseur — il est confiné dans les propriétés du langage qu'il exploite au maximum et qui forment le cercle dont il n'arrive pas à se détacher. Les mots occupent tout le devant de la scène, jouent tous les rôles. Au-delà du paradoxe du langage, du clivage "pureté / impureté", le "*paradoxe de la littérature*" est de prendre en compte l'affectif, le personnel, l'historique, tout ce que l'on range sous le label "*accident*", dans une série d'aveux qui sont autant de manipulations rusées non-affectives et impersonnelles. Et surtout, au lieu d'amener l'accident au rang d'essentiel, la littérature en rajoute sans limite. Elle est une perpétuelle chute. D'une certaine manière, la littérature est l'irruption du "refoulé" dans les stratégies de l'esprit. La littérature essaie de neutraliser le langage, de le rendre absolument transparent : elle vise le degré zéro du langage, ce qui est somme toute une impossibilité manifeste, car elle "vit" du langage. Le paradoxe de la littérature est surtout d'annuler son langage spécifique devant la réalité externe en revendiquant une position de "vérité" (*C.* 27, 595). En jouant au vrai, la littérature s'installe dans une relation spéculative, *mimétique.* Elle concurrence la philosophie, et leur différent, c'est en quelque sorte un combat de faussaires.

L'écrivain croit au pouvoir des symboles en tant que tels, en tant que porteurs d'une absoluité, soit transitive soit intransitive. Il s'humilie devant la langue, et devant les objets qui lui échappent quand il emploie ce moyen défectueux. « Dans la réflexion, les mots et symboles ne doivent jouer qu'un rôle accessoire — Sinon la réflexion est comme une expérience sur les propriétés du langage mais non sur l'objet à examiner [...] » (*C.* 2, 904). L'écrivain ne franchit pas le seuil de l'intelligence. Néanmoins, ce constat d'échec, d'impuissance, est contrebalancé par la reconnaissance que sans le langage, l'intériorité serait perdue. « C'est le langage qui permet de vouloir intérieurement ou de vouloir des choses intérieures — » (*ibid.*, 815). Sans lui, la volonté « se confondrait avec l'exécution même » (*ibid.*). Le langage, impuissant à capter les frémissements et les leçons de l'extériorité, finit par voir reconnu son rôle d'aide introspectif, volitif. Avec le langage, on perd peut-être le "dehors", l'"objet", mais on gagne le "dedans". Si l'écrivain s'humilie devant la langue sphère extérieure, collective, il la détourne pour la mettre au service de son égocentrisme. Le paradoxe résulte de l'indistinction de la langue et du discours dans certaines opérations, c'est-à-dire dans le conflit entre l'écrivain et la langue, celle-ci étant un bloc homogène, total, historique. Le paradoxe mêle ce qui l'arrange, et écarte ainsi ce qui lui convient. Mais l'intervention créatrice du "moi", dans le domaine des signes, aurait dû être presque impossible, et demeurer sous un halo d'"esclavage". Le paradoxe transparaît aussi bien dans l'accord à distance entre la mystique et la science, accoucheuses et "bonnes fées" de l'écriture, que dans l'écart radical entre le moi scripteur, de l'indicible ou d'autre chose, et l'autrui assermenté à la communauté des signes.

LE CAHIER PERPÉTUEL : DIRE, NON-DIRE, TOUJOURS DIRE

Dans le cahier perpétuel, l'écriture essaie d'emblée d'assembler et de combiner tous les possibles. Les inscriptions des *Cahiers* oscillent entre l'aveu et le secret, le dire et le non-dire, comme face à un interlocuteur (absent). L'écriture "refoule" la main[xxvi], comme le signe qu'elle trace son "objet" externe. La main est le symbole de l'extériorité dans l'intériorité et de l'intériorité dans l'extériorité. Elle manipule et est manipulée, ineffaçable et effacée, personnelle et impersonnelle, particulière et universelle, familière et étrange, matérielle et incorporelle. Elle esquisse les possibles où elle n'est qu'un possible parmi d'autres. Elle est ainsi un carrefour symbolique très important où convergent corps, esprit, écriture, savoir, déraison, autrui, désir.

« Mon cahier perpétuel est mon "Eckermann". (Il n'est pas besoin d'être Gœthe pour s'offrir un fidèle interlocuteur). / Je lui dis ce qui vient,/ comme il vient — / (Mais non tout ce qui vient — / Et, encore moins, / / Tout ce qui pourrait venir / Si... ? » (*C*. 29, 416). Ce fragment va nous permettre d'étudier la place de la "main", symbole de l'esprit, dans le processus de découverte de soi et de l'écriture. Si la page est une interlocutrice, elle est en partie l'œuvre de la main — le *cahier* est page, main, écriture. La figure de l'"interlocuteur" comprend ses déclinaisons. Nous nous attachons tout d'abord à l'expression « *cahier perpétuel* », laquelle est d'autant plus significative que la mort est proche. Cela veut dire que le processus d'écriture est *involutif*; Valéry aurait une vie plus longue, il aurait vraisemblablement poursuivi le même "tissage", terrain propice à l'énonciation des mêmes nœuds paradoxaux. Le "cahier perpétuel" est celui où les fragments s'ajoutent, se répondent parfois (en un écho parfois involontaire), sans que le fameux "système" voit le jour. À la fin même, il est pris comme une sorte de rêve conceptuel de jeunesse. L'écriture ajourne sans cesse l'achèvement du "système". Stratégie du différé, du brisé, du discontinu (avec un certain nombre de points fixes), d'un fragment donné au fragment suivant. Le cahier est aussi censé être un interlocuteur complaisant, acceptant volontiers tout type de "refoulement". La stratégie du "non-dire", ou de l'impossibilité de tout dire, est souvent affirmée. Il faut se rappeler le dégoût et la colère valéryens devant certaines de ses propres idées (*ibid*., 838), suscitant une division potentielle du "moi" incapable de prendre en charge tout ce qui lui vient mentalement.

« Je sens toutes ces choses que j'écris ici — ces observations ces rapprochements comme une tentative pour lire un texte et ce texte contient des foules de fragments clairs. L'ensemble est noir" (*C*. 2, 479). L'écart paradoxal des fragments clairs et de l'ensemble noir illustre la situation instable et critique du « Système ». La première raison de l'obscurcissement de l'ensemble est la présence multiforme d'une foule de fragments. Les "foules", ou la grande quantité de fragments, contrarient par leur nombre leur propre transparence : les clartés se font mutuellement de l'ombre. L'ensemble noir est la conséquence du *quantitatif* (trop de clartés, trop de fragments, trop de chemins, trop de possibles recoupements, etc.) *non-brimé*. Valéry devance, en quelque sorte, au début des *Cahiers* leur fin déjà programmée — l'"échec" est au rendez-vous de l'écriture. Le « *fragment clair* » se nourrit de l'« *ensemble noir* », et celui-ci de la pulvérisation ou de l'émiettement des clartés. L'écriture a besoin de l'obscurité finale (et initiale) pour poursuivre sans fin ses parcours chaotiques et multiples : elle réussit en échouant, en se donnant à l'avance les conditions de son échec.

LA DESCRIPTION DE SOI

Le *Cahier*, malgré ses boucles abstraites, fait partie d'une éventuelle description de soi — une description de soi épurée, largement lacunaire, mais surélevée par la déclinaison des idées, qu'on méprise et on aime à la fois. « Je suppose que je puisse me décrire.. (ce que je tente à chaque instant..) / Je suppose que je puisse me décrire, faire passer à l'état de discours jusqu'à ma faculté de former un discours... » (*ibid.*, 198). En fait, cette description laisse le "privé"', l'"affectif", le "politique" vécu par Valéry, pratiquement en dehors du champ des *Cahiers*. Il n'y a que des effractions ponctuelles ici et là, la majorité des fragments ne proposant que l'esquisse d'une description *fonctionnelle* de soi. Le Moi est purifié, désossé, généralisé — fonction d'un processus générique. L'écriture, porteuse d'une « *"mystique sans dieu" c'est-à-dire sans acceptation de notions transmises* » (*ibid.*, 804), joint au « jugement et sentiment de dépréciation de la vie — (qui est à la base de toutes les mystiques) un jugement non moins dépréciateur des définitions, propositions, affirmations, démonstrations et traditions que donnent les religions [...] » (*ibid.*, 805), auxquels on joint volontiers les philosophies. La "*description de soi*" est une description de soi purgée de toutes les autres descriptions potentielles qui pourraient être tentées d'après les "autres" (tradition, histoire, et.). C'est-à-dire qu'en se dissociant, en refoulant, en se fonctionnalisant, la description de soi est *à soi* parce qu'elle pose les conditions pragmatiques, formelles, de tout soi. Le "soi" se vide pour accéder à l'universel, d'une manière censée n'avoir jamais été tenue auparavant.

LES *CAHIERS* ENTRE LIGNE BRISÉE ET CERCLE

Les *Cahiers* — son écriture — est à la fois *ligne brisée* — suite indéfinie de fragments, de brouillons, d'exercices, de tâtonnements, de ratures implicites et explicites — et *cercle* — retour aux mêmes axes, aux mêmes analogies. Les Cahiers sont des « calques successifs » (*C.* 22, 156). L'écrire mène la "danse" — il conduit vers un but indéterminé. « Je n'*arrive* pas à ce que j'écris, mais j'écris ce qui conduit — où — [...] » (*C.* 5, 753). Au départ, il y a déjà un "filtre" — Valéry n'écrit pas « ce qui est purement momentané en général » *(C.* 17, 687). Mais il s'attache à la « nature provisoire » de tout ce qui lui vient à l'esprit (*C.* 18, 201). Donc, l'instantané n'est pas éliminé si facilement que cela, en tant que moment pur et impur, chaos et ordre — il y a un mélange d'opposés. La stratégie valéryenne accepte le quotidien, l'ordinaire, la production commune d'idées, mais il n'écrit pas tout (« je ne m'écris pas tout » (*C.* 28, 236)). Ce qui vient, tout comme il vient, mais non pas tout ce qui vient ou pourrait venir. On choisit, on trie dans le momentané ou le spontané. On le garde pour le travailler, transmuer, prendre une nouvelle dimension. Dans ce qui est exclu, on trouve ce qui rattache majoritairement à la sexualité, à l'affectif, au sensible trop manifeste, etc. Valéry exclut l'insignifiant, le quotidien quand il n'est pas pris en charge par une "idée" — « Il m'ennuierait trop d'écrire CE que je vis d'oublier [...]» (*C.* 23, 8). On écrit sans souci du durable, tout en étant imprégné d'"habituel". Se «retrouver devant ces cahiers comme en pantoufles » (*C.* 21, 349). Le "déjà-écrit" finit par s'imposer et baliser un certain cheminement. On s'installe dans un territoire intermédiaire entre le spontané et le durable. Le *cahier* est un inducteur, un accélérateur d'écriture — manie, habitude ; on écrit comme on a écrit pour écrire, dans une activité ou « fonction stationnaire » (*C.* 23, 387). On oscille entre le refus de notions transmises et le retour des notions qu'on s'est accordées. On refuse l'autre, son "point de vue", une bonne partie de soi, et on garde le reste comme la gestation infinie du moi.

LA MAIN ET LA DESCRIPTION

La main est un bel exemple du travail d'élimination et de conservation en jeu dans l'écriture. L'écriture a un premier "refoulé" immédiat — la main. Celle-ci — qui est l'« organe capital du possible » (*C.* 29, 435) — disparaît dans la "description de soi". Elle réapparaît comme "point d'interrogation", "symbole", "thème", et comme *dessin*. La main dessine des mains — toute une série, à intervalles irréguliers — dans le corpus même des *Cahiers*. Mais elle ne se dessine pas forcément elle-même — c'est la main de soi et de tout le monde, liées dans l'incertitude de la représentation. Valéry est surtout intéressé par la jonction de la main et de l'œil — l'« *œil-tact* » (*ibid.*, 435). La description comporte néanmoins des "trous". « En somme *sensibilité* et *acte* réciproques et liés — C'est la définition de la main — si on pouvait décrire cette relation » (*ibid.*). La main, en tant que "faire", élément lieur et séparateur, à la fois "dehors" et "dedans, pose aussi bien le problème des relations internes corporelles que celui des relations externes physiques.

La main, dans sa phase d'écriture, a un pouvoir extraordinaire de manipulation des signes. La main hérite de l'"arbitraire" du signe et de la distance du langage, et peut écrire n'importe quoi aisément. «Il n'en coûte pas plus à la main d'écrire *univers* que d'écrire *marmite* ; d'écrire *Dieu* que d'écrire *rien* ; d'écrire 10^{10} que 10^2» (*ibid.*, 507). La main peut tenir *tout ce qui est* dans un simple signe : *univers*. La partie devient alors tout, au-delà de l'inertie et des bornes du *tout* initial. On y retrouve les grands axes de la problématique valéryenne du fonctionnement, avec ses paradoxes révélateurs et compensateurs des conflits engagés. La main est un «relais» (*ibid.*) «para-mécanique psychophysique» — elle se situe entre le mécanique et le non-mécanique. La main, agent de la proximité et de la ressemblance, cultive la distance et étrangeté ; agent de la pesanteur, assume la légèreté ; agent de l'économie (ou du travail), incarne la spéculation ou l'absence d'effort ; agent de l'intéressement et du ponctuel, favorise l'indifférence et le général ; agent du pragmatisme et du possible, subsume la "métaphysique", l'impossible ou le "paradoxe" (de se contenir en elle-même). La main est humaine et inhumaine, proche et distante, unique et plurielle, sensible et cérébrale, présente et absente.

La main programme son propre effacement. L'œuvre réussie ne porte plus les traces du travail accompli. Cela concerne aussi les travaux discursifs que non-discursifs. L'œuvre se détache de la main et devient celle de "personne". Elle est le symbole du "créateur" s'anéantissant dans sa création, plus fort même que Dieu talonné et cerné par l'imparfait. «.. Quand l'œuvre ne semble plus de main d'homme.. / Ni une laque impériale, ni telle pièce de soie, ni tel chapiteau de marbre, ni tel discours de géomètre, ni tel groupe de vers [...] / ne donnent *plus* l'idée de quelqu'un les faisant [...] / Ce sont des fruits du temps dépensé sans compter, et des effets de choix et de degrés successifs de choix, / qui se sont détachés / de la main, de la tête.. du Quelqu'un. Celui qui fit ces choses se fit par elles *personne* — Elles l'ont supprimé» (*ibid.*, 470). «(Si donc le Monde fût parfait, Dieu aurait disparu dans la perfection de son ouvrage, et c'est pourquoi le Monde est imparfait)» (*ibid.*). Le "Cahier perpétuel" sera pourtant toujours loin de cette perfection — et ainsi il sera toujours, et à peine, sur le point de s'achever. La stratégie valéryenne sauve de cette façon le "Moi" dont elle a constaté la nullité et programmé la réduction ou la disparition.

LA FINALITÉ, LE POSSIBLE, LE DÉJÀ-ÉCRIT

Si la main est l'organe du possible, le «*Possible*» est «aussi sensible que le vide d'une page blanche» (*ibid.*, 197) — la main est interpellée par ce vide et ne l'entame que de très peu. Il y aura toujours du "vide" dans l'énonciation du "plein" (l'«intervalle qui est entre des mots prononcés très lentement» (*ibid.*) ou tout simplement écrits) . «Ego... Ils ignorent combien l'abondance des développements instantanés et des aperçus entre les idées, embarrasse l'acte d'écrire et rend la poursuite d'un ouvrage presque impossible —» (*ibid.*, 67). Valéry est conscient que l'écriture "spontanée" contrarie sa propre transformation en "œuvre", la volonté de continuité et le désir de nécessité. Elle fait dévier (ou arrêter) à chaque coup le cours prévu des signes. Elle assume le reproductible en se débarrassant du "contingent" et du "circonstanciel". Il a une opposition de la "main" à ce qu'elle trace. «Ma main est sur ce papier. Voilà un *fait*. Mais ce fait n'est pas "historique", c'est-à-dire ne suggère pas de l'écrire dans un recueil de faits qui ne se reproduiront pas [...]» (*ibid.*, 315). Écrire, c'est opposer force à force, contre-valeur à valeur, puissance acquise à puissance à découvrir. Le *déjà-écrit* apparaît comme une matière résistant au changement, à la volonté de modification et de redressement. «*Tout qui est écrit*» est «matière à tripoter — à corriger, et toujours un *état* entr'autres — d'un certain groupe d'opérations possibles» (*C.* 26, 732). L'écriture engendre ses plages de résistance et d'opacité, ses points de fuite. Elle vit de ses "substitutions", déplacements, condensations transitoires.

LA MAIN :

SYMBOLE DE L'ESPRIT, INACHÈVEMENT

La main est un indicateur de finalité (je ne peux pas voir les deux côtés de ma main). Elle est éducatrice des matières, par la transformation qu'elle y opère et les résistances qu'elle y rencontre, et retour d'un "refoulé" métaphysique. «S'agissant de définir le mot Forme il n'est pas un "philosophe" qui osera parler de *sa main*» *(C.* 29, 446). La main occupe une place corporelle centrale (jambes et pieds sont à leur service quand elle veut s'approcher des choses (*ibid.*, 445)), et cependant, elle voit son rôle passé sous silence. Si le philosophe efface sa "main", il en a peut-être des excuses — il se met à l'avance du côté de l'objet. Il démarre trop vite en direction de l'universel. Les mains s'effacent devant le "but", l'"intention". «Si je prends un objet, l'acte de ma main ne demande pas une réflexion sur ma main — laquelle station serait contraire à l'acte qui est d'autant plus conforme à mon intention qu'il s'accomplit sans que je songe à ma main qui l'accomplit. / Et si je me pose la question : qu'est-ce que ma main ? Je ne puis aboutir qu'à une description qui doit convenir à la possibilité d'une infinité d'actes [...]» (*ibid.*, 448). Ou la main s'oblitère dans les résultats précis, ponctuels, de sa pratique ; ou elle s'élance vers une généralité reproductible... L'acte efface la main, comme l'œuvre accomplie efface son producteur. En tout cas, Valéry pense la main comme un retour de ce qui est pris (à tort) comme *passif* dans la sphère des activités. Il pose la *question* qui est le début de beaucoup de fragments. La main ne doit pas s'effacer au point de vue "théorique". Le retour de la main coïncide avec une réflexion sur les tenants et aboutissants de l'écrire. Toutefois, il y a toujours un "*mais*" chez Valéry, la main n'est que la destinatrice d'un discours où elle se dissout dans une description générale. Elle est alors le "singulier" (*ma* main) perdu par le "général" ou l'"universel" quand ils se constituent. Elle va ainsi d'effacement en effacement. Il y a en dernier ressort une main spirituelle, une main objet et modèle de l'esprit.

La main est le symbole de l'esprit — elle se trouve dans la même position que lui (d'intervenant et d'objet du savoir). Le regard dissout la main et la transforme en objet, en spectacle. Il s'agit de regarder ce que le regard regarde. «La main qui parle — / Faire une "étude de main", cela me dit quantité de choses — — [...]» (*ibid.*, 459) — «[...] sous la pression du regard, la main, ma main gauche, *cesse d'être main*. Elle est un objet unique, avec ses lieux à elle, ses ombres, ses plis, ses modelés etc. / Mais voilà ce qu'on n'a guère fait en certains domaines, et que j'ai essayé quelquefois. / Regarder l'esprit qu'on a, et ses produits, ses modes et problèmes, — ou bien — le *Langage* [...]» (*ibid.*). La main est le symbole de tout ce que le regard néglige, en même temps qu'elle le rejoint lorsqu'il est «*absorbé par son effet*» (*ibid.*, 763), car on ne le voit pas toujours dans sa réalité charnelle et instrumentale. Elle disparaît donc comme lui dans ses produits — il s'agit de récupérer l'"effacée", de la voir procéder dans sa quotidienneté, de remonter aux «*conditions de la pensée*» (*C*. 6, 108) et à l'agir. L'esprit se cache aussi, cache ses propriétés et opérations, comme la main se cache dans le résultat obtenu, la page pleine, et l'œil se cache dans ce qu'il voit. La main scripturale ne "vit" que quand la page est blanche, ou plutôt dans l'écart entre la page blanche et la page noire. Après, elle subit le "sort" inhérent à l'emploi de tout signe (évanouissement de l'objet unique, avènement de l'objet commun). Les *Cahiers* exposent la main — "ses" multiples dessins, "ses" diverses analyses — pour la dédouaner, en quelque sorte, de sa "modestie" et de son "refoulement", ou de son "sacrifice".

Le *Cahier perpétuel* est fondé sur une écriture perpétuelle dont le *cahier* lui-même n'est qu'un artefact, une séparation accidentelle, douteuse, imposée par les matériaux. Si l'écriture n'a pas de terme, l'acte de description de soi est infiniment ouvert. Par le négatif et l'indétermination, le moi récupère un peu de l'aura qu'il avait perdue. Il n'y a «aucune probalité que le travail de la pensée s'arrête en un point [...]» (*C.* 24, 713). Le système rêvé, désiré, en tant qu'ordre, symétrie, fermeture ou complétude, est dérive, illusion, etc., par rapport au chaos scriptural (même s'il s'agit d'un chaos tempéré). L'écriture est du côté du non-système. Elle finit par l'emporter dans son flux continu-discontinu — la conception d'un «Dictionnaire philosophique» ou le «moyen le plus simple de m'exposer la matière de ces Cahiers — et m'épargner le mal, les défauts et le ridicule intime (vis-à-vis de moi) d'un Système — c'est-à-dire d'une fabrication essentiellement factice» (*ibid.*). Tout comme le système, sur un certain plan, l'œuvre est un "accident", un épiphénomène, du processus d'écriture infini ou indéfini. En somme, l'écriture cultive sa propre imperfection, puisque le parfait serait la fin du processus, tout comme Dieu devant une création inachevée et toujours à l'ordre du jour. L'écriture est une *imitation de Dieu*. Il n'est peut-être pas question que l'écriture devienne, par sa clarté, ordre, symétrie, achèvement, etc., l'œuvre de *personne*. L'inachèvement garde, pour ainsi dire, le moi "au chaud". L'écriture et le moi partagent le même tremblement (paradoxal / contradictoire ; ou non-paradoxal / non-contradictoire). Nous venons d'exposer l'arrière-scène du paradoxe en nous focalisant sur la main qui comporte elle-même ses propres paradoxes. La "main" traverse la page d'écriture, le cahier, l'écriture, le corps, l'esprit, l'acte, le savoir. On peut la considérer, sous un certain angle, comme le symbole (avec le "serpent") paradoxal du paradoxe — celui qui les trace, les efface, les reconduit — dedans et dehors, visible et invisible à la fois. Ce n'est pas pour rien que la main est contenant et contenant, et que la quintessence opérationnelle, ce serait de se contenir dans sa propre main, dans un dernier geste d'autosuffisance et de libération. La main-paradoxe illustre tous les paradoxes qu'elle va inscrire sur le *cahier perpétuel*... Le "cahier perpétuel" est une traversée des simulations, des manques, des réflexes, des possibles, du corps, du moi, de la mort, de la langue, où le dire, de plus en proche du non-dire, ne cesse de dire et de redire. Il propose une totalité toujours en train de se faire et de se défaire. Il est une manière de ne pas être spontané, une manière de reconnaître se servitude et de la vivre comme écriture, comme liberté, de désobéir sans cesse à ses propres injonctions ("je ne suis toujours de mon avis") et aux injonctions externes — l'écriture comme désobéissance à soi et aux autres, dans une infinie lancée qui rend le cahier *perpétuel*. On s'installe dans une imitation de l'éternité, ou de la "presque-éternité" (paradigme de toutes les "*vraies*" imitations, avec leurs images et simulacres), en se plaçant hors-temps, en le changeant en une habitude, en un rendez-vous matinal avec toutes les aubes futures.

NOTES ET ÉTOILEMENTS

1) **LE PARADOXE DE L'"INDIVIDU-COLONIE"**.
Les auteurs de *Une logique de la communication* sont Paul Watzlawick, Janet H. Beavin, Don Jackson. Le livre fut, d'après John Weakland, essentiellement écrit par Paul Watzlawick et Janet Beavin (*À la recherche de l'école de Palo Alto*, Jean-Jacques Wittezaele et Teresa Garcia, éd. du Seuil, 1992, p. 244). Dans la presque "impossibilité" de séparer, dans le détail, les auteurs de l'École de Palo Alto, puisque leurs publications, d'une manière générale, sont souvent signées par plusieurs membres, nous les considérerons comme une "personne" tout en sachant qu'elle recouvre une "colonie"... Nous n'ignorons donc pas le caractère fictif du regroupement qui s'opère sous le label "École de Palo Alto". Nous ne l'avons pas créé, et nous l'utilisons par commodité, de manière fonctionnelle. En outre, nous respecterons ce choix pour une question d'homogénéité, justifié par les publications collectives, en ce qui concerne les textes ultérieurs signés de manière individuelle par P. Watzlawick. Il faut dire que le problème de l'unité, comprenant des différenciations qui vont jusqu'à la remettre en cause, se pose ailleurs. Là où il n'est plus question de *double bind*. Pour le paradoxe de l'"individu-colonie", voir : Stephen Jay Gould, *Le sourire du flamant rose*, "Un vrai paradoxe", éd. du Seuil, 1988, pp. 74-92. Cela concerne le siphonophore nomme "Physalia" ou "galère espagnole", appartenant au phylum des Cnidaires, proche parent de coraux et des méduses. Il comporte, grosso modo, une "personne-méduse" et une multitude de "personnes-polypes" correspondant à ce qui paraissent être ses tentacules. Il s'agit d'une colonie de "personnes", d'un "singulier-multiple", à mi-chemin d'un stade polype et d'un stade méduse. Les siphonophores sont-ils des colonies et leurs parties des "personnes" ou sont-ils un seul organisme différencié en plusieurs parties organiques ? Voici la réponse de Gould : «Ni l'un ni l'autre et les deux à la fois. Ils se situent au milieu d'un continuum dont les extrêmes se transforment progressivement l'un en l'autre» (p. 91). «La nature se présente parfois à nous sous la forme de continuums et non d'objets distincts aux délimitations précises. L'un des nombreux continuums de la nature s'étend des colonies aux organismes» (p. 89). En fait, le présupposé de

"continuité" n'est pas fortement établi : il fait fi des discontinuités. En tout cas, le siphonophore, qui n'y est pour rien, déclenche une remise en cause des frontières établies par les divers classements catégoriels, valables aux points extrêmes du continuum. Il ne s'agit pas d'un simple "sorite" formel, car l'impossibilité de classer est «l'expression non pas des limites de notre connaissance, mais simplement d'une propriété de la nature» (p. 90). Le paradoxe résulte de la découverte d'une ambiguïté, d'une pluralité au sein de l'un ou du même, et de vouloir arracher à un "système ambigu" toute son équivocité. On pourrait l'appeler, dans ce cas précis, le paradoxe de la "*continuité rendue tout à fait discontinue*", par rapport au paradoxe symétrique de la "*discontinuité rendue continue*" (là où on efface la faille, le hiatus).

2) **ANALOGIES SCIENTIFIQUES**.
L'analogie scientifique — logique, cybernétique, physico-chimique — file le long des théories ou des modèles scientifiques d'une théorie : télégraphe, centrale téléphonique, ordinateur, guidage des missile (fonction primitive de la cybernétique). Même si on rejette certaines "importations", comme Bateson celle de la théorie des jeux, parce qu'elles transforment les sujets en "automates" (*La nouvelle communication*, p. 168). Or, on est toujours à la remorque de modes acceptables, dans une conjecture donnée, par les institutions "payantes". La «cybernétique de deuxième ordre» (*À la recherche de l'école de Palo Alto*, p. 370) vise à inclure l'observateur dans le champ de l'observation, ce qu'on négligeait jusqu'alors de faire — atteindre, en somme, cybernétique de la cybernétique, grâce à une montée de niveau explicatif. La référence de base va être, pour les auteurs de *À la recherche de l'école de Palo Alto*, les systèmes "physico-chimiques" de Prigogine, systèmes instables, loin du point d'équilibre avec leurs "structures dissipatives", c'est-à-dire les points d'imprévisibilité d'un système en proie à un changement non-contrôlé. Une véritable contorsion théorique est nécessaire pour faire coexister les "points de bifurcation" et l'"homéostasie", le hasard et la nécessité systémique, la prise en compte des conditions initiales (non-renouvelables) et leur refus catégorique par les systèmes "circulaires, c'est-à-dire l'événement disrupteur, non-conforme, créateur d'information, auparavant rejeté par ce type de système, parce synonyme de hasard, de "folie mondaine", et l'événement pris dans l'éternel retour du "circulaire". L'importation des concepts scientifiques dans les "sciences humaines" se révèlent presque toujours ravageurs, car les "isomorphismes" mis en place sont destructeurs, les modèles censés propager la "clarté" redevant "obscurs" loin de leur cadre de référence. Les analogies changent quand on les redécouvre

"inadéquates", mais elles l'ont toujours été depuis l'origine de l'impotation — ainsi le remplacement des explications à *type énergétique* par des explications à *type informationnel* (*ibid.*, p. 82). Les "métaphores théoriques" dévoilent d'un coup ou progressivement leurs limites, en fonction des changements heurtés de "paradigmes". Les stratégies de type informationnel — entropie, bruits, désordres, etc. — remplacent les stratégies de type énergétique chères aux "freudiens" (la pulsion-force, la libido-énergie, le ça ou l'inconscient-puissance). Or, entre l'"input" et l'"output", la psyché est une sorte de boîte noire à jamais perdue par les nouveaux théoriciens. La prétendue "révolution" est un retour de l'esclavage au nom de la "science". S'il y a de la "manipulation" au départ, il y a aussi de la manipulation à l'arrivée. La stratégie informationnelle correspond à un lavage radical du *cerveau*, à son aplatissement ou à la désintégration de toutes ses volutes.

Un aveu presque en marge des enjeux théoriques peut vraisemblablement expliquer les engouements technico-scientifiques de la "logique de la communication". Il s'agit du système de recherche par subventions privées renouvelables. Il faut présenter les projets dans lesquels la "société" et ses organisations (les fondations diverses) puissent se reconnaître pour se montrer généreuses. Avec toutes les "modes" scientifiques en vigueur à un moment donné. «C'est de la psychiatrie que nous avons reçu notre argent, et nous nous sommes laissés fortement et désastreusement influencer par la nécessité d'appliquer notre science dans ce champ» (*La nouvelle communication*, p. 42, note 1, propos de Bateson recueillis par Carlos E. Sluzki et Donald C. Ramson). L'argent, sous la forme de subventions limitées dans le temps, infléchit le cours de la recherche ou le champ d'application des théories. Si le schizophrène est prise dans une "double contrainte", le théoricien qui en fait son gagne-pain aussi, en subissant les contraintes qui pèsent sur son "indépendance" scientifique.

3) **L'ALÉATOIRE ET LA CONTRAINTE**.
Sur ces deux pôles antithétiques de l'acte de connaissance, voir ; Ivar Ekeland, *Au hasard — La chance, la science et le monde*, éd. du Seuil, 1991. Le "*modèle probabiliste*" "apparaît aux antipodes du *modèle déterministe*. À eux deux, ils constituent les pôles entre lesquels oscille notre compréhension du monde : à mesure que l'on s'éloigne de l'un, on se rapproche de l'autre" (*ibid.,* pp. 62-63). Pour la recherche et le calcul des causes et des effets, sur le rôle éventuel de prévision statistique, dans les systèmes intégrables ou prévisibles, linéaires et non-intégrables : pp. 134-141. Les deux pôles, ci-dessus, renvoyant à ces deux autres limites entre

lesquelles on appréhende la "causalité" — une totale imbrication des séries causales ou leur entière indépendance. Entre une clôture totalement fermée et une autre absolument "ouverte", il y a place pour un ensemble de positions intermédiaires. Un bel exemple de ce type de système "intermédiaire" est la langue, diachronique et synchronique à la fois. D'où l'importante prise par le moment ou le niveau où l'on arrête la mesure ou le comptage : le quantitatif est aussi, dans une certaine mesure, qualitatif. La treizième ou la quatorzième décimale peut subvertir les calculs estimés les plus "objectifs" ou plus appropriés à un tel type de phénomènes lorsqu'il est appréhendé dans le cadre d'un système précis : «L'observateur le mieux renseigné n'a que des instruments d'une précision limitée. Connût-il parfaitement la loi du système, il ne connaîtrait les constantes physiques et l'état initial qu'avec douze décimales, et cette treizième décimale dont ignore la valeur, s'amplifiant graduellement, viendra perturber les prévisions qu'il aura pu faire, jusqu'à leur dénier toute validité à long terme» (*ibid.*, p. 133). L'*état initial* et l'*état final* d'un système ne sont pas toujours déductibles l'un de l'autre, surtout lorsque le laps temporel (ou lorsque l'entropie n'est pas nulle) entre eux grandit. Il y a un "hasard essentiel, mesuré par l'entropie", inhérent à l'évolution du processus, et qui ne résulte pas des limites apposées à la série des "décimales". Sur l'importance du facteur "temps", ou des échelles temporelles, dans l'élaboration des stratégies (p. 140). Un système approximativement linéaire, s'attachant à un type de phénomènes à courte échéance, peut négliger le rôle des "non-linéarités", ou des interactions totalement imprévisibles, lesquelles interviendront probablement à longue échéance et le feront peut-être "imploser". En plus, le hasard a d'autres liens avec le temps, c'est-à-dire avec celui de l'histoire des hommes et de l'état général des connaissances : «L'éclipse qui remplit l'armée athénienne d'une terreur superstitieuse n'aurait plus aujourd'hui que le succès de curiosité dû à un événement rare et spectaculaire [...]» (*ibid.,* p. 144). Le hasard, spécifique à un point de vue, est alors le point de crête d'un étonnement recensé et d'une coïncidence discutée, se détachant d'un arrière-fond amorphe que le regard épris de la coïncidence rend indifférencié. En outre, le hasard physique n'est pas de même niveau que le hasard existentiel d'un sujet en prise avec un choix donné de possibles. Toute déduction hâtive et simpliste est à exclure, surtout lorsque la croissance de complexité des données et le nombre des paramètres engagés augmentent considérablement et rendant les "comparaisons" tout à fait problématiques.

Cependant, la transformation du hasard, en un vecteur essentiel d'un système théorique et en une dernière dimension de l'être, entraîne le risque de sa "substantialisation" universelle (du type : "le hasard crée, agit, etc.").

Selon Rémy Lestienne, il y a un hasard essentiel, fondamental, vrai, naturel, physique. Il n'est pas réductible au "hasard d'ignorance" (Rémi Lestienne, *Le hasard créateur*, éd. La Découverte, 1993, p. 191) et présuppose un «lien congénital entre désordre et irréversibilité» (*ibid.*, p. 11). Les manifestations les plus sures du hasard sont : I) Le mouvement chaotique des flux de chaleur, décrypté par la thermodynamique classique et statistique. C'est-à-dire l'agitation thermique, aléatoire et désordonnée, des molécules d'un gaz, résultant de l'enchevêtrement gigantesque de leurs collusions réciproques (*ibid.*, p. 42). La thermodynamique s'attache alors à la distribution macroscopique de la vitesse des molécules dans l'impossibilité (ou la fatigue) pratique de suivre les "chocs" dans le détail. II) La variation aveugle des événements génétiques élémentaires (génotype) par rapport aux combinaisons survivant aux fluctuations et aux mutations (phénotype). C'est-à-dire la variation des organismes par rapport à la sélection naturelle, dans un environnement donné, telle qu'elle est formulée par la théorie darwinienne de l'évolution des espèces (*ibid.*, p. 44 et 79). III) Le hasard quantique lié au phénomène de la mesure, à la «superposition des états quantiques» et à la «réduction du paquet d'ondes» (*ibid.*, p. 189). Les objets quantiques, avant et après mesure, n'ont aucun caractère propre assignable et retombent dans leur indétermination première. Hasard lié encore à la complémentarité exclusive, du double axe "position / impulsion" d'une particule, et au caractère déroutant des phénomènes (lors de l'esquisse des "trajectoires" possibles d'une émission de photons à travers les deux branches distinctes d'un interféromètre).

Avec le hasard essentiel, on approche d'une «sorte de sanctuaire de la vraie nature de la nature» (*ibid.*, p. 201). Le hasard physique — fondamentalement constructeur, mais sans finalité externe, des processus "autotéliques" ou "téléonomiques" — s'oppose au hasard mathématique — perpétuelle page vierge, où les coups, sans de réels antécédents, n'ont le moindre lien entre eux : ils ne s'additionnent ni ne se contrarient, et ainsi le "compteur" demeure toujours "vide" ou "blanc" entre deux coups (*ibid.*, pp. 266/7). En outre, le hasard naturel, au contact d'un contexte, se change en *hasard opportuniste*, selon la formule de François Jacob dans *La Logique du vivant*, profitant des possibilités présentes dans une conjoncture donnée (*ibid.*, p. 114). Il s'agit d'un hasard actif «incarné dans la matière» (*ibid.*). D'une manière générale, le hasard essentiel vise à nommer la naturalité de la nature, son vrai centre théorique, et il s'incarne dans un support dont il est le principe originaire. Il répond aux réquisits de vérité, d'origine, de centralité, de processus ou de construction, d'absence de direction privilégiée, etc. Cette démarche trouve son apogée dans une formulation du type : la mécanique quantique dévoile la *nécessité* de recourir au *hasard Le hasard créateur*, p. 271). Le hasard essentiel est la "fin" (ce à quoi on arrive théoriquement) désignant l'absence totale de "fin" dans la nature. Nous sommes alors définis comme les «fils du hasard» (*ibid.*, pp. 15 et 98). Si le hasard est "aveugle" ou "égoïste", il porte cependant en lui la «chance d'un meilleur épanouissement» (*ibid.*, p. 114) qu'il offre débonnaire à la "vie".

Si on peut estimer et postuler qu'il y a du hasard irréductible, objectif, il est dangereux de le définir comme "essentiel" ou "accidentel". Définir le hasard comme essentiel, c'est l'arracher à la case "accident", où il était confiné dans les dispositifs théoriques univoquement déterministes ou finalistes, et y précipiter, à son tour, la nécessité jadis souveraine. D'où cet effet que le hasard apparaît comme un *deus ex machina*, prenant la relève de son vieux vis-à-vis conceptuel, en quelque sorte, épuisé par la tâche universelle qu'on lui avait depuis longtemps confiée. Définir encore le hasard comme essentiel, c'est encore l'unifier. Coiffer la multiplicité des manifestations *hasardeuses* par une entité universelle unique, lui attribuer donc un visage malgré tout uniforme et un rôle devenant partout identique. D'où la possibilité d'envisager un "hasard créateur", un hasard qui "crée" tel un démiurge faste et généreux : «Comme un artificier qui fait apparaître par gerbes les féeries scintillantes dans l'homogénéité de la nuit, le hasard crée devant nos yeux et pour ainsi dire par explosions successives la plupart des merveilleuses constructions de la nature» (*ibid.*, p. 15). En fait, le hasard n'existe pas en tant que tel : il est tributaire d'un certain nombre de processus qu'il est illusoire de mettre "dans le même sac". Le hasard moléculaire d'un gaz instable n'est déjà pas tout à fait celui des croisements génétiques. Ce procédé relève de la croyance à la toute-puissance réaliste du concept, d'une obsession ou d'un vertige nominatif, fondé sur une assomption qui règle son sort au "multiple". Il faut ajouter que le hasard essentiel est le «hasard vrai» (*ibid.*, p.236) et qu'il se limite aux phénomènes strictement naturels ou physico-chimiques. Au-delà de cette borne, la reconnaissance d'une certaine hétérogénéité s'impose. Il est ainsi illusoire d'y fonder la liberté humaine, le libre arbitre, etc., car on traite avec niveaux différents qu'il est vain d'amalgamer. Et cela bien «que l'on ne pourrait pas imaginer un libre arbitre possible s'il n'y avait un certain hasard» (*ibid.*). Le hasard vrai et pur des processus naturels s'oppose non seulement au hasard d'ignorance, au hasard mathématique, etc., mais aussi au "faux" hasard, au hasard "impur", des processus qui ne sont pas exclusivement naturels, c'est-à-dire des processus "culturels". D'autre part, la conception d'un "hasard créateur", féeriquement créateur, escamote le versant négatif : le "hasard non-créateur" ou "destructeur".

Elle finit donc par se révéler tout à faut univoque, et cette univocité est à mettre au compte de l'"essentialité" dont on a accrédité le hasard.

On fait avec le hasard ce qu'on a jadis fait avec l'Être. On vit aujourd'hui une inversion du paradigme de la "nécessité" avec la même ferveur que les tenants du déterminisme dur et pur : le hasard apparaît comme une sorte de Dieu caché, aveugle et "merveilleux". On ignore la prégnance de son "contraire", en sombrant soit dans un vertige décimal ou mathématique, soit dans un durcissement essentialiste ou métaphysique. R. Lestienne reconnaît lui-même la pertinence du double axe "indéterminisme / déterminisme (celui-ci étant corrigé et, bien entendu, restreint par rapport à ses dérives absolutistes)", ce qui rend son apologie d'un hasard originaire et final, essentiel et vrai, généralisé et absolu (avec l'exception de tout ce qui a rapport au culturel et à l'éthique), assez problématique : il s'engage alors à combattre ou à faire reculer les frontières d'un hasard qu'il vient de promouvoir au rang de principe maître (*Ibid.*, p. 275). Au-delà du hasard objectif des processus quantiques, le hasard peut difficilement être, *partout et une fois pour toutes*, l'antithèse absolue de la nécessité : il est souvent son complément divergent et contradictoire. En effet, comme l'affirme François Jacob : "En matière d'organismes, tout n'est pas possible" (*Le Jeu des possibles*, éd. Fayard, 1981). Si F. Jacob a élaboré une conception du "hasard opportuniste" — processus aléatoire évoluant dans un cadre donné, à l'intérieur de certaines bornes et profitant de ses potentialités —, c'est parce qu'il a reconnu, selon ses propres mots, que les possibilités de changement de certaines structures et de certaines fonctions sont "contraintes" par une série de facteurs, et que le hasard seul n'explique pas pourquoi les animaux terrestres ont des pattes et les oiseaux des ailes : "Vivants ou non, les objets complexes sont les produits de processus évolutifs dans lesquels interviennent deux facteurs : d'une part, les contraintes qui, à chaque niveau, déterminent les règles du jeu et marquent les limites du possible ; d'autre part, les circonstances qui régissent le cours véritable des événements et réalisent les interactions des systèmes" (*ibid.*, pp. 59-60). Si dans un jeu consistant à extraire une boule d'un ensemble de cinquante boules, numérotées de 1 à 50, on doit s'attendre à ce qu'une boule, dont on ignore le chiffre exact, tombe dans le réceptacle choisi à cet effet, il est illusoire de s'attendre à ce que la boule se métamorphose en un oiseau ou en un reptile pendant l'extraction. D'une manière particulière, le hasard ne peut être que spécifique à un domaine donné ou à une série de domaines relativement proches, et toute généralisation ne doit pas perdre de vue son caractère fictif et oublier la multiplicité des cadres et des niveaux (par exemple, ceux du microscopique et du macroscopique) où il peut figurer. D'une façon similaire, dans les *théo-*

ries du chaos, l' "invariance d'échelle" agglutine toutes les échelles en une seule et tend à faire l'économie de la (relative) indépendance des niveaux et de leur spécificité. On succombe alors à un vertige "matho-informatique", dont on sort auréolé par la conquête finale d'espaces interdits aux anciennes procédures. Rémi Lestienne critique précisément le "chaos déterministe" — nouvelle figure de l'identité des contraires ! — en tant que conception où le hasard est escamoté (selon ses termes, la «science du chaos» est la science des "contrefaçons" du hasard dans l'Univers (*Le hasard créateur*, p. 268)), où le rôle des événements sur lesquels portent les "conditions initiales" d'un système théorique doivent obligatoirement évoluer vers un ensemble de figures données (les "attracteurs"). On a ainsi enfin domestiqué le "monstre" ! Dans ce cas, les événements, liés aux "conditions initiales", sont dénués de toute "autonomie" évolutive propre : ils ne peuvent qu'osciller autour de certains points déjà compris dans les graphiques de la connaissance...

4) Rejet du hasard et de tout ce dont il est solidaire. Dans ce contexte, si on accentue le rôle du hasard, on accentue le rôle du sujet. «Chaque fois que nous découvrons du hasard, nous pouvons dire que nous avons échoué dans notre observation de l'univers» (*La nouvelle communication*, p. 298, entretien avec Ray Birdwhistell). Cette hantise du hasard, plus que révélatrice pour un pouvoir théorique se drapant d'une certaine universalité, transparaît aussi chez P. Watzlawick, dans l'affirmation du primat de la relation et de la réduction conséquente : «Ce qui distingue n'importe quel système, c'est qu'il ne s'organise pas au hasard à travers toutes les diverses possibilités d'action et de réaction, tout système viable ne s'accordant en fait qu'avec un nombre plutôt restreint de comportements» (*ibid.*, 330). «L'interaction humaine ne se déroule pas au hasard. En effet, à mesure qu'une relation se développé, elle se structure de plus en plus [...]» (*ibid.*, 250, l'article de P. Watzlawick cité). Cette prémisse est comparable, par sa contrainte d'universalité, à celle des "systèmes totalitaires" politiques critiqués par certains intervenants de l'école de Palo Alto. Le système, se réclamant des attributs et de la loi d'une maîtrise réussie et *nécessaire*, exclut à ses frontières, de manière définitive, tout ce qu'il ne gère pas et qui risquerait de le "détraquer".

5) Le "changement" éventuel doit aller dans le sens de l'"homéostasie" — ou de l'intervention théorique paradoxale (par injonction paradoxale ou autre). L'"homéostasie", aux "feed-back" négatifs rétablissant les équilibres menacés, fut développée en premier lieu par Don Jackson (*La nouvelle communication*, p. 48 ; voir aussi l'article de Jackson, *La question de*

l'homéostasie familiale, pp. 225/237), avant de rencontrer l'équipe "Bateson" (Weakland, Haley). L'homéostasie, notion physiologique avant d'être une notion sociale, remonte au "milieu intérieur" de Claude Bernard, avec les constantes physico-chimiques, avec les contrôles internes de sucre, de température, etc., effectués automatiquement par l'organisme, d'après l'aveu même Bateson (*À la recherche de l'école de Palo Alto*, p. 60). L'homéostasie se changera en «*morphostase*» — toujours la neutralisation de l'écart par la norme "formelle" ou "fonctionnelle" — dans le modèle de la «cybernétique de second ordre» *(ibid.,* p. 318). Voir Angèle Kremer-Marietti, *Philosophie des sciences de la nature*, PUF, 1999, pp. 162/4 pour la place de ce concept, censé préfigurer l'homéostasie, dans le positivisme de Claude Bernard. Littéralement, le concept d'homéostasie correspond à un durcissement et à un travestissement du "milieu intérieur" — celui-ci en tant que "milieu" est porteur d'hétérogénéité (interne) et de variance —, car dans l'homéostasie, on privilégie le semblable, l'homogène, le continu, le nécessaire, le total,, par rapport à leurs contraires. L'homéostasie est un arrêt à l'ordre, au semblable, récréant lui-même son invariance, supposant une imitation fonctionnelle et systématique, d'après le statisme du savoir et de la loi.

6) **SYSTÈME ET PARADOXE**

Pour une dérive paradoxale de la notion de "système", le texte de Yves Barel — *Le paradoxe et le système,* Essai sur le fantastique social, Presses universitaires de Grenoble, 1989 — est très significatif. La reconnaissance de la *société*, comme un système social absolu et universel, est suivie de sa reconnaissance comme une pluralité de systèmes. Il y a, d'une part, le système social, d'autre part, des systèmes sociaux, et le lien entre l'unité et la pluralité ne peut se faire que grâce à une voie paradoxale, prolongeant le paradox initial d'une définition totalisante, unitaire et hermétique : un "système social", superposition d'une pluralité de systèmes, "est, d'une certaine manière, plusieurs systèmes en un, et un système en plusieurs" *(ibid.,* p. 72). On ne peut être "dehors" parce qu'on sera toujours "dedans" (il n'y a pas d'extériorité au système total), d'où une imbrication infinie des niveaux, des instances, des fonctions. Le système prolifère par "fusion" et "séparation" : il fusionne pour séparer (en partant du système unique vers une pluralité systématique) et sépare pour fusionner (en partant des systèmes pluriels vers l'unité systématique première). Le paradoxe ne fait que traduire la situation "fantastique" du "social", tel qu'il est souvent appréhendé par la sociologie : il est partout et nulle part, sans contrastes d'aucune sorte, puisque l'individuel est automatiquement sa part maudite ou le signe de sa perversion.

En reprenant cette stratégie, dans le cas d'une langue donnée envisagée comme un système, tout se passe comme si elle éclatait ensuite en une pluralité de systèmes radicalement séparés les uns des autres (pour pouvoir se constituer comme tels à l'intérieur du grand "système") : la sémantique, le phonologique, le syntaxique, le discursif, etc., n'auraient ainsi que peu de chose en commun. L'unité et la différence d'une langue, par rapport à une autre, s'écroulerait, puisque la coexistence de systèmes divergents, au sein d'un même système, ne pourrait que faire désintégrer celui-ci. En outre, une même langue serait en même temps porteuse d'une "non-langue". Car tout peut être système, et rien ne l'est en fait : le système est encore "non-système", c'est-à-dire une "absence de système" (*ibid.*, p. 36). Si tout système comporte des frontières, celles-ci, à peine définies, s'abolissent au moment même où elles sont créées (*ibid.*, p. 182). D'une manière générale, le paradoxe est situé entre la réalité et la représentation, sans être ni dans l'une ni dans l'autre exclusivement (*ibid.*, p. 312). Toutefois, le constructeur de paradoxes est censé être "dans" la réalité ; d'où l'on déduit que le paradoxe se boucle sur lui-même, en rendant impossible ultérieurement toute distinction entre la représentation et la réalité, le subjectif et l'objectif, l'intérieur et l'extérieur (du système) (*ibid.*, p. 313). Le paradoxe, s'appuyant sur une définition très lâche du système et de la réalité, et trop large de la totalité, peut, par conséquent, poser une différence pour l'abolir tout de suite après.

7) Pour Watzlawick, le temps, exclu par la prémisse circulaire inhérente à la stratégie paradoxale, joue un rôle fondamental. Il y a «très peu d'exemples de doubles contraintes» (*La nouvelle communication*, p. 329), pouvant être observées dans un laps de temps réduit. «Dans l'ensemble, en pratique, les doubles contraintes se produisent au sein de larges séquences temporelles» (*ibid.*). Cette illimitation temporelle pourrait devenir absurde — l'une des possibilités impliquées dans une double contrainte se produirait dans un siècle donné, et l'autre dans le suivant, avec tous les intervenants déjà bien "refroidis" ! Une gêne apparaît dans cet entretien — d'une part, la double contrainte se dérobe à l'expérimentation immédiate, et d'autre part, elle demeure un «concept très immédiatement expérientiel, si vous voulez. Il est juste de dire que nos méthodologies actuelles sont inadéquates» (*ibid.*) — pour décrire les phénomènes interactionnels. La faillite de la double contrainte est ainsi généralisée à toute méthodologie — ce qui la dédouane. Selon le principe, "dans le royaume des aveugles, le borgne est roi". L'interactionnel se place à la limite du savoir, comme la logique à la limite du monde chez Wittgenstein. La double contrainte est

ainsi un principe méthodologique — allant de la théorie à l'observation — qui met en déroute toutes les méthodologies. Sa charge paradoxale est dans cette négativité qui sous-tend l'affirmation du "principe" ou de la "prémisse" la plus positive en termes d'opérations cognitives.

8) **LES CONDITIONS INITIALES**
En ce qui concerne la "dépendance sensitive des conditions initiales" dans les systèmes physiques en un "temps zéro", voir : David Ruelle, *Hasard et chaos*, éd. Odile Jacob, 1991, pp. 54 et 59 ; et dans les phénomènes chaotiques évoluant dans le temps : pp. 89-90. Pour le caractère ouvert, tendu et imprévisible des systèmes dynamiques, voir aussi : Ivar Ekeland, *Le calcul, l'imprévu, Les figures du temps de Kepler à Thom*, éd. du Seuil, 1984, p. 132 ; et au sujet de la rupture de l'antécédent et du conséquent selon Maxwell, p. 85. Un petit changement dans l'état du système peut avoir des conséquences importantes (cas de croissance exponentielle par rapport à celui d'une croissance à taux constant). Sur le caractère mixte des systèmes physiques dynamiques, où il peut y avoir à la fois déterminisme et imprédicabilité — par exemple, la circulation générale de l'atmosphère ou la dynamique d'un gaz —, c'est-à-dire ceux où la prédiction à long terme est possible et ceux où elle est presque vaine, voir : *Hasard et chaos*, pp. 61-63. Ce type d'approche s'attache ainsi à des situations fluctuantes, temporelles, potentiellement contradictoires, tendant vers un équilibre ou déséquilibre, dans lesquelles un modification "structurale" (par exemple, dans la théorie de la famille, la naissance d'un nouvel élément) peut modifier le "système" lui-même. En nous reportant au cas de l'École de Palo Alto, l'"invariance thermostatique" ou paradoxale n'apparaît, dans ces conditions, que comme un vœu plutôt utopique que justifié ou réaliste. Le problème de la stratégie de Palo Alto, c'est d'accorder une valeur d'axiome infaillible à la "norme". La vision "thermostatique" ne vise alors que le simple là où il y a du complexe, ne s'adresse qu'à une totalité fermée ou circulaire là où une totalité réellement ouverte est opérante, ne prend en compte que l'univoque là où se manifeste, dès le départ, un mélange de hasard et de nécessité. Elle oblitère le caractère hypothétique de sa démarche au nom de la "science".

9) Le changement est balisé par des "analogies". Il faut que le changement s'intègre dans un cadre pré-établi, une convergence donnée, une nécessité orientée. Il ne faut pas que la "fluctuation", engendrée par une "perturbation" interne ou externe, perturbe le système outre mesure. Il faut *ordonner* le changement pour le faire "évoluer" dans le sens prescrit. Il y a

des différences au sein de l'équipe de Palo Alto entre ceux qui privilégient la stabilité, l'homéostasie, comme P. Watzlawick, J. Haley, J. Weakland, et ceux qui s'intéressent davantage aux processus de changements, comme Milton H, Erickson et Bateson dans une certaine mesure (*À la recherche de l'école de Palo Alto*, pp. 172/3 et 321). Le modèle homéostatique privilégie la symétrie et la complémentarité — c'est-à-dire tout ce qui renforce la stabilité et l'ordre système en place, autour de certains seuils, et ne le met jamais en danger. Le point d'orgue d'une telle stratégie est le feed-back négatif ou la boucle de rétroaction corrigeant de manière permanent les dérives dangereuses pour le "système" de référence. Ce qui échappe au système bascule dans le "non-être". Ce qui n'est pas pris en compte dans le cadre des restrictions initiales ou des possibilités programmées devient *non-informatif* — c'est-à-dire subjectif, historique, "originaire" (= spécifique à chaque acteur). Les questions métaphysiques et politiques (*ibid.*, p. 304) doivent être laissées à la porte du laboratoire. On vise essentiellement une adaptation à l'environnement social, économique (le thérapeute épaulant le fameux directeur des "ressources" ou des "relations" humaines), même s'il est complètement "pourri" ou "déglingué" — pour que les "autres" (société, famille, etc.) se sentent en définitive bien dans "*notre peau*" !

10) Le rejet de la "causalité linéaire", pragmatique, s'accompagne — on commence et on finit n'importe où à l'intérieur du réseau circulaire — d'une redéfinition de la "causalité" en termes de savoir. La "ponctuation" de l'interaction, d'une chaîne donnée, se fait toujours au profit du théoricien qui se place sur une position d'origine révélatrice, valable universellement. Bien entendu, cette orientation largement anti-pragmatique ne pouvait que rencontrer des résistances dans les milieux universitaires voués, ouvertement ou en sous-main, au culte "behavioriste", malgré la "mort" déclaré de celui-ci. Bateson n'aimait pas le mot et la question du pouvoir (*À la recherche de l'école de Palo Alto*, p. 178) parce qu'elle était trop révélatrice de certains enjeux qu'il fallait laisser dans l'ombre. On peut interroger le pouvoir des "autres", mais jamais sur le sien ! La question du "pouvoir", du contrôle, dans les relations humaines, a opposé Jay Haley (qui y croyait et le voyait au fondement et au couronnement de la hiérarchisation organisationnelle) et Gregory Bateson (qui n'y croyait pas, puisque cela correspondrait à un retour à la causalité "individuelle") (*ibid.*, pp. 177/8).

11) On trouve chez Ray Birdwhistell les prémisses de ce principe — on n'échappe pas à la communication ; on ne peut pas ne pas communiquer (*La nouvelle communication*, p. 74). Pour lui, l'«individu ne communique pas, il prend part à une communication où il devient un élément» (*ibid.*, 75 ; référence bibliographique, p. 339). Primat du système sur la "particule", de l'échange sur ses "supports", de la relation sur l'intervenant, du couple sur l'individu, de l'interaction sur la position singulière, de l'"ensemble" sur l'"élément", d'une manière générale, primat du *Tout* sur les *parties*. «Pas les individus, les relations. Ce n'est pas la réponse individuelle qui importe !» (*ibid.*, 294, entretien avec Ray Birdwhistell). On ne peut pas ne pas communiquer, ou il arrive toujours quelque chose, et ainsi «il n'arrive jamais que rien n'arrive» (*À la recherche de l'école de Palo Alto*, p. 109). Ce qui est intéressant de voir le positif installé par le négatif. Même à l'extrême limite de la négation, il y a encore une positivité que la théorie doit prendre en charge, pour triompher de toute limite, de toute résistance ou dissidence, de tout abandon. Elle n'a point de limites parce qu'elle les incorpore.

12) Le schizophrène fait les frais de la théorie de la communication fondée sur la cybernétique et la théorie de types logiques (41). Bateson souligne ouvertement sa subordination du schizophrène. Il n'a jamais été «intéressé par eux» (cité par «*La nouvelle communication*», 42, références in *Bibliographie*, p. 338), comme par les aborigènes qui étaient l'"objet" de sa quête anthropologique. Et, en fait, il recherchait une structure globale, universelle, qui dépasserait le cadre de la schizophrénie et qui pourrait s'étendre sur une multitude de champs et de pratiques. La réalité est confinée au cadre d'adjuvant des principes généraux, d'illustratrice : elle se limiterait à fournir les données qui la complètent aux yeux de la communauté scientifique.

13) Il n'y a aucune réflexion sérieuse, conséquente, de l'écart "paradoxe / contradiction", peut-être parce que le paradoxe "dévore" la contradiction en son sein et qu'on se limite à présupposer, plutôt de manière sous-jacente, une lecture statique et logique de la contradiction. Le paradoxe incorpore *immédiatement* la contradiction : il est une (presque) simultanéité contradictoire. Tout se passe comme si le paradoxe incorporait et annulait donc leur écart. Ce qui subsiste de la contradiction n'est qu'un affrontement séquentiel de deux états inertes, presque sans relation (il y a d'abord "ceci" et ensuite "cela" qui joue le rôle d'"*anti-ceci*", et par conséquent une nullité sans grand avenir), où l'on a supprimé toute trace

de dynamisme. Dans la perspective inhérente à l'enjeu du double bind, fondée sur la théorie des types logiques, le "paradoxe" est un «type de message qui contient en lui-même sa propre contradiction» (*La nouvelle communication*, article de Paul Watzlawick, *Structures de la communication psychotique*, p. 246). Le paradoxe ou l'auto-contradiction est un piège dont il faut s'échapper par la logique. Le "méta-niveau", pleinement assumé, supprime les paradoxes et les contradictions sous-jacentes. En somme, le paradoxe *intègre* déjà la contradiction dans un effort pour la dissoudre, la transformer en jeu, en évitant son étalement dans un processus temporel, en deux séquences temporelles pouvant être relativement éloignées l'une de l'autre. Le paradoxe "avale" la contradiction (et le temps) dans un jeu censé être "sans fin", si on escamote l'intervention du "théoricien-thérapeute-logicien". En fait, la "fin" du jeu équivaut à la sacralisation du "jeu" théorique. La première impasse sera celle faite sur les divergences théoriques dans une espèce de consensualité paradoxale. Comme si le paradoxe et l'approche paradoxale éteignait toutes les divergences et les conflits douloureux.

14) **LA VISION**.

Nous avons recensé et commenté tous les fragments concernant les paradoxes de la vision chez Valéry dans un recensement critique de tous les paradoxes dans les *Cahiers*. On peut uniquement, en se limitant à l'œil, fournir un long livre. Nous donnons quelques exemples de passages des *Cahiers* où il est question de cette inflexion de l'"œil". Celui-ci, comme le divin, est un peu partout : *C.* 7, 750 ; *C.* 25, 11, 166, 284/5, 882 ; *C.* 26, 519 ; *C.* 28, 102, 509, 597, 619. Cela va de l'œil fonctionnel, de la vue qui exclut l'œil, de l'œil qui nous empêche de voir, à l'œil qui se regarde, à l'œil "serpentin", proche de l'Ouroboros. Nous renvoyons à ce propos à notre texte *Le Statut du paradoxe chez Valéry*, (Ed. L'Harmattan, 2005, pp 11, 19, 143 et 176/7). Souvent, on reste dans le cadre de l'organe-obstacle, énoncé par Vladimir Jankélevitch d'après Bergson. La perception apparaît comme une métaphore de la situation générale de l'homme dans l'univers. Le pur voir et l'aveuglement absolu sont interdits à tout homme (même à l'aveugle, qui voit à sa manière !). L'"organe-obstacle" ne devient "obstacle" que sous la pression du non-voir qui surplombe tout regard : il interdit, paradoxalement, à l'œil de s'attacher à ce qu'il voit. L'œil doit s'arracher à ses tautologies, à ses complétudes, pour remplir convenablement sa fonction. Ce qu'il voit n'est jamais qu'une portion infinitésimale de ce qu'il pourrait voir — les possibles anéantissent, en quelque sorte, le possible.

La tare de la finitude lie le pouvoir au non-pouvoir, le voir à l'aveuglement, le soutien à l'empêchement : «[...] pour pouvoir, il faut être empêché et limité ; cette alternative est la tare paradoxale de la finitude» (Vladimir Jankélevitch, *Le paradoxe de la morale*, Ed. du Seuil,, collec. "Points", p. 185). Ce que Jankélévitch appelle le paradoxe de l' "organe-obstacle" ou de l'outil-entrave : «[...] l'appareil sensoriel est indivisiblement organe et obstacle, à la fois instrument et impédiment» (*ibid.*, p. 110). Le caractère insidieux de l'organe-obstacle, c'est qu'il peut passer inaperçu : lorsqu'on voit dans la perception courante, en ouvrant les yeux *si facilement*, le non-voir ou l'obstacle est escamoté. Il ne devient présent que par l'opération de la douleur : il faut une escarbille pour que le voir se trouble, devienne terrestre, limité, car l'«organe-obstacle est soustrait au devenir» (*ibid.*, p. 113). Le paradoxe de l'organe-obstacle est donc qu'il n'y a point, à première vue, de paradoxe. Il arrive avec la charge de négativité qui désarçonne la positivité de l'œil. En effet, il n'y a "vision" que parce qu'il y a "obstacle" ; sans ce dernier, la vision deviendrait irrémédiablement aveugle (*ibid.*, p. 111). Le paradoxe de l'organe-obstacle dépasse le cadre de la perception et coïncide avec le corps dans son ensemble. Ce dernier est le "double simple" et multiple, opaque et transparent, comme l'organe-obstacle, se manifestant dans une union malheureuse avec l'"esprit", sans espoir de divorce — c'est-à-dire la cacophonie harmonieuse ou l'accord dissonant, l'attraction-répulsion, l'ambivalence de l'"Un" lui-même divisé, la fêlure sans déchirure. Il oscille entre "l'un et l'autre" de ces pôles et "ni l'un ni l'autre". Il est l'emblème et la matrice de la finitude, se reconnaissant en tant que telle et essayant de produire, par une stratégie d'oscillation, un passage vers ailleurs.

15) Les auteurs exposent le caractère "maladif" de leur approche. «Plus le système est "malade", plus les règles en sont étouffantes et strictes» (*La nouvelle communication*, p. 250). Rien de plus "étouffant" qu'une double contrainte, et cela s'accentue d'autant plus qu'elle est extrêmement problématique au niveau de la "vérification". On peut considérer que le *système circulaire*, avec ses règles redondantes, comme emblème d'un certain étouffement théorique, par la réduction abusive des "pluralités" en jeu.

16) En fait, les "guerres" théoriques larvées déchirent les théories de la "pragmatique" de la communication (*À la recherche de l'école de Palo Alto*, p. 243/5). Bateson, réagissant mal à une présentation manuscrite du projet, ne préfacera pas l'ouvrage de Watzlawick et compagnie (*Une logi-*

que de la communication) qui lui sera néanmoins dédié. Il se trouve en effet en concurrence avec eux par son projet de rassembler ses publications chez le même éditeur — dans ce qui va devenir *Vers une écologie de l'esprit*. Cela concerne surtout les réticences de l'éditeur choisi pour la publication de ce dernier livre, alors qu'il vient d'accepter le projet "ami" et "concurrent" qui lui fut envoyé. Voir aussi les conflits entre Bateson et Jackson (*ibid.*, pp. 179/80).

17) La double contrainte "engloutit" la famille dans ses filets généraux, abstraits, "logico-scientifiques". La double contrainte résulte, au départ, de la collaboration de Margaret Mead et de Gregory Bateson sur la culture balinaise (*La nouvelle communication*, 1980, p. 31), dans les années quarante, avant son exposition théorique en 1956 dans un article intitulé «*Vers une théorie de la schizophrénie*» (*ibid.*, 38), publié par G. Bateson avec Don Jackson, Jay Haley et John Weakland. Voir encore la note 1, p. 40, sur l'évolution de la double contrainte chez d'autres auteurs. Texte repris dans *Vers une écologie de l'esprit,* 1980, tome II, pp. 9/34.

La double contrainte — canevas théorique, a priori formel, prémisse universelle — se prêterait mal à la vérification empirique, si on ne l'avait déclaré à l'avance réticente aux effets expérimentaux. Toutefois, elle est généralisée au plus grand nombre de situations ; et elle est censée trouver une application partout — art, psychologie, schizophrénie, famille, communication animale, entreprises, systèmes politiques et sociaux. On peut remarquer aussi un effort de Bateson pour arracher la "double contrainte" à son enracinement strictement langagier (voir *La nouvelle communication,* p. 286), à la suite de ses recherches sur les loutres et les dauphins. La recherche expérimentale sur le *double blind* est sous le signe de l'échec (*La nouvelle communication*, pp. 328/9, entretien avec Paul Watzlawick) et des conflits théoriques (*À la recherche de l'école de Palo Alto*, p. 184). La double contrainte est un modèle du savoir, assez sophistiqué (fondé sur la théorie des niveaux logiques de la communication), et un modèle d'ignorance. Pour Bateson, la double contrainte se dérobe à l'approche quantitative, à la vérification expérimentale, car elle n'est pas une "chose" (passible d'une réification) mais une "relation" échappant au savoir de type objectif (*À la recherche de l'école de Palo Alto,* p. 168/9 ; ou : *Vers une écologie de l'esprit,* II, p. 43).

18) Le modèle cybernétique, systémique, voit le sujet — ce qui se passe à l'intérieur de celui-ci — comme une absence, une béance, un "trou" noir.

Dans une approche tendancieusement "monadique" — l'«approche orthodoxe est monadique» (*La nouvelle communication*, p. 321), extrêmement réductrice. La "monade" ne propose philosophiquement qu'une caricature de "sujet" devant la clarté aveuglante, originaire et finale du dieu, centre dispensateur de lumière et d'ouverture qui rachetant son cloisonnement hermétique. On a le choix en dernier ressort qu'entre Dieu et la science, entre l'idéologie fourvoyante et la "cybernétique" redresseuse des mystifications. Pour la cybernétique, telle qu'elle figure sous l'horizon de l'école de Palo Alto, voir les pages presque initiales de *La nouvelle communication* (pp. 15/22). Bateson n'écarte pas toujours le rôle du sujet dans la recherche d'une nouvelle "détermination" (*ibid.*, p. 169). Mais il reste toujours encadré, sous l'horizon d'une détermination sans laquelle le "savoir" se trouverait tout "nu", ce qui est hors de question. L'ignorance se dégage toujours d'un horizon de savoir. La causalité externe est en fait remplacée par une détermination cognitive qui laisse au sujet une certaine marge d'action ou d'indécision, puisqu'on ne peut pas prédire qu'il deviendra "ceci" ou "cela" (schizo ou parano, artiste ou entrepreneur), mais s'il le devient, l'explication est déjà toute tracée (la double contrainte est plus forte que le chaos).

19) **DIEU OU LE MAXIMUM**.
On trouve chez Valéry la rencontre cusienne du "maximum" et du "minimum" servant de définition paradoxale de Dieu. «L'effort de dieu pour "créer" le maximum de grandeur et d'organisation (univers) est ... *doit être* — infiniment petit : c'est la définition du dieu» (*C.* 21, 778). «La Perfection, Dieu ou le Maximum» (*C.* 8, 246). Le «Maximum maximorum» (*C.* 6, 434). D'une manière générale, Dieu est une solution paradoxale unique à tout un ensemble disparate de contradictions. Il unifie le contradictoire et le supprime en principe. Mais tout "Dieu" qu'il soit, il laisse des traces de contradictoire dans son sillage "paradoxal". Parmi la multitude de ces attributs, Dieu est le «Contradictoire» (*C.* 4, 86), source d'un réseau de paradoxes : présence et absence à la fois, vacuité et précision à la fois, penser et sentir à la fois, amour-pardon et crainte-châtiment à la fois, justice et vengeance à la fois, besoin et autosuffisance (n'avoir besoin de rien) à la fois, retraite et "engagement" (la Création) à la fois, particulier et universel à la fois, possession et non-possession à la fois.

Chez Cues, Dieu est irréductible au langage humain, fini, particularisant, affirmatif, naturel et arbitraire, tout en apparaissant comme la source de tous les noms. Il est, à la fois, tous les noms et aucun d'entre eux, et ainsi on pourra appeler Dieu du nom de toute chose et toutes les choses de son nom : si le Mur de la coïncidence des contraires marque la fin de tous les noms et de leur sens, toutefois, «tous les noms ne font qu'un» en Dieu (Nicolas de Cues, *Trois traités sur la docte ignorance et la coïncidence des opposés : Complément théologique*, éd. du Cerf, 1991, trad. par Francis Bertin, chap. XIV, p. 130) ; si le nom de Dieu est inconnu, il est aussi connu. Ce nom, parfaitement approprié à l'indicible et à l'incommensurable, est, pour Nicolas de Cues, celui de "*maximum*", parce qu'il «enferme tout dans la simplicité de son unité, et il est le nom ineffable placé au-dessus de toute intelligence. [...] comme l'appellation de Dieu est "Dieu", son nom est inconnu, si ce n'est par cette intelligence qui est le maximum lui-même et le nom maximum. C'est pourquoi, la docte ignorance nous le fait toucher du doigt [...]» (Nicolas de Cues, *De la docte ignorance*, éd. de la Maisnie, 1979, I, 24, pp. 91-92). Dieu est le «repos maximum en qui tout mouvement est repos» (*ibid.*, I, 23, p. 89), le «maximum absolu», «absolument en acte» (*ibid.*, I, 4, p. 43), le «maximum simple, absolument pur de toute figure» (*ibid.*, I, 12, p. 60). Ou encore, «l'universalité absolue coïncide avec la singularité absolue, de même que le Maximum absolu, en qui tout est un, coïncide avec le Minimum absolu» (*Trois traités sur la docte ignorance et la coïncidence des opposés : Complément théologique*, p. 40). Le «maximum absolu» est «tellement en dehors de n'importe quelle opposition que le minimum coïncide dans le maximum, il est, de la même manière, au-dessus de toute affirmation et de toute négation» (*De la docte ignorance*, I, 4, p. 43). La fin des oppositions est célébrée par une dernière opposition (*maximum / minimum*), censée ne pas être langagièrement ce qu'elle est (une opposition). Le maximum n'est donc pas *au-dessus* de toute affirmation, puisqu'il est affirmé, comme il n'est pas non plus *au-dessous* de toute négation, car il ne subsiste, en tant que "maximum-minimum", que par tout ce qu'il rejette et nie. Il y a ainsi un usage paradoxal du "principe de contradiction". Le nom de Maximum met un terme, ou esquisse un compromis, à la non-appropriation ou au voilement de Dieu par le langage. Il arrête la chute de l'infini. Dieu combine le tout et le rien dans son Verbe ineffable : «Il existe donc un seul Verbe ineffable, qui est le nom précis de toutes choses en tant qu'elles peuvent être nommées grâce au mouvement de la raison. Ce nom ineffable se reflète à sa manière en tous les noms, car il est la nominabilité infinie de tous les noms et l'énonciabilité infinie de tout ce qui peut énoncer [...]» (Nicolas de Cues, *De la pensée* (Le Profane), trad. par Maurice de Gandillac, dans : Ernst Cassirer, *Individu et cosmos dans la philosophie de la renaissance*, éd. de Minuit, 1983, chap. II, p. 252). Absence radicale de nomination et nominabilité infinie, origine et fin de tous les noms, précision et indétermination, unité et tout, simplicité et complexité, le nom de Dieu est le point unitaire d'une "multitude" paradoxale. En étant l'ensemble de tous les noms, il est aussi l'ensemble de tous les paradoxes. Dieu est un *maximum paradoxal*.

20) **LE MÉNON ET LA RECHERCHE PARADOXALE.**

Le paradoxe du *Ménon* pose les apories de la "vérité éternelle" lorsqu'elle se trouve combinée à un processus qui se déroule sur une scène non-éternelle. Selon le paradoxe du Ménon, on ne peut chercher ni ce qu'on connaît ni ce qu'on ne connaît point : "il n'est pas possible à un homme de chercher ni ce qu'il connaît ni ce qu'il ne connaît pas ! En effet, ce qu'il connaît, il ne le chercherait pas, parce qu'il le connaît, et le connaissant, n'a aucun besoin d'une recherche ; et ce qu'il ne connaît pas, il ne le chercherait pas non plus, parce qu'il ne saurait même pas ce qu'il devrait chercher" (Platon, *Ménon*, 80 d/e, Paris, Garnier-Flammarion, 1991, trad. Monique Canto-Sperber, p. 152). Si la vérité se situe déjà au départ du processus de la connaissance, la recherche est "superflue" (on connaît ce qu'on cherche), mais si elle n'y prenait pas une place quelconque, on chercherait indéfiniment l'objet même de la recherche : celle-ci risquerait alors d'être "nulle". Le paradoxe pose encore les apories du commencement et de la fin de la "recherche" : comment débuter une recherche et comment la déclarer achevée ?

Le paradoxe du *Ménon*, chez Platon, est l'esquisse de la vérité "retrouvée" dans et par une théorie de la réminiscence et de la révélation, s'appropriant l'éternelle déclinaison du divin. Au niveau de ses fondements, la vérité n'est ni construite, ni découverte : elle est "trouvée", ou plutôt "retrouvée", presque par hasard dans les multiples anneaux de la pensée interrogatrice et spéculative... Dans la théorie de la réminiscence, l'âme a oublié ce qu'elle a jadis connu dans un "passé" ou un non-temps glorieux, et la vérité, après une telle catastrophe, ne peut être que *re*connue et donnée. L'oubli ne peut pas donc être total, sous peine d'invalider toute récupération, et il y a un déplacement du "connaître" vers le "reconnaître". Le savoir va redécouvrir le latent dans le manifeste, l'être dans le devenir, la forme dans la matière, le divin dans le terrestre. L'éternité de la vérité doit mener à la vérité de l'éternel, dont la puissance éclaire et annule ce temps intermédiaire entre le moment de la perte et le moment de la retrouvaille.

Nous renvoyons aux articles — de Gregory Vlastos, "*Elenchus* et mathématiques : un tournant dans le développement philosophique de Platon" ; de Donald Davidson, "Le philosophe de Platon" ; et de Alexander Nehamas, "Le paradoxe de *Ménon* et Socrate dans le rôle d'enseignant", parus dans *Les paradoxes de la connaissance — Essais sur le*

Ménon *de Platon*, recueillis et présentés par Monique Canto-Sperber, Ed. Odile Jacob, 1991, et respectivement de préférence aux pages 54-58 et à la note 19, p. 70, aux pages 90-98 et aux pages 283-285 — sur les dialogues platoniciens de type "*elenctique*", c'est-à-dire se terminant par une aporie finale, quand les dialoguants se séparent en avouant le caractère dérisoire des réponses fournies tout au long de la discussion, et reconnaissent parfois la nécessité d'y revenir à un autre moment et sur une autre "scène". Les discours "elenctiques" ou "réfutatifs" engagent ainsi la discussion à partir d'une thèse initiale énoncée par l'un des protagonistes de Socrate, et qui sera réfutée en cours de route, sans que l'on arrive à une mise au point finale clôturant la "recherche". D'où l'exigence d'"authenticité", de "certitude" (en abolissant tout "si", par une affirmation de type catégorique) et de "vérité" exigée par Socrate de son interlocuteur (sans contrepartie véritable de sa part) — la thèse (ou les thèses) en jeu ne peut être réellement réfutée, rendue inconséquente ou contradictoire, qu'à ce prix-là.

Toutefois, il ne faut oublier le caractère fictif et *dirigé* du discours et ne pas déduire de l'aporie finale que la "vérité" est absente au cours de ce processus ou qu'il n'en subsisterait, à la fin, qu'une incertitude généralisée. Il faut relativiser l'impuissance finale : le discours est une fiction (pas un syllogisme !) et l'aporie finale ne signifie pas forcément que des "réponses" ne furent pas élaborées et délivrées pendant l'"enquête". La vraie *fin* conceptuelle peut intervenir avant la fin du discours et, chez Platon, elle peut être offerte sous la forme de l'exposition d'un mythe primordial (ainsi la théorie de la "réminiscence" surgit précisément au cours du *Ménon*, accompagnée de quelques réticences, longtemps avant la fin de ce dialogue). En fait, les thèses de "Socrate" qui suscitent parfois de manière sous-jacente le questionnement — par exemple, la souveraineté de la vertu ; identité du savoir, de la conscience et de l'action, d'après le fameux "nul ne peut être méchant volontairement" ; et l'identité conséquente de l'ignorance et du "péché" — demeurent toujours à l'abri de la réfutation (à l'exception d'une autre thèse soutenue dans le *Philèbe*). La "vérité" est souvent une guerre déclarée mais aussi une "drôle de guerre", ambiguë : ni guerre ni paix, combat à fleurets mouchetés. L'auto-examen de "Socrate" n'est qu'un examen de la position de l'"autre", confondu par la stratégie interrogative, et l'enchaînement des questions et des réponses. L'interlocuteur *dit* mais ne *sait* pas ce qu'il dit, à l'opposé de "Socrate" qui *sait* mais ne *dit* qu'il sait ou ce qu'il sait. On ne peut escamoter la "ruse" dans l'agencement sinueux de ces discours.

Les questions socratiques possèdent l'ondoiement, la mobilité, la puissance d'encerclement de la "Mètis". Elles visent à produire un cercle aporétique où l'on va enfermer l'adversaire. Elles frappent l'interlocuteur piégé de stupeur et d'embarras devant les voies "bifurcantes". Voir à ce sujet : Marcel Detienne et Jean-Pierre Vernant, *Les ruses de l'intelligence, La mètis des grecs*, Ed. Flammarion, 1974, p. 288. La "mètis" n'est pas uniquement la spécialité du sophiste, aux mille visages contradictoires, fuyant comme une couleuvre et avançant comme un crabe : elle concerne aussi son "chasseur". Le dialogue apparaît alors comme une manière de "tresser" un piège, d'"entrelacer" l'écouteur, comme une procédure "oblique". Pourtant, Platon condamne, dans les *Lois*, toutes les formes de chasse avec filets et pièges (*Ibid.*, p. 40), parce qu'elles impliquent la ruse, la duplicité, la dissimulation, l'ambiguïté, au lieu de la claire et droite vertu du citoyen et du gardien de la "République", allant vers un but unique sans flottements suspects. La vraie ruse est celle qui se présente comme une "non-ruse", qui profite de sa dénonciation de la ruse en général, pour ruser à ciel ouvert (dis-moi ce que tu penses vraiment ; moi, je ne te dirai pas "tout"...), pour fonder le partage de la vérité immuable face à des simulacres accidentels et conjoncturels.

20) **LA "RECHERCHE, LE CIEL VIDE, PLEIN.**
D'après Valéry lui-même, la phrase de Pascal remonte à St. Bernard, par le biais d'une lecture de Bourdaloue (*Sermon sur la Grâce*) qui cite ce dernier (*Variation sur une pensée*, Œuvres, II, p. 473). Il souligne par ailleurs une différence entre Pascal («recherche de Dieu par l'âme») et St. Bernard («recherche de l'âme par Dieu») selon que l'âme occupe, dans la recherche, une position plutôt active que passive. En fait, la problématique remonte à Platon dans le *Ménon*, où l'âme peut occuper ces deux positions à la fois (elle recherche et est recherchée). Les penseurs chrétiens ont exploité un fond préexistant.

Valéry est particulièrement de mauvaise foi ou "aveugle" en ce qui concerne la réaction de Pascal à l'idée d'un univers silencieux et infini. Il nous précise que la «*réaction de Pascal* épouvante devant l'idée de l'Univers physico-mécanique, et la réaction inverse, (exaltation), ne s'observent guère de nos jours» (*ibid.*, 472) — car les «modernes» ont appris à «suspendre tout jugement au sujet de la nature des choses» (*ibid.*). Tout aussi bien que les «idées de Pascal dans l'ordre physique sont d'un aspect singulièrement timoré» (*ibid.*). Or, Pascal fut le premier à "vider" un univers aristotélicien "plein à craquer" — il est un des conceptualistes du "vide". Ce qui n'est pas si mal pour un "esprit timoré", et, en tout cas, il laisse loin derrière lui celui qui est le parangon, avec Descartes, de la démarche scientifique : Léonard de Vinci. Le bilan de ce dernier demeure sujet à caution (voir Pierre Thuillier, *D'Archimède à Einstein — Les faces cachées de l'invention scientifique*, éd. Fayard, 1988, Léonard de Vinci et la naissance de la science moderne, pp. 99/125). Sur l'introduction du concept d'espace vide, voir : Catherine Chevalley, Pascal — Contingences et probabilités, PUF, 1995, pp. 60 et 61 (surtout note 1). Ainsi, pour Pascal, l'«horreur du vide» est la caractéristique des «disciples d'Aristote» (*Traité de l'équilibre des liqueurs*, cité par C. Chevalley, p. 65, note 1).

Nous donnons deux exemples l'un de l'"épouvante" et l'autre de l'"exaltation" chez Valéry lui-même. Le ciel oscille entre l'étincelle et l'obscurité, entre la forme et l'informel, et si l'esprit nous cache les choses, le ciel les montre aussi, même si c'est, paradoxalement, en les cachant. «Le ciel étincelant dû à la multitude de points de l'air illuminé nous cache le ciel informe et noir, semé de points-événements» (*C.* 7, 604) — comme l'«activité de l'esprit nous cache les choses». Le ciel nous offre un éventail de possibles presque inimaginable, moment d'exaltation où la pensée reconnaît son propre pouvoir de se projeter dans les possibles non-étoilés. Or, devant ce "livre" spectaculaire, ce miroir du multiple, l'esprit est saisi d'épouvante ou de terreur — il y découvre une impasse introduite par l'abîme sous-jacent à la notion de "relativité". On passe du paradis à l'enfer du penseur. «Le ciel étoilé — comme si le hasard méditait ; et qu'il enfantât ces lois, dans un inextricable mélange de simple et de complexe [...] / Découragé par ceci : que Quelque chose Soit, si loin de nous — et qu'il y ait tant de possibles ! [...]» (*ibid.*, 222). «Il se fait dans l'esprit un arrêt — devant ces perspectives [...]» (*ibid.*). C'est «*l'enfer du penseur*» — «une *relativité* sans issue» (*ibid.*). En outre, on peut ajouter à la phase critique d'épouvante, à la phase d'exaltation, la phase d'ennui quand le jour, le monde bâillent, et le ciel a l'étrange pouvoir de déposséder l'agent perceptif de sa "vision", de l'enfermer dans ses tenailles invisibles. Ce qui correspond chez Valéry à une perte de puissance, à une dégradation de l'"énergie" interne. «Ce bâillement, le Jour et le Monde. — Cette impression non de ne pas voir ce que je vois, mais d'être *vu* par ces objets, ce ciel — ou encore d'un échange sans résultat possible entre mes yeux et ces choses — échange sans issue — et qui cache je ne sais quoi, sous couleur de montrer» (*ibid.*, 352). Nous avons encore ici une impasse, même si elle est à première vue loin de toute épouvante, elle dégage une tristesse "cosmique" après un réveil prématuré. «Trois heures quarante — 21 mai — Douleur qui m'éveille. Debout ! / [...] / Impression de clairvoyance tristissime du cerveau mal éveillé — qui voit, et n'*ajoute* rien» (*ibid.*). Le cerveau n'ajoute rien, ne voit plus rien, ne trouve pas d'autre issue que ce ciel de "plomb" où il est vu, insignifiant, inopérant, avant de commencer à se ressaisir dans l'acte d'écriture. Valéry peut donc occuper une place à côté de Pascal sur la barrière où il contemplent le jour et la nuit.

22) **INDÉTERMINISME ET LIBERTÉ.**
Il y a des grandes probabilités pour que celui que vise Valéry soit Bachelard. Non seulement Bachelard lisait et citait en épigraphe Valéry, mais encore il lui envoyait certains de ses livres dédicacés (j'en ai eu un dans les mains, sans me rappeler aujourd'hui exactement le titre, peut-être *L'Intuition de l'instant*), et figurait dans la bibliothèque de Valéry, sans que cela constitue forcément un don. Bachelard fait référence à une accentuation de la liberté dans le cadre d'un univers partiellement indéterministe. Il opère le rapprochement critiqué par Valéry. L'écart entre les deux "régions" de la physique lui apparaissait comme une chance pour l'esprit. L'esprit glisserait en quelque sorte dans les interstices d'un *monde qui s'ouvre* pour conquérir un espace propre, certifié par la science. La fracture épistémologique comme science de la liberté. «À mon avis, la discontinuité épistémologique qui vient de se présenter entre la physique et la microphysique nous offre l'occasion d'une libération vertigineuse : la libération de l'esprit à l'égard de lui-même» (Gaston Bachelard, *La psychologie de la raison* (Entretiens d'été, Amersfoot, 1938), coll. «Actualités scientifiques et industrielles», n° 849, Paris, Hermann, 1939 ; repris dans *L'engagement rationaliste*, PUF, 1972, p. 30). L'indétermination va de pair avec la manifestation d'une certaine *indépendance*, nécessaire à l'affirmation de la liberté — «[...] si l'on suppose l'indétermination d'un phénomène, on suppose du même coup son indépendance» (Gaston Bachelard, *Le nouvel esprit scientifique*, PUF, 16ème édition, 1984, 1ère édition 1934, p. 119). Heisenberg figure dans ce dernier texte. Avec son principe d'incertitude dans une physique devenue «indéterministe» (*ibid.*, 125) sur un fond d'«interférence de la méthode et l'objet» (*ibid.*, 126), il est un des principaux acteurs du «conflit entre le déterminisme et l'indéterminisme scientifiques» (*ibid.*, p. 126 et sv.). Outre la microphysique, la théorie des probabilités est aussi une propédeutique de la liberté — «[...] l'être vivant et l'être pensant sont impliqués moins dans des nécessités que dans des probabilités. Et cette implication réserve des libertés précisément parce qu'il ne s'agit que de probabilité ordinale» (Gaston Bachelard, *La dialectique de la durée*, PUF, 1950, 3ème tirage, parue pour la première fois en 1936, p., 88). Or, la probabilité dégage en amont une incertitude, une alternative, avant toute actualisation. Elle se place du côté du hasard, du hasard déjà "dressé", "limité". «La probabilité ordinale se présente, avant la décision, devant

l'alternative que pose une conduite à inaugurer : elle incline sans nécessiter» (*ibid.*). Elle accouche d'un point de liberté — ce moment où les choses ne sont pas établies, où le "dé" est suspendu dans l'air, avant sa chute imminente. Ce texte comporte une citation de Valéry en épigraphe dans le tout premier chapitre (*ibid.*, p. 1) et un aveu d'une lecture persistante de la poésie valéryenne à la dernière page du volume («Par exemple, pour sentir à notre manière toute la poésie de Valéry, nous avons entrepris de lui appliquer les schèmes de la dialectique temporelle» (*ibid.*, 150)).

23) Nous rappelons le numéro spécial du Bulletin d'Études Valéryennes, n° 59/60, mars-juin 1992, consacré à Paul Valéry et le Politique, où il est traité le rapport de Valéry à l'Allemagne (Philippe-Jean Quillien, Paul Valéry et l'Allemagne, pp. 37/125) et à l'Espagne (Monique Allain-Castrillo, Clio ineffaçable — le relief du politique valéryen sur fond d'Espagne, pp. 127/249).

24) **"LE NON FINITO"**
Le "non finito" est la "découverte" commune de l'inachevé par Michel-Ange (dans le *Saint Mathieu*, les *Esclaves* pour le Tombeau de Jules II, et Léonard de Vinci (*Sainte Anne* et ses croquis). Voir : André Chastel, *Art et humanisme à Florence au temps de Laurent le Magnifique*, PUF, 1959, chapitre "L'invention et l'inachevé", pp. 327/343). Ou encore : Michel Jeanneret, *Perpetuum mobile — Métamorphoses des corps et des œuvres, de Vinci à Montaigne*, éd. Macula, 2000, chap. "Léonard et Michel-Ange pris sur le vif", pp. 241/250). Avec des consonances différentes dans chaque cas : recherche "scientifique", expérimentale, chez Vinci ; platonisme esthétique pour Michel-Ange.

Pour Vasari, le premier à remarquer le grand nombre d'œuvres inachevées dans les deux créateurs, le *non finito* est la marque d'une "âme" paralysée, dans une vision négative de l'inachevé, par une «trop haute ambition» écartelée entre l'idée et la matière, ou par un défaut de technicité. Toutefois, chez le même auteur, il y a une reconnaissance d'un "non-finito" positif — à propos du *Saint Mathieu* de Michel-Ange, la «perfection de l'œuvre» étant dans l'«imperfection de l'ébauche» (cité par Michel Jeanneret, p. 248). Le non-finito entre dans une stratégie tensionnelle, à la limite du conscient, développant un contraste entre le fini et l'inachevé, le déterminé et l'indéterminé, le désordre et l'ordre, le "tourbillon" et la ligne concise, apprêtée, c'est-à-dire émergeant dans un cadre hostile, ou neutre, indifférent. Michel Jeanneret souligne la recherche du "contour" indéfini, en proie au flou, au non-contour, équivalant à une rature poétique, non-effacée dans le travail postérieur. Il écrit quelque chose sur Léonard qui trouve un écho dans la pratique de l'écriture des Cahiers. «C'est cette démarche — le jaillissement des idées premières et les signes du travail en cours — qui, aux yeux de Léonard, fait le prix de l'art» *(ibid.,* 243). L'inachevé valéryen se développe dans le cadre du rapport établi par Valéry avec les propres "cahiers-manuscrits" de Vinci.

L'œuvre inachevée est nettement dans les *Cahiers* et dans les *Œuvres*. «Une œuvre n'est jamais nécessairement *finie* [...]» (*Œuvres*, I, Variété, Calepin d'un poète, Bibliothèque de la Pléiade, 1957, p. 1450). «Il y a chez moi une tendance originelle, invincible, — peut-être détestable, — à considérer l'œuvre terminée, l'objet fini, comme déchet, rébus, chose morte [...]» (*Œuvres,* II, Mon buste, Bibl. de la Pléiade, 1960, p. 1359). Si le *non finito* est nettement revendiqué, il n'est pas ouvertement lié à Vinci — il s'offre comme une manfestation originelle de l'esprit valéryen. On peut en douter. Le transfert avoué fonctionne dans les deux sens. Ce n'est pas uniquement Valéry qui lui accorde ses inclinaisons, celles de Vinci interfèrent aussi avec les motivations valéryennes. «Enfin, je le confesse, je ne trouvai pas mieux que d'attribuer à l'infortuné Léonard mes propres agitations, transportant le désordre de mon esprit dans la complexité du sien» (*Œuvres*, I, Introduction à la méthode de Léonard de Vinci, p. 1232). Le *non finito* est associé pour Valéry, dans les *Œuvres*, à Degas : «Une œuvre était pour Degas le résultat d'une quantité indéfinie d'études, et puis, d'une *série d'opérations*. Je crois bien qu'il pensait qu'une œuvre d'art ne peut jamais être dite *achevée* [...]» (*Œuvres,* II, Degas danse dessin, p. 1199). Dans le même texte, Valéry imagine un dialogue entre les deux acteurs du *non finito —* Léonard de Vinci et Michel-Ange, qui reconnaît implicitement la stratégie de l'inachevé chez Vinci et l'ignore totalement chez Michel-Ange au point de transcrire une reproche formulé par ce dernier. «Une des plus belles scènes, (à imaginer), de la Comédie de l'Esprit est cette grande et singulière *sortie* que Michel-Ange aurait faite à Léonard lui rapprochant violemment de se perdre en recherches et curiosités infinies au lieu de créer et de multiplier les ouvrages, *preuves de sa valeur*» (*ibid.,* 1211). La «Comédie de l'Esprit» serait donc sous le signe de la fausseté, comme cela se passe souvent avec l'"esprit". Michel-Ange pourrait peut-être critiquer Léonard sur beaucoup de points, mais sur celui-là, il était passible du même reproche, même si les raisons pour "justifier" l'inachevé divergeaient vraisemblablement du tout au tout... À la limite, il pourrait à peine le critiquer le peintre de trahir la peinture en des multiples activités annexes, sans aucun rapport avec l'"essence" de son art. Ce reproche de dispersion, Valéry a dû l'entendre souvent formulé par ses amis, en ce qui concerne sa propre pratique de l'écriture et ses intérêts cognitifs multiples.

25) On peut rapprocher ce texte des *Cahiers* d'un autre publié dans l'*Anthologie des poètes français contemporains*, par G. Walch, en 1906 (Paris, Ch. Delagrave ; Leyden A.-W. Sijthoff). Il s'agit d'un poème de René Ghil, proche de Mallarmé, auteur du *Traité du Verbe*, qui fut édité et collabora au *Mercure de France*, intitulé *Nuit aux Terrasses*, pp. 295/97, dont G. Walsh donna quelques extraits (texte de *L'Ordre altruiste*, vol. 2, livre 5, 1895). «Ah ! sur les terrasses en prenant nos épaules / longtemps, parmi la nuit d'étoiles à meurtrir / notre gloire, passons ! Mes yeux pleurent les mondes qu'ils n'ont pas vus, et qu'ils ne verront pas [...] // Ah ! sur les terrasses en prenant nos épaules / longtemps, parmi la nuit d'étoiles à meurtrir / notre gloire, passons ! Mes yeux pleurent les Femmes / qu'ils n'ont pas vues, et qu'ils ne verront pas [...]» (p. 295). La *Station sur la Terrasse* valéryenne unifie les "terrasses" qui deviennent celle de l'œuvre faite, en train de se faire, et impossible à faire, reculant toujours dans l'horizon sous la pression de l'écriture fragmentaire. Il n'est pas, bien entendu, question de "pleurs" — ou de montée des larmes souvent énoncée par Valéry —, mais du caractère irrémédiablement inachevé de tout processus scriptural relançant sans cesse la question de sa "clôture". Valéry ploie dès le début sous le poids de ce qu'il n'a pas fait, et qui demeurera tel, quoi qu'on eut pu en faire.

26) **LA MAIN.**
La question de la main, surtout celle de l'écrivain, fut l'objet d'une étude "psychologique" (ou "chirognomonique") comprenant toute une série d'analyses de mains d'écrivain. Celle de Valéry, reproduite au cours de l'œuvre (empreinte de la main gauche), figure parmi celles d'André Gide, d'Henri de Montherlant, de Julien Green, d'Antoine de Saint-Exupéry, entre autres. Dans Edmond Bénisti, *La Main de l'écrivain*, Portraits psychologiques d'après la main, Éditions Stock, Paris, 1939, pp. 237/243 (pour le cas valéryen). L'interprétation suit les lignes et les articulations de la main gauche — du doigt Jupiter (l'index), au doigt Apollon (l'annulaire), au doigt Mercure (l'auriculaire), au doigt Saturne (le médius), aux phalanges, aux anneaux de Salomon et de Vénus.

L'auteur n'ignore pas certaines inflexions de la pensée valéryenne qu'il exploite au mieux. Par exemple, l'écart "intelligence / sensation" (selon les lignes de la tête et du cœur), et la déclinaison d'un orgueil associé à une surconscience (p. 242). Ou : «Paul Valéry / Intelligence intuitive. / Pensée discursive. / Sensation. / Voici trois natures : ou plutôt trois attitudes de l'âme. / Paul Valéry pourrait être défini différemment suivant qu'il fait usage d'une de ces trois "soi-même". / Mais son petit doigt, l'Auriculaire, suffit à lui seul pour nous révéler que sa technique la plus subtile consiste, dans ses écrits, à superposer ces trois aspects. / Ce doigt de Mercure [...]» (p. 242). Cette variation entre l'unité et le multiple n'est pas éloignée de certaines combinaisons valéryennes. En fait, l'"âme" s'inscrit donc matériellement dans les creux et les surfaces de la main. Celle-ci fonctionne comme un miroir, comme un révélateur "fini" de l'"infini". L'écrivain (ni personne) n'a nullement besoin d'écrire pour décliner les stratifications de son psychisme : il lui suffit d'ouvrir la paume de la main et d'y lire le texte de la "nature". La chiromancie remplace l'écriture classique. La main est une feuille blanche bien remplie de signes. Valéry jouera aussi avec ses mains de multiples façons — paradoxalement, contradictoirement, métaphoriquement, littéralement, techniquement, socialement, physiologiquement, sans vouloir la cantonner à un rôle de miroir transcendantal, même si elle devient le symbole corporel manifeste du sujet-individu. Voir à propos de la main, notre texte *Le Statut du paradoxe chez Valéry*, p. 182 et sv. Il est symptomatique qu'une pluralité d'écrivains se soit laissée prendre au jeu, se disposant à livrer à l'"enquêteur" une empreinte de leur "partie-tout". D'autre part, l'intérêt pour la main, logique dans le rapport de production de l'écrivain, est vraisemblablement suscité par l'intérêt porté à l'*homo faber*. La main comme éducatrice de l'humanité, dans un super-rôle prométhéen, c'est-à-dire dans ses relations avec la matière et les transformations opérées en celle-ci, à tous les niveaux (agriculture, industrie, etc.).

TABLE DES MATIÈRES

INTRODUCTION 5

PREMIÈRE PARTIE

LE PARADOXE DANS L'ÉCOLE DE PALO ALTO 11

LES CERCLES DU PARADOXE

LANGAGE, LOGIQUE ET RÉALITÉ
DANS L'ÉCOLE DE PALO-ALTO 13

- LE TOUT ET LES DIFFÉRENCES
  DANS LE CERCLE FAMILIAL :
  LE PARADOXE DE LA NORME.. 13

- SYSTÈME OUVERT ET SYSTÈME CLOS :
  LE PARADOXE DU SYSTÈME. 28

- LE RÉEL ET LE LANGAGE :
  DEUX TYPES DE LANGAGE,
  LA RELATION ET LE CONTENU,
  LE PARADOXE DU SILENCE. 37

- LES TROIS TYPES DE PARADOXES :

SÉMANTIQUE, SYNTAXIQUE ET PRAGMATIQUE.	43
- PARADOXE ET PRAGMATIQUE : LE RAPPORT "THÉORIE / PRATIQUE".	46
- LES ALTERNATIVES, LE THÉRAPEUTE ET LE PATIENT.	56
- LE PARADOXE DU SAVOIR : LE SUJET, LE MONDE ET LE JEU DE LA LIMITE.	63

DEUXIÈME PARTIE

PARADOXES AUTOUR DU "DOUBLE BIND" ET AUTRES DANS LES "CAHIERS" DE PAUL VALÉRY

LIBERTÉ, SPONTANÉITÉ, DÉSOBÉISSANCE, ÉCRIRE	75
- INTRODUCTION	77
- PARADOXES LOGIQUES ET SENTIMENTS - LA MÉTAPHYSIQUE, LE VAGUE, LE CONTRADICTOIRE : OU L'INEXISTENCE DE CERTAINS PROBLÈMES.	78
- SENTIMENT ET REPRÉSENTATION.	80
- LE SENTIMENT TEL QUEL.	83
- LA MÉTAPHYSIQUE ET LA VIE : CONFUSION, CONTRADICTION, ORDRE.	85
- LA "TRAGÉDIE" OU LA NON-COÏNCIDENCE DU CONCEPT : LE SENTIMENT COMME DÉSÉQUILIBRE ÉNERGÉTIQUE .	87
- LE PARADOXE : DISPROPORTION ENTRE LA FORCE DU SENTIMENT ET LA FAIBLESSE DU CONCEPT.	89
- LE PARADOXE ET LA PERSPECTIVE "MÉTA".	90

TABLES DES MATIÈRES

PARADOXE DE LA RECHERCHE : RECHERCHE ET LIBERTÉ, ALTERNATIVES BLOQUÉES, LE "SAVOIR IGNORANT".	93

"SOYEZ SPONTANÉS" 99

- LIBERTÉ ET RÉFLEXE : ENTRE AFFIRMATION ET NÉGATION.	100
- LE PARADOXE ET LA LIBERTÉ : LA LIBERTÉ SERVE.	102
- L'INTERVALLE "D / R" : APPARENCE DE LIBERTÉ, DÉTERMINISME.	105
- LA LIBERTÉ ET LE HASARD : LE PARI.	107
- ON PEUT NIER NI AFFIRMER LA LIBERTÉ.	108
- L'ESPRIT ENTRE SPONTANÉITÉ ET RÉFLEXE : L'ÉNIGME DU SUJET, LA LABEUR DU POÈTE.	110
- LA SPONTANÉITÉ ET LA RATURE IMPOSSIBLE.	111
- LE PARADOXE DE LA SPONTANÉITÉ.	112
- SPONTANÉITÉ ET MÉCANIQUE : L'ALTERNATIF ET LE CONTRADICTOIRE.	113
- LA COMÉDIE DE L'EXPRESSION, SPONTANÉITÉ ET LUTTE, ON NE PEUT PAS ÊTRE SPONTANÉ.	115
- SPONTANÉITÉ ET MÉCANIQUE : L'ALTERNATIF ET LE CONTRADICTOIRE.	116

"SOYEZ LIBRES" 119

- LIBERTÉ : DÉTERMINISME ET INDÉTERMINISME PHYSIQUES -TOUJOURS LA LIBERTÉ ET LE MÉCANIQUE .	120

VARIATIONS SUR LE PARADOXE

- LA LIBERTÉ-PARADOXE DANS LA VISION DÉTERMINISTE. 12
- LE DÉTERMINISME COMME IDÉAL DU SAVOIR. 12
- LIBERTÉ ET POLITIQUE : LE PARADOXE DU QUANTITATIF. 12
- LE STATISTIQUE. 12
- DÉMOCRATIE, ARISTOCRATISME :
- LA RENCONTRE DES PÔLES,
-
  LES TORTS DE LA DÉMOCRATIE. 13
- POLITIQUE PARADOXALE, LES PHÉNOMÈNES PARADOXES. 13
- LES PARADOXES POLITIQUES : MASSES, PETIT NOMBRE, MANIPULATIONS, ORDRE, LIBERTÉ. :
  LES "PHÉNOMÈNES PARADOXES". 13
- L'ÉGALITÉ ET LA PLURALITÉ NON-ORDONNÉE. 13
- L'ORDRE ET LA CONFUSION, LA LIBERTÉ-OPPRESSION, LA GÉNÉRALITÉ. 13
- LES SYSTÈMES "MÉTRIQUES".
  LA LIBERTÉ ME CONFISQUERA MA LIBERTÉ. 13
- LE PARADOXE ENTRE MOI ET AUTRUI.
  LE "SOIS LIBRE" DU PENSEUR. 14
- CIVILISATION ET BARBARIE. 14
- LA DÉMOCRATIE COMME BARBARIE :
  LES "BÊTISES" DE LA DÉMOCRATIE. 143

"DÉSOBÉISSEZ" 145

- LES DILEMMES DE LA DÉSOBÉISSANCE :
  L'INJONCTION PARADOXALE. 145
- DIRE ET TUER : LA DÉSOBÉISSANCE DANS
  UNE AUTRE IMPASSE. 147

TABLES DES MATIÈRES

- LE PARADOXE COMME RACCOURCI :
  LA PUISSANCE ET L'IMPUISSANCE,
  DIEU ET LE DIABLE. 149

- LA VOLONTÉ INVOLONTAIRE : LIBERTÉ ET CHOIX,
  LE PARADOXE ET LA NÉGATION DE LA VOLONTÉ,
  LES "MOI". 151

- LA CONTRAINTE COMME RESTRICTION OU ANNULATION. 153

- LA LIBERTÉ PAR LA CONTRAINTE :
  LIBRE DANS UN MONDE NON-LIBRE, LES RÉFLEXES. 155

- LES EXTRÊMES DE LA LIBERTÉ. 158

- CAUSALITÉ, POSSIBLES, ALGÈBRE. 159

LE "CAHIER PERPÉTUEL" 163

- ÉCRIRE, LIBERTÉ, SERVITUDE : LA CONTRAINTE D'ÉCRIRE,
  ÉCHAPPER À L'ŒUVRE, LA LIBERTÉ DU FRAGMENT. 163

- L'ÉCRIVAIN ET LA LANGUE COMMUNE :
  LA LANGUE IMPOSÉE ; HUMILITÉ, ORGUEIL, MÉPRIS. 165

- LA LANGUE ENTRE EXCÈS ET MANQUE :
  LA LITTÉRATURE COMME EXTENSION DU SIMULACRE. 167

- LES MOTS ENTRE RÉFLEXES ET ALGÈBRE 169

- LE CAHIER PERPÉTUEL : DIRE, NON-DIRE, TOUJOURS DIRE. 171

- LA DESCRIPTION DE SOI. 173

- LES *CAHIERS* ENTRE LIGNE BRISÉE ET CERCLE. 174

- LA MAIN ET LA DESCRIPTION. 175

- LA FINALITÉ, LE POSSIBLE, LE DÉJÀ-ÉCRIT. 176

- LA MAIN : SYMBOLE DE L'ESPRIT, INACHÈVEMENT. 177

NOTES ET ÉTOILEMENTS

- Le paradoxe de l'individu-colonie" (S. Jay Gould).
- Analogies scientifiques (cybernétiques de premier et deuxième ordre ; Prigogine).
- L'aléatoire et la contrainte.
- Système et paradoxe (Y. Barel).
- Les conditions initiales (D. Ruelle).
- La vision (V. Jankélevitch).
- Dieu ou le Maximum (Nicolas de Cuse).
- Le Ménon et la recherche paradoxale (Platon).
- La Recherche, le Ciel vide et plein (Pascal).
- Indéterminisme et liberté (Bachelard).
- Le "*Non Finito*" (Michel-Ange et Léonard de Vinci).
- La main de l'écrivain.

TABLE DES MATIÈRES

647169 - Avril 2016
Achevé d'imprimer par